序

　　我國自古號稱禮義之邦，義字實屬抽象，未能斷言，但禮乃是社會中人與人互動間顯而易見者，不但是一國地區文化素質之表徵，也是百姓之社會化與社會教育程度的集體展現，因此，也是外人據以評斷與定位該地區社會化與社會價值觀之最基本的依據。

　　隨著我國進入已開發國家（developed country）之林，自始應可與世界上諸先進國家，如美、英、法、德、日等印象中之列強平起平坐享受其他開發中國家羨慕之情，此意味我國全國之平均國民所得、國民教育平均水準、生活環境、醫療環境等，也與其他已開發國家相垺，這些客觀環境與條件允稱客觀，但是身為一個文明國家的公民應有之國際觀，參與公私國際場合時之應有舉止進退、稱呼言談等，我們捫心自問：我國公民是否已達國際公民之水準？

　　數年前我國出國人口即已逾六百萬人次，不但舉世稱羨，影響所及並造成我國之國際影響力亦隨之急速擴大，較之二十餘年前觀光初始時已不可同日而語。然而，出國人口在量的方面雖遽增，但於國民素質方面卻進步緩慢，尤其是關於生活國際禮儀部分。究其因恐肇因於一般學校教育多不傳授（連老師本身恐也缺乏這方面的常識）；社會教育又付之闕如，國民於國外旅遊時只能靠自己揣摩，或是由旅遊相關機構斷斷續續地介紹（其中又有不少謬誤），因此常常造成國民以訛傳訛，眾說紛紜，莫衷一是。不但造成國際社會間訝於我國民經濟與文化水準落差如此之大，也間接造成我國觀光客在國外永遠只受歡迎（相關利益），而不受敬重（旅客素質）的尷尬與遺憾。

　　由此，國人在國外旅遊參訪或是與外人共處時，即便是教育水準

相當高的大學老師、企業主管，甚至是醫生、律師等社會中的高階知識分子，也常常會有不知如何措其手足之感，因此，言談舉止不免惴惴不安，心中忐忑。而年輕一輩則因受廣告影響，會表現出「只要我喜歡有什麼不可以？」之粗魯愚昧的舉止，更令人輕視與嫌惡。

究其因，坊間可以提供國人自修之「國際禮儀」相關書籍不但相當少見，即便有些書名與「國際禮儀」沾上邊或是有類似意涵者，仔細瀏覽其內文不過是涉及外交禮儀──尋常百姓一輩子也難有機會用上一次的；要不就是談論一些服裝的穿著、女性打扮與坐姿的要領等──這些似乎最多只能稱為美姿美儀專書，與「國際禮儀」之精神與意義相距仍相當遙遠。由此，本人不懷淺陋，積多年於海外旅遊及參訪時之經驗與心得，再詳細參考歐美諸國多種相關之著作，而完成此一《國際禮儀》之著作。

「國際禮儀」為國際社會中人與人交往之基本原則與禮貌，主指歐美諸強國之應對禮儀，在國際社會之交流禮節所依循者自然亦由此，無論個人生活之衣食住行、社交場合之進退應對，甚至是娛樂、購物等均包含其中。此外，還有一項國人相當陌生但是在社交場合亦屬重要的「個人基本空間」，本書亦有專文介紹。另有鑑於我國之工作環境日益國際化，個人之工作地點極可能於國外或是與外籍人士共事，因此特加入「辦公室基本禮儀篇」，期我莘莘學子能獲得正確之職場觀念，並在日後於國際社會激烈的競爭中得著其先鞭，占得優勢。

藉由本書之出版，期能發揮國人對國際禮儀導正匡誤之功，冀日後再訪他國或與國外人士交往時能有所依循，乃獲外人之基本尊重，從而提升我國之國際地位，尤其是正當我國戮力進入國際社會，側身地球村一員之際。

朱立安
2008年8月於台北

目　錄

第六章　運動、娛樂篇　**161**

第七章　購物及意外事件之防範與處理　**229**

第一章

國際禮儀之定義

- 國際禮儀之定義
- 國際禮儀之起源

第一節　國際禮儀之定義

　　國際禮儀可以分爲兩大類，其一是國際社會上約定俗成且爲大衆所遵守的禮儀；另一則是依各國之固有風俗習慣傳承延續，外人至該地必須遵守的規定與習慣，現分述如下：

一、約定俗成者

　　現今之國際社會不可諱言仍以歐美諸國強勢文化爲主導，而禮儀方面，歐美諸國中又以英國之影響爲最。這是因爲自十八世紀以來，大英帝國挾其強大之武力，無遠弗屆地入侵了世界的大部分角落並號稱「日不落國」，其演變的結果不但使英語自然而然成爲了今日之世界語，而其挾帶進入的英式社會習慣與禮儀，也自然成爲各地人民遵守與效法之模式。

　　二十世紀始，其霸權的後繼者美國，原本即是英國之北美殖民地，本來就受其極爲深遠之影響，而以「世界警察」之角色再一次把其母國的文化禮俗加以融合後陸續傳至各地。因此，今日之國際禮儀，幾乎可以說是以英國中上階層所依循之規矩習慣演變而成，且已經爲世界各國所接受及遵循者。因此只要是在國際場合，不但必須使用世界語——英語——與在場諸人溝通，彼此間之互動、交誼等，也必須遵照這個已被國際社會所默認且依循之規定。

　　所謂國際社會，不僅指的是有西洋人士在場的場合，任何只要有兩個不同國籍以上在場者皆屬之。例如，在某些公共場所可能有日本人、印尼人、韓國人……通常在此情形下是只能以公認的國際語言，以及國際禮儀來表達意見及互動。若是各自仍以各國自己的

語言與社會禮儀方式來溝通，均可能導致雞同鴨講及扞格不入，不但不妥且易有溝通之誤會產生。

二、各地風俗者

　　不論是哪一國的人民，在進入一些有特殊風俗習慣之國家時，例如，中東回教國家、西藏地區、偏僻的海島國家以及山區原住民聚落等，都最好依循當地特殊規定與適度的行為舉止，方能為當地人民所接納。如果逕行憑著優勢文化、經濟能力，凌駕於他人之上，不尊重當地宗教、文化，必會招人忌恨，引發不必要的不愉快。因此，在前往一些經濟較落後的地區旅遊時，亦應本諸「多瞭解，少批評」的態度，去體會不同文化交流時之喜悅與欣然，萬不可輕之、嗤之，不屑之情洋溢臉上，如此適足以表示自己之膚淺與缺乏一名旅者的基本素養而已。

　　以上兩種情形構成了今日國際禮儀之基本架構，再由於交通發達後，各國人與人之交流日益頻繁，而不斷地融合再修正，終於發展出為世界各地所奉行之規矩制度。民間國際會議、慶典集會，以至觀光旅遊、聚餐、球敘等日常生活，處處可見國際禮儀影響的痕跡。

　　而且不僅是在國際交流的場合，有些國家甚至早已擷取國際禮儀之優質部分融於其國民日常社交與生活中，不知不覺連其國內之社會行為規範也如是依循了。此點與我國人心中所認為國際禮儀只有在國際場合中方可為之者，在程度上已有一段不小之差距與體認了。

　　如果國人也能由現在約定俗成的國際禮儀中擇優取其精華行之，不但可使我國昂首闊步進入國際村之列，而且得以提升目前我

國國民對國際禮儀之瞭解與遵循在程度上的相當大差異。一般來說，都會化程度較深的地區，如大台北都會區之居民基本上其素質較好，而在其他地區的部分居民對國際禮儀之缺乏與無知，常常成為外人評價台灣同胞之笑料來源。比較香港、新加坡等華人圈之居民有關國際禮儀方面素質之整齊，我們的確是有極大的進步空間。也因此，提升全國整體之國際禮儀的認知實為當務之急，冀望他日不再有同是台灣人但差異卻有如此大之憾。

 ## 第二節　國際禮儀之起源

Etiquette，法文原文是標籤之意，即是一種對人與人之間的言行舉止賦予標準、規範之意。任何社會單位，不論其文化水準之高低，都應有一定的公認行為準則，對於違反規範者並不會遭受法律上之處罰或是道德上的制裁，但是會因為言行舉止之失當而受到團體中其他成員之輕視與責難。

例如，雖然世上沒有任何一個國家之法律規定喝湯時湯盤傾斜方式，與湯匙舀湯時必須由身體向外做動作，也沒有硬性規定稱內科醫生為Doctor，而稱外科大夫為Sir，但是如果有任何人不是如此照做的話，那就不符Etiquette了。

國際禮儀之起源據說是來自英國的宮廷中，但並不是英國人所發明的。根據考證，它們是起源於中古世紀的歐洲大陸。所以Etiquette本是封建社會宮廷中的產物，再以國王為中心，向社會上之高階人士傳播，而在由歐陸輾轉傳入英國之前，所謂Etiquette仍然專屬於貴族階層，一般平民百姓並不時興這些規矩。

後來英國官方加以整合加工、去蕪存菁後的禮儀規範，又經由「五月花」號傳到了美國新大陸。這些規範迅速成為殖民地家庭的

重要人際關係之行為標準典範，不但老移民遵行不渝，新移民也自然的入境從俗，所以，英式禮儀的社會化經由美國殖民的快速擴展也迅速地傳播到了北美各殖民地。

美國殖民地時期由於移民來自全球各地四面八方，各有各的風俗習慣與生活方式，由於誤會與陌生，常常造成了社會上人際關係的混亂與敵視。有志之士希望所有來此的拓荒者都能互相尊重，盡速融入「大熔爐」中，因此，一套能為社會各階層以及各地移民所接受的生活規範與公約，需求就十分迫切了。

據稱，1715年時美國有一位名叫Moody的社會賢達，根據來自英國的禮儀規範，編著了一本名為《德行學校》之手冊，以作為殖民地家庭在教育子女時有所依循。出版之後立刻受到大眾的歡迎，成為當時殖民社會的禮儀經典。後來又有美國國父喬治‧華盛頓等人，有感於社會上禮儀混亂、莫衷一是，進而編著生活禮儀相關手冊，以期撥亂反正，達到教化社會之目的。

由此，美國社會之生活禮儀當時已有了基本的遵循原則，而其中主要部分也成為今日世界國際禮儀之重要內容的依據。日益強大的美國，經過了許多次大大小小的戰爭，尤其是第一次與第二次世界大戰，又再以戰勝國之強勢姿態把美式禮儀傳播到世界各個角落，甚至回傳至其發源地歐洲大陸以及英國。因此，我們今日所謂之Etiquette，是以封建時期歐洲之繁文縟節的宮廷式貴族禮儀，經過英國宮廷修正再造傳至於民，再經美國殖民地社會的務實將其合理化、生活化後，輾轉成為今日世界上大多數國家人民所奉行之一套行為舉止的範本。

第二章

飲食篇

第一節　正式餐會之禮儀

「民以食為天」，我國人民素來重視飲食，而中華料理在國外也享譽多年，許多外國朋友只有在非常重要的日子才會吃一頓中國菜，因為中國菜一般而言均所費不貲，並非是人人吃得起的！

雖然用的餐是中國菜式，進餐的禮儀與習慣可就得入境隨俗了。譬如說湯總是第一道就上桌，而非最後才登場，這就與國內習慣頗為不同，此外還有許多相異的地方也是我們必須知道的，分述如下：

一、進入餐廳

不論是否已有訂位，在到達餐廳等待區時，必須先告訴帶位人員總共有幾位，是否有預定等，再由帶位人員帶領下依序進入，千萬不可自行闖入，隨便就座，如此不但會給人粗魯無禮的感覺，並極有可能被服務人員請出餐廳外，十分難堪。

進入餐廳後，必須依殘障人士→孕婦→長者→女士→男士的順序入座。

如果沒有服務生協助就座，男士應該主動為女士拉出座椅，待女士坐下來後，才可以回到自己的座位坐下，一切動作自然優雅、毫不造作，女士們則樂於讓男士有服務的機會。筆者在國外從來不曾看見有男士陪伴之女士自己拉出座椅就座的。

二、餐桌座位

正式餐會多會在桌面上擺設個人名牌，必須依指定座位入座。

原則上以主人位為至尊，其次則是依主人的右手邊、左手邊等表示尊卑順序，離主人愈近，則表示此次愈受主人的重視。而敬陪末座者，多是和主人距離最遠者。所以外國人餐會時，誰是主客、誰是陪客一目瞭然，絕對不會弄錯。如國內聚會時彼此謙讓、推辭的情形是不會發生的。

▲正式餐會之禮儀。

三、自助式餐會

如果採自助式餐會，則在取菜時必須注意：原則上由取盤處開始依序順時鐘前進，先取用沙拉、開胃小菜等，再取用配湯，之後取主食與酒類，最後是甜點、咖啡、茶及飯後甜點等。

取菜時最好酌量、分類取用，如取用海鮮時，避免同時又取肉類等，放在同盤內會十分刺眼且混淆味道，最好用其他蔬菜等配菜來搭配使用。

餐盤有大小及冷熱之分，主要是為了可以依食物之不同來分次取用，如沙拉用沙拉碗，烤肉用大型之熱盤，生魚片或是冷盤類可以用大型之盤等，不要拿錯，也不可一盤到底。

四、主人致詞

如果是正式的餐會，則在開始用餐時，主人多會用湯匙輕敲酒杯，表示有人要說話請大家安靜，待大家安靜下來後，主人會致詞歡迎大家的光臨，在介紹重要來賓後，有些還會請大廚師（chef）

出場，為大家介紹各種菜色，之後才開始用餐。

五、酌量取用

若在餐桌上輪流傳遞取菜則必須注意：由主人開始順序取用，菜量由於用餐人數早已確定，務必酌量取用，如生蠔、乳鴿等也只可一次取一份，避免後面的人面對空盤無菜可取時，十分尷尬。若有多餘時才可再次取用。

所有人取菜之後，必須待主人開動，其他人才可跟進用餐。而用餐開始前，多半還會有舉杯敬酒的習慣，所以，別急著開動！

六、謝飯禱告

在猶太教、基督教及天主教國家，在用第一道菜之前會有謝飯禱告，此時必須低頭閉眼保持安靜，最後與眾人同說「阿們！」後才結束禱告，開始用餐。

七、注意姿勢

用餐時必須注意姿勢，手臂不可太張開而妨礙鄰座，用刀切肉最好切一塊吃一塊，不要切得滿盤子堆滿了肉塊，不太好看。但是兒童例外，可由父母幫他全部切好，再一塊一塊吃。

八、如何用刀叉

一般來說，歐洲人進餐時雙手分持刀叉，左叉右刀，切食使用。而美國人常常切好食物後，再把左手的叉子交給右手，再用右手進餐，所以歐洲人喜歡嘲諷美國人不會用刀叉！

九、拭去口紅

女士用餐前最好用桌上紙巾（不可用餐巾）拭去口紅，以免餐具留下口紅脣痕，咀嚼食物必須閉口，並避免發出聲音。若有餐具掉落則可請服務生更換新的餐具，不可用餐巾加以擦拭後再使用。

十、洗指碗

一般用完生蠔、龍蝦、蝸牛等較為油腥的食物後，多會附上洗指碗以便洗手指。為避免混淆起見，多會在洗指碗內放一朵小鮮花、飾物等加以裝飾區別，若有人不幸把它當成飲用水一飲而盡，保證震驚全場。

十一、喝湯

西餐中喝湯叫eat the soup而不說drink the soup就是因為西式餐飲多為濃湯。喝湯時，若盤碗的底層湯汁不易喝掉，可以傾斜方式取用，若是小型湯碗則可以拿起來飲用，但底下之湯盤則不可離桌。湯匙舀湯時眾人已知應由內往外舀（非常彆扭的方式），若湯汁極佳，亦可用手撕麵包沾了湯汁吃得乾乾淨淨，不算失禮。

十二、吃水果

水果必須用刀切塊後，再用叉取用。香蕉則須切段取用，不可直接用口咬食，十分不雅（女士尤其必須注意）；果核則應輕吐在叉子或湯匙中再倒入餐盤內，直接由口中吐在盤內則十分不妥。

吃生蠔

　　有愈來愈多的人喜歡吃生蠔了，這可能是由於法國菜日益普及的結果吧！似乎正式的宴會上，如果沒有擺著一大盤漂亮的新鮮生蠔，不但主人臉上無光彩，賓客恐怕也會私下抱怨呢！

　　吃生蠔有吃生蠔的季節，否則不但味道不對，也有可能中毒。一般來說，一年十二個月份中只有在有R字母的月份才可以吃生蠔，所以五、六、七、八這四個月份都是不可吃生蠔的。據悉這是因為蠔類在每年五、六月產卵，本身味道會變異，七、八月則因天氣炎熱，海鮮容易變質，所以才有如此一說。

　　在美、加等國某些沿海地區准許一般人撿拾生蠔，但必須先向政府買一張許可證，然後利用退潮時間在礁石縫間搜尋，除非運氣極差，否則大都可撿到定額的數目（一個人約為八隻）。

　　在撿生蠔的同時，還可以把螃蟹籠扔入海中，運氣好的話，還可以順便帶幾隻肥美的大螃蟹回家清蒸呢！

　　手拿鮮美的大生蠔，上面灑上一些配料，然後一口而盡，之後再啜一口冰鎮的白葡萄酒，吃過的人保證是齒頰留香，讚不絕口。法國人尤其趨之若鶩，每次都是一打一打地吃，吃得是意氣風發、紅光滿面。

十三、敬酒

敬酒時必須先由自己身邊的女性敬起，再依序漸敬漸遠。不可一下子東敬、一下子西敬，非常不禮貌。女性一般不主動向人敬酒，有人敬酒時可以果汁代替，還有國外正式場合中並無乾杯、灌酒、拚酒等習慣。

十四、在餐廳內不可做的舉動

1. 用力拍打溼紙巾，驚擾他人，這一點在國內非常可怕，居然有許多人不瞭解這麼做是十分粗魯無禮，顯得相當沒有教養。
2. 口中塞滿食物，卻仍高談闊論。
3. 抓頭搔癢、挖耳摸鼻、化妝搽粉補口紅。說到女性在公共場所搽粉補口紅，一般正當西洋婦女是不興這套的，所以若有人這麼做，不是她無知，就是故意向在場男士搔首弄姿，暗示等人來搭訕，否則根本就是特種營業女郎。
4. 玩弄、敲打餐具，拿餐巾在指尖上旋轉。
5. 在公用食物盤中挑三揀四，不斷尋找自己喜愛的部分，好像在垃圾桶中尋寶一般，惹人厭惡。
6. 在公用食物盤旁等待取菜時，高聲談笑、口沫橫飛，污染菜餚。

小檔案

"Say when！"

　　有一次，我和友人在加拿大一家不錯的餐廳喝下午茶，waiter一邊倒紅茶一邊說："Say when!"友人聽到後，先是愣了一下，然後立即跟著說"when"，雖然茶才剛剛倒一點而已，引來waiter有點困惑不解。經我笑著解釋後友人才恍然。

　　"Say when!"的意思是──若是夠了就說一聲，意即如果茶倒夠了，不想再加時，就說"when"表示夠了，不需要再加。同樣的方式適用於加咖啡、胡椒、起司粉、酒等等。所以下一次聽到waiter說"Say when!"的時候，就不必立即困惑的跟著說"when"了。當然也可以用OK、Thank you來代替，不一定非說"when"。

　　"Say when!"還有另一個意思就是：開始吧！例如一群獵人靜靜地埋伏森林裡等待獵物，當獵物進入口袋區內，適當時機會有一人喊"when!"，然後一擁而上追捕獵物。當然也可以說"Now!"。

第二節　雞尾酒會之禮儀

　　雞尾酒會（cocktail party）又稱為酒會（reception），為目前全世界社交活動中頗為風行的一種方式，其目的多是為了慶祝節慶日，如國慶、忘年會，或展覽開幕、重大消息發布、公司行號開張

等而舉行。以一種在時間與花費兩方面均較經濟的方式慶祝之聚會，時間多是在下午四點至七點之間，在會場停留的時間也悉聽尊便。非常符合解決現代工商社會中時間難控制之苦。有些雞尾酒會之後緊接著又有正式餐會舉行，如此可以給一些無法參加耗時較長餐會的來賓也有參與盛會的機會。

一、餐飲內容

雞尾酒會的餐飲內容較為簡單，多以小點心，如餅乾、蛋糕、小肉捲、乳酪、魚子醬三明治等小巧、易取又不沾手的食物為主，讓客人可以一面拿著食物和飲料，一面與他人交談。

飲料方面則是雞尾酒、果汁、啤酒、葡萄酒、烈酒等應有盡有，客人可以到飲料處或吧檯自行取用，亦可等托盤侍者經過時信手取用。

二、宜注意的進食禮節

一次取一樣食物為原則，只飲不食亦可。用完的牙籤、餐巾紙可放在盤中，再置於空桌上即可，空酒杯亦如此，自然會有人收走。

三、雞尾酒會服裝

酒會服裝多以上班服裝為宜，因為大多數的酒會都在上班時間舉行，所以男士以整套西裝配上襯衫、領帶即可。女士則以上班服如上衣加上窄裙，或是所謂雞尾酒裝均可，也就是長褲的套裝，不過畢竟不是晚宴，所以在其他飾品、彩妝搭配上，也不必太刻意強調。

雞尾酒的起源

美國被公認是雞尾酒的發源地。

據說在西元1795年時，美國紐奧良的一位藥店老闆發明了一種在酒精飲料中加入蛋黃的混合酒，而當地法裔居民稱之為蛋酒，但是由於讀音的關係，日久就變成了英文的Cocktail了。

還有人說是在美國獨立戰爭時，有一次美軍打了勝仗，有一酒店以各種五顏六色的酒，調製出美觀又芳香的酒以犒賞士兵，眾人皆讚不絕口，而這家酒店剛好又是以彩色公雞當作商店招牌，從此以後即把這種混合酒稱為雞尾酒。

無論傳說如何，雞尾酒之廣受歡迎已是不爭的事實，以其清涼爽口，酒精含量又可以控制，所以不論各人酒量如何均可自由選擇，其鮮豔的色彩以及附屬小巧可愛的裝飾，更是女士的最愛。所以有人說雞尾酒不但是用來喝的，光是把酒欣賞也是一件相當愉快的事。

雞尾酒一般多以琴酒（Gin）、威士忌（Whisky）、白蘭地（Brandy）、伏特加（Vodka）、苦艾酒（Vermouth）等為基酒，再配以補品、可樂、檸檬汁以及可食用的色素等調和而成。比較受歡迎的有血腥瑪莉（Bloody Mary）、馬丁尼（Martini）、曼哈頓（Manhattan）等。

四、以社交為主旨

雞尾酒會以社交為主，所以應儘量主動與在場所有人寒暄、交談，增進人際關係。但交談時間一般並不長，所以內容以一般禮貌性的交談即可，不宜和某些人一直談個沒完，如此一方面讓別人失去認識其他賓客的機會，一方面也把自己陷在小框框裡，失去了酒會社交的意義。如真的想和某人多談一些，可以先交換名片，在酒會後或者日後再敘。

第三節　家庭聚會之禮儀

歐美國家的社交生活，家庭聚會是非常普遍的，不論是政府官員、大型公司企業的主管，甚至於一般的升斗小民，在長大成人後都有相當多的經驗在家庭聚會中當客人或是主人。尤其是社交活動頻繁的美加以及紐澳地區更是經常舉行。而英國則因民風較保守，多以下午茶的方式代替家庭聚會或是酒會。

舉辦家庭聚會的名堂很多，初生嬰兒滿月聚會（baby shower）、子女大學畢業、結婚典禮後的餐會、親友中有人升官、有人痊癒出院、有人即將奉派出國（或是返國），甚至只是單純的「好久不見」，都是聚會的好理由。

所以聚會的目的一方面是親朋好友共聚一堂，為了某一個或是幾個目的而共同慶祝，另一方面也藉著集會之便，讓大夥彼此敘敘舊，增進情感，當然認識新的朋友也是非常重要的功能，有不少大型企業就是藉著這種比較親切且不拘形式的方式擴展公司的人際關係，再從中製造更多的生意機會，相當聰明。

另外就是單身人士，不論未婚或是再婚，均可在家庭聚會中抓

住機會，充實空虛的感情生活，不過據說有不少家庭中被第三者入侵、外遇等也因此產生，有關這一點，不少好萊塢的電影中均可看見精彩的鏡頭。

現在把參加家庭聚會應注意的事項分述於後：

一、服裝

一般聚會都會註明時間、地點、目的、聚會的結束時間以及服裝。

譬如說婚禮以及正式的聚會，大家一定穿著正式服裝，連兒童也不例外。如果說是受邀前去烤肉、游泳等休閒式的聚會，則應穿著得體的休閒服裝，要知道，在輕鬆的場合穿著正式服裝，和在正式場合穿著休閒服裝一樣會讓人尷尬的。

尤其是應邀前往觀賞球賽轉播的家庭聚會，去為某一支球隊加油時，最好能穿上與該球隊相同顏色的服裝，表示是該隊的支持者，否則萬一不幸穿了一件與敵隊同色系的衣服，一定會令人坐立難安。

有一次筆者應邀前往參加紐西蘭駐台副代表舉行的家庭聚會，目的是觀賞紐西蘭國家橄欖球代表隊全黑隊（All Blacks）與英格蘭國家代表隊之戰。邀請函上註明一般休閒服，但是沒有註明顏色，所以就穿了一件鮮紅色的上衣前往，結果主人夫婦前來應門迎接時驚訝的眼神讓我心中生疑，待進入客廳內只見一片黑壓壓，眾人皆黑我獨紅，頓時恍然大悟。

於是連忙主動向眾人解釋：我從小就是All Blacks隊的球迷，他們是全世界最偉大的球隊，並且舉了球隊射門員是罕見的天才、隊長Lomu是擋不住的坦克等，才讓大家稍稍釋懷。但直到球賽開始進行，我鼓掌比別人更賣力，叫好聲比他們更大聲時，才解除了他

們對我的懷疑。

　　不過好在英格蘭隊穿的是白色制服，而且更幸運的是，紐西蘭隊贏了。我心想，若是紐西蘭隊輸球，我可不就成了聚會中的掃把星，好險！

二、抵達時間

　　家庭聚會對於時間並沒有特別嚴格的要求，除非是一起同桌聚餐，一般多是在聚會開始的一個小時內陸續抵達均算合情，若可能遲到，最好先以電話通知主人比較禮貌。

三、禮物

　　前往別人家中做客，最好是攜帶一份禮物比較得體，至於禮物的內容則依聚會的目的而有所不同。

　　如是初生嬰兒聚會，一般人多會贈送嬰兒相關物品如毛毯、嬰兒衣服等表達祝賀之意；如遇婚禮或是節日則必須花一點心思，西洋人十分重視禮物，又喜歡當面拆禮物，如果別人所送的禮物不是心中所喜愛的，主人雖然仍會很客氣地說：「啊！這正是我們非常需要的，真是謝謝你。」可是在聚會結束後，心裡一定不舒服。

　　所以若是真的不知道送什麼才好時，可以大方地先以電話詢問，不用不好意思，這一點與我們東方的送禮文化有相當大的差異，不可不知。

　　有些主人會準備禮物清單，清楚告訴客人自己需要的物品，由各人認捐，如此不但不會送錯禮，也不會因禮物重複而讓主人難以處理。

　　至於一般的酒會或比較不正式的聚會，則不妨帶一瓶葡萄酒或其他烈酒，當然，一般主人是不會當晚打開讓大家品嚐的，因為他

們早已準備了足夠的飲料。

如果不送酒，則一束漂亮的鮮花或是一盒包裝精美的巧克力，也是相當受歡迎的，而且不論是何種聚會，送鮮花是絕對不會錯的。

四、介紹

在介紹賓客時就可以看出尊卑高低了，習慣上都是介紹男賓給女賓，這並不是表示該名女賓的社會地位比較高，而是傳統西方社會尊重女性的影響使然；年輕者先介紹給年長者；地位低的先介紹給地位高者；沒有官銜或是平民先介紹給有官銜及有貴族頭銜的客人。

五、握手

介紹時若為一男一女，則男方一定要等女士先伸出手才可以握手，不可像與其他男士握手一樣用力，也不可以握得太久而不放，當然也不必用雙手來表達自己的熱忱與謙卑。

互換名片時只需用一手，不必像日本及我國一樣用雙手奉上才算禮貌。拿名片給人時也是依介紹的尊卑方式，由位低者先奉上名片為佳，收到對方名片後千萬不可隨手放入口袋中，此舉將會引起對方不悅，最好是先當面仔細端詳一會兒，再放入自己的名片夾中比較正式。如果自己剛好沒有帶名片，或是剛巧用完了，則一定要在收受對方名片時當面表達歉意，並言明日後一定補上，如果日後真的補上則不算失禮。

六、稱呼

介紹完畢後可以依主人介紹時之稱呼來互相稱呼，如史密斯先生、克萊小姐等等。歐美人士都是把教名放在前，而姓放在後，

我們稱呼時必須以Mr.或Ms.等後接其姓加以稱呼，正如國內的張先生、李小姐一樣，千萬不可以用名來稱呼，例如美國國父喬治‧華盛頓，就必須稱他為華盛頓先生，從來沒有人叫他喬治先生，除非你是黑奴。據說只有家中有蓄奴者才規定奴隸一律以名加先生、小姐稱呼。

除非是對方主動要你以教名稱呼他以示親近，否則就太失禮了，如果一名女士主動要求你以名字來叫她，則表示她對你有極佳的好感，也可以視為一種意圖與你為友的暗示，男士千萬別聽不出弦外之音才是。

美國人個性天真，一見面就是Paul、Michael、Jenny叫個不停，私下場合較無妨，正式場合或是比較嚴謹的人就難以接受了。

七、忘記姓名

如果客人太多無法記住對方姓名時，你可以大大方方地再問他一次，但是僅以兩次為上限，否則就是相當不禮貌了。

八、自我介紹

如果在聚會中你想認識某一位在場人士，而主人又沒有替你們介紹時，則不妨找一位認識對方的人當作你們的橋樑，幫你們介紹，若真的找不到合適的人時，自己走過去主動掏名片禮貌地自我介紹亦可。

九、交談

所有參加聚會的賓客都有一種天職，就是盡可能與到場的所有人都交談到。那些只顧與自己認識者一直從頭談到尾的人，都不能算是稱職的客人。

一個好的主人是不會讓某一個客人獨自枯坐無人搭理的，如果有這種情形，你又自認是主人的朋友，那就不用客氣，主動過去搭訕吧！

至於交談的內容也以大家都聽得懂及有興趣的為宜，譬如說自己家鄉的風俗人情、有趣的事情等，用詞不妨輕鬆詼諧，可以讓他人融入話題發表己見。

談話主題一般忌諱政治，因為一個團體裡面一定有政治立場不同者，所以應該避免，如果不幸有人捲了進去，氣氛已開始不太愉快時，最好有人能岔開話題，大家都會感激他的。

談話內容也不談辦公室的事，除非大家都是同一公司的人，談談體育也是個不錯的話題，不過要避免抬槓或是爭辯，以免別人懷恨在心，這麼一來，你來認識新朋友的目的可能就會大打折扣了。

十、離席技巧

即使你覺得談話的內容很無聊，也不可貿然離開。你可以藉上洗手間或是去拿飲料等方式脫身，這樣比較不太明顯。比較麻煩的是只有兩、三個人時就不易轉走了，這時你不妨藉口忘了有一通電話要回等方式為之，當然你也可以大大方方向其他人說，今天你奉了主人之命必須要當一名交際花（或交際草），所以不得不轉檯了等等。

另外必須要注意的是，在與人交談時千萬不可目光游移不定，像雷達一樣地搜索全場，這樣會給對方一種你在伺機脫離，或是你不喜歡與對方交談的訊號。還有，任何人都不會喜歡一個不停地打斷自己說話的人，切記！

十一、道別

聚會結束時，主人一般會在門口握手相送。客人真心感謝受邀之餘，除了稱讚聚會成功外，並可表示他日後會有期，你定當家做主回請一番云云。

若門口有簽名簿，你也不妨留下感言以示謝意，走出門外後則最好低聲互道珍重，避免高聲喧嘩，除非你希望主人家的左鄰右舍從此以後把這一家人恨之入骨。

十二、致謝

聚會後的隔天或隔一兩天，不妨以卡片或是電話向主人再度致謝，一方面表示自己的禮貌，另一方面也讓主人加深對你的印象：這是一位受歡迎的客人。

第四節　自助餐會之禮儀

自助餐會（buffet）是現在非常流行的宴會方式，客人可以隨心所欲，依照個人的口味與嗜好挑選美食與飲料，依照個人的食量斟酌菜量，可謂相當方便又不致浪費，而主人在費心準備菜色時也可以比較不用太傷神，生怕顧此失彼，讓與會的賓客心中不舒服。

既然名之為「自助餐」，當然服務人員也不必像正式宴會這麼多了，他們只需負責餐檯上之食物不虞匱乏、賓客使用過的餐具適時收走即可。而另一項好處就是自助餐會一般沒有固定的座位，所以可以讓與會者自由認識交談。在拿飲料、取餐食時，又常有彼此互動的機會，充分發揮社交的功能。下面是應注意事項：

一、座位

進入會場後，首先應找到座位，而不要先急著找尋餐檯在哪裡，雖說沒有固定的座位，但是有時仍會為主人及貴賓留下部分保留座位備用，此時最好別逕自坐下，不可把放有"Reserved"牌子的餐桌隨便移開，如此會造成主人困擾。

隨身物品放妥後前往取餐時，請將餐巾打開放在椅子上或椅子扶手上，表示此座位已有人坐了。

二、取餐

先觀察一下餐檯取菜是採單排還是雙排，如果是雙排則一定會有雙排的配套，如雙份餐具、雙排菜餚等，此時可依序排隊取用。

習慣上第一回取用沙拉、熱湯等當作前餐，配以麵包、乳酪等，第二回取主菜如肉類、魚類、海鮮類等，要記住一次拿一種，不要混在同一盤中，如此一來不但味道會彼此影響，而且看起來也不太好看。還有，一次不要拿太多，即使是想幫同桌的人一次拿足

▲自助餐種類繁多琳瑯滿目。

夠也是不妥的，如此也失去了自助餐的「自助」意義了，不是嗎？

最後拿甜點、水果等，然後是咖啡、茶等餐後飲料，至於飲料一般都由服務人員拿來，或者在餐檯旁有附設飲料吧，可自行前往取用。

依序取餐外，在取餐時儘量避免把食物掉在餐檯上，湯汁灑在湯碗外。

湯杓用完不要放在湯中，以免下一個人用時會燙手。明蝦、生蠔等請酌量取用，請幫後面苦苦排隊的人設想一下。

若食物即將用罄時，可告知服務人員補充之。如遇兒童、婦女掀蓋不易時，不妨適時出手協助之。

三、餐具

不論是餐碟、湯盤或是飲料杯等，使用過後可留在自己的餐桌上，以便服務人員收走。每取一道餐則應換用新的盤子，千萬不要拿著髒兮兮的餐盤去取第二道、第三道餐，如此保證會讓其他排隊的人倒足胃口。

四、離座

離座時必須對其他在座的人說：「對不起！」（Excuse me.）然後起身把餐巾放在椅子上（注意不是桌子上，以免被誤認是已用完餐離席了），再去取用餐點。

五、用餐

同桌用餐者並不一定相識，此時不妨主動自我介紹以示友善，談話也以輕鬆、幽默之話題為妥，在輕鬆的氣氛下多開拓自己的人際關係。用餐的速度雖然沒有規定，但最好與同桌其他的人不要差

距太大才是。

第五節　下午茶之禮儀

英國人以前並不懂得喝茶，據說由十七世紀開始，英國東印度公司在亞洲靠著大英帝國的堅船炮利撐腰下，壟斷了整個亞洲大部分地區的經濟與貿易後，自然而然也把原本屬於亞洲人民日常飲用的茶葉引進了英國。從此以後，不但只要有英國人的地方就有英國茶，而且也由於霸權的擴張，使得英國茶與法國咖啡齊名於世。

事實上，英國本身由於緯度過高，並不產茶，其所飲用的茶多來自印度北部山區，尤其是阿薩密省及大吉嶺一帶、斯里蘭卡（前名錫蘭，即錫蘭紅茶的產地）兩地所產的茶葉，而這兩地所生產的茶為紅茶（Black Tea），這也與我國及韓日等日常飲用的綠茶（Chinese Tea）大不相同，而紅茶的飲用方式也與亞洲地區的茶道、品茗大相逕庭，各異其趣。

▲紅茶的主要產地——印度。

　　一般喝英國茶共有兩次，一次是早餐時一併飲用的（但是並不叫做上午茶），另外，就是名滿天下的下午茶了。英國地處溫帶，冬季十分漫長而寒冷，下午茶據說是在1840年左右開始蔚然成風，及於全國然後全球，其起源並不可考，但是極可能與當地特殊的氣候有關。在工作了大半天後，如果能喝杯熱茶、吃一點餅乾或小點心等，再重新出發工作，不是一件愜意的事嗎？

　　據說下午茶開始流行是源自中下階級的勞工團體，而下午茶又與另一種稱為High Tea的，不太相同，雖說喝茶時間也是在四、五點左右，但是內容豐富許多，除了餅乾、點心外，尚有沙拉、乳酪、肉捲、火腿、魚等，非常豐富，而飲茶時間也比一般下午茶的一、二十分鐘長了許多，多半喝了High Tea以後，晚餐大概也可以省下來了。

　　英國人很少邀人到自己家中做客，但與友人共飲下午茶則屬常見。而茶館也如英國的PUB一樣，不同階層、不同職業的人各有各的去處，很少人會故意亂跑，否則一入內就會引人側目、渾身不自在。

　　天氣好的時候，茶館會把座椅移至室外花園中，一方面天南地北地閒聊，一方面享受鳥語花香及美味紅茶，實乃人生一大樂事。但如果是應邀至友人家中喝下午茶，則又另當別論，不但服裝必須正式（這是英國的正式社交場合之一），而且不可自己斟茶，一定要由女主人來替客人服務，因為這是女主人的權利與光榮，不可奪其丰采，否則必遭忌恨。

　　下午茶所使用的茶具也十分講究，不是達爾文家族企業Wedgwood的話，也一定是極其精美的高級瓷器，再配以純銀的小湯匙、小叉子等，給人賞心悅目的感覺。據說，一個英國人即便再貧窮，家中也一定拿得出一整套相當體面的茶具，當然，如果這套茶具是有歷史的骨董，那就更可令主人話說當年了。

　　英國皇室日漸式微，早已不具任何的政治影響力，但女王仍為一般百姓的精神領袖。女王親民的方式之一，就是定期邀請倫敦市民共飲下午茶，這些市民事先都被挑選過，各行各業均有，而且很早就被通知準備赴會，能夠被邀請的人無不感到光宗耀祖、興奮莫名，老早就準備好了全套禮服，等待這一天的來臨。在白金漢宮的草坪上，女王將親自與這一大群她的子民共飲下午茶，握手寒暄、閒話家常並合影留念，而市民們喝完皇家下午茶後，無不被羨慕的親友包圍詢問細節，言者光榮，聞者亦樂。

　　如果有一天下午三點左右，你看到三五成群的人們身著大禮服（頭戴大禮帽）大步走向皇宮，不時對經過的行人投以驕傲的眼神，準是這一批人沒錯。

紅茶趣談

　　我們都知道茶是中國人發明的，後來才分別由陸路及海路傳往世界各地。而無論是哪一國，茶不是叫Chah（茶的國語發音），就一定是叫Tea（茶的閩南語發音）。所以蒙古、俄國以及中亞一帶均稱茶為Chah；而由福建出口至日本、印度、歐洲各國的茶則叫Tea，十分有趣。

　　茶本來只有綠茶，也就是一般國家所謂的Chinese Tea，後來據說有一次中國運茶船前往英國途中，因為天氣潮溼高溫而發酵，由於茶價極高，棄之可惜，英國人冒險一試之下覺得口感更佳，從此以後就全部改喝發酵茶了。製茶技術幾經改進，終於產生了目前香濃醇厚的紅茶。西元1838年，英國人班克斯在印度的阿薩姆省發現了印度的原生茶樹，立刻

大量推廣種植，而如今印度已是全世界最大的紅茶產地了。

　　印度紅茶不但產量大，茶中極品大吉嶺茶也是產在印度，大吉嶺位於喜瑪拉雅山山麓，氣候溫和，溫度、溼度均非常理想，在此地某些茶園所產之茶世界馳名，因為不但是茶的樹種好，取茶也只取茶心附近的四片茶葉，再以純熟的技術烘焙而成。別說喝了，就是放在舌頭上品茗，也可感到清香襲人，誠可謂人間極品。至於其他部分的茶葉亦可製成次等紅茶，供給一般大眾消費，而製茶過程中產生的茶末、茶屑亦不可浪費，它們正是製造茶包的基本材料，也就是電視上大做廣告××紅茶等的產品，如果你覺得那些茶味已是很香醇的話，表示你還未真正品嘗過極品的紅茶呢！

小檔案

咖啡發明史

　　雖然我國自古以來是以茶為最普及飲料，但自西風東漸後，咖啡也隨著西洋文化一起進入了我們日常生活當中，尤其是上班族與年輕的一輩，更視咖啡為時髦與不可或缺之物。

　　據說在西元九世紀時，有一位阿拉伯的牧羊人卡爾弟，發現他的羊群只要吃了一種綠色灌木的果實後，就會活蹦亂跳的精神亢奮，基於好奇，他也取來一試，結果和羊群一樣精神百倍，後來有一位回教教士看見卡爾弟經常和羊一起手舞足蹈，追問之下立即決定把這項偉大的發現告訴清真寺的主持，因為當時經常發生回教徒在寺內向阿拉祈禱時，因為

時間過長而不自覺的睡著，甚至還打鼾，令人非常尷尬。

這種飲料很快就傳開了，不久，阿拉伯人幾乎人手一杯，由於回教禁酒，咖啡的出現有如神賜，於是大家就叫它：「阿拉伯之酒」。酒在阿拉伯的發音就是咖韋，後來傳至歐洲後就變成咖啡了。

西元1585年，威尼斯駐土耳其大使約潘尼提出咖啡報告，敘述整個阿拉伯地區人人均愛好咖啡，這種飲料具有提神的作用，報告提出的次年，威尼斯就出現了歐洲的第一家咖啡店。

阿拉伯的咖啡館到處林立，有些還有附設賭場及歌舞秀，宗教領袖大驚失色，判定咖啡是魔鬼的飲料，下令禁止，但是在埃及的哈里發卻非常喜愛咖啡，公開反對這項命令，於是咖啡才得以被繼續保存並發揚光大。

 ## 第六節　餐桌上之禮儀

在國際禮儀當中，無疑地，餐桌禮儀是占著極重要的位置，因為這是我們每一個人都會有許多機會遇到的。在與其他人如此近的距離下，個人的動作舉止都會影響到其他在場的人，所以無論用餐、取物、坐姿、表情、使用刀叉的方式等，都會鉅細靡遺地映入在座者之眼簾，當然也就成為互相認識彼此、判斷個人生活教育水準的重要時機了，因此，有一些基本的餐桌禮儀是不可不知的。

一旦養成了良好的餐桌禮儀，不但會讓個人自信心大增，言談之間也能談笑風生、顧盼自得，同時良好的禮儀易留給他人良好的

印象，對促進人際關係、開拓交友之路也是助益匪淺。

一、姿勢

坐姿必須隨時注意，由於餐桌一般座位與座位之間並不寬，所以手肘須向內收以免妨礙兩旁之人，影響到他人的用餐空間。

上身宜直挺，不可彎腰駝背，無論男女，一直弓著背低頭大吃總是不雅，看起來好似趴在桌上進食一般。若是能挺直腰桿（可不必像職業軍人那麼直），會給人精神狀態極佳的感覺。下半身則要注意雙腳放置的位置，儘量不要太向前，也不宜分得太開，不但鄰座看見不太好，同時如果你坐得離餐桌邊緣太遠，上半身會自然下彎，試試看把座椅向餐桌邊緣挪近一點，雙腳向內收一些，是不是上半身會自然挺直了呢？

由入座到離座都須保持一貫的良好姿勢，有些人在剛入座時可能相當不錯，但是一、兩道菜用下來可就忘得一乾二淨，又變得不堪了起來，所以要隨時提醒自己。

二、餐巾

在我們入座時，一般餐巾都已摺疊整齊地放在座位前，入座之後、進餐開始，可以把餐巾攤開平鋪在雙腿上，其作用是在防止進餐時湯汁、食物碎屑不小心掉在腿上弄髒了衣物。如果當天的餐食有不易處理的食物，如龍蝦、烤田螺等，或是湯汁較多的食物，甚或自己並無把握時，不妨把座椅向餐桌靠近，如此你將會發現大有幫助。

有些人會將餐巾塞入領下，以求遮蓋的面積更大，但似乎只有美國人才這樣做，一般而言，只有替兒童圍餐巾或是一些動作不方便的人才會用如此的方式，成人這麼做在平常是無所謂，但在正式

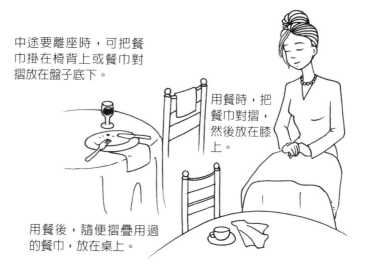

中途要離座時，可把餐巾掛在椅背上或餐巾對摺放在盤子底下。

用餐時，把餐巾對摺，然後放在膝上。

用餐後，隨便摺疊用過的餐巾，放在桌上。

餐會則顯得突兀。

　　暫時離席時應將餐巾放在椅子上，表示座位之主人仍將返回，服務人員看見就不會清理桌面，如果是用完餐離席時，才可將餐巾放在桌面上。

　　餐巾的功能除了防止食物掉落外，還可以用來擦手、擦嘴上之油污，但是不要用來擦餐具，也不可如有些無知的女士用來擦口紅。口紅應該在入座後以餐巾紙先行拭去，以免餐具上脣痕處處，不太雅觀。

三、餐具

　　不可用餐巾或是紙巾擦拭，這樣是表示餐具不清潔，有些服務人員一見此情形，會趨前來幫你再換一套。要知道把髒的餐具擺上桌是對客人的污辱，也是餐飲業的大忌。若真的發現餐具有上述情形或是杯盤有裂痕時，可示意服務人員撤去再換新的，並無不妥。

四、儀容

時下不但女性可以秀髮飄逸，有些較前衛的男士也有著一頭長髮。在平常倒無妨，但進餐前最好整理妥當，以免不小心頭髮一起跟著喝湯、用餐，就讓他人倒盡胃口了。

五、音量

在進餐時愉快交談是非常好的事情，也是社交的重要目的，但是不要大聲吼叫、喧嘩，保持適當的談話音量是必須注意的，以免妨礙他人進餐的情緒。

有些高級餐廳已規定在餐室內不可以使用大哥大，以免在場的其他客人都必須被迫聽你談論你的私事，若眞的要用大哥大談話，不妨走到其他地方繼續交談。

六、補妝

補妝本身並無不妥，但是不可在眾目睽睽下爲之，這十分失禮，應該去化妝間完成。所以西洋女性上洗手間的文雅說法是：去洗手間補補妝。我國女性則有些人似乎不知此項基本的禮儀，常在餐廳或是捷運車上公然搽粉補妝而顧盼自得。

七、進餐時

不要狼吞虎嚥，一副餓死鬼狀，既是交際場合，理應以最佳儀態用餐，若有大塊食物，也是以切一塊用一塊較得體，只有兒童才由父母親幫助他切成小塊以便食用。

八、與人交談

不可手持刀叉在空中指點、比劃；若與人交談時，必須暫停切食物和進食的動作，更不可以用刀叉指向對方，這樣非常粗魯，此時手中仍可握著刀叉，但應把雙手放在餐桌上。

口中有食物時應避免說話，若此時剛巧有人對你說話，你應以手勢告知口中正有食物，然後表現出盡快將口中食物嚥下的樣子，當然也可以喝口飲料加速吞嚥。

九、刀叉餐具擺放位置

刀叉之擺放位置十分重要。

用餐時若覺得此道食物已吃夠了，則可以把刀叉放在盤中表示已用完，服務人員自然會把這一道餐具收走。至於刀叉在盤中如何擺放則各有不同，可以刀叉平行擺，也可以交叉擺，均無不妥，但是原則上就是刀柄與叉柄必須離開桌面，刀刃宜朝內側，叉齒宜朝下。

若是仍然意猶未盡時，則可把刀叉分開置於餐盤兩側，叉左刀右，雙柄接觸桌面即可，此時在旁之服務人員自然會瞭解同樣的菜餚你想再要一次（second service）。因為正式餐會所有食物都是放在一個大餐盤中，一道一道地上，覺得喜歡可以要求再多一些，只要盤中食物仍有多餘的話。當然，如果是自助餐會就沒有這個問題了。

十、喝咖啡、紅茶時

在咖啡、紅茶倒入杯中後，再加奶精以及糖等調味比較妥當，喝咖啡或紅茶時也應端起茶碟飲用，飲用時小湯匙放在碟上，不要放在杯中。用一手持杯一手端碟，如此可以避免彎腰飲用之不雅姿態。

用餐時是叉齒向下，刀刃向內。

你可以用叉子叉一點食物，不
過要小心食物會滑落。

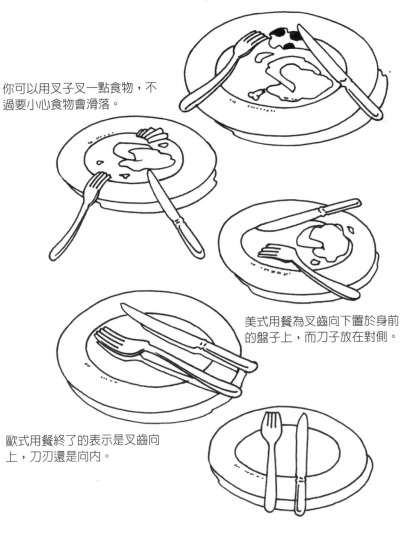

美式用餐為叉齒向下置於身前
的盤子上，而刀子放在對側。

歐式用餐終了的表示是叉齒向
上，刀刃還是向內。

英國式用餐終了的表示為刀叉
並行縱放，叉齒朝下。

※餐畢刀叉之擺放並無一定之標準，亦有刀叉交叉呈×狀的，只要記住刀柄
　與叉柄離開桌面放置在盤內即可。

十一、舉杯互祝

飲酒時應舉杯互祝，除非坐得太遠，否則應碰杯爲禮。若數人同時舉杯，可以交互碰杯再飲酒，據說碰杯來由是源自古希臘，他們覺得飲酒時除了要欣賞酒之色澤、香氣、味道之外，聲音亦不可獨缺，於是以碰杯方式增加飲酒的樂趣，聽到鏘的一聲，更令人感到歡娛，但若是發現杯子有裂痕則將視爲不祥，必定令服務人員換杯後再碰杯互祝。

十二、打嗝

在席間打嗝是非常不禮貌的，若眞是無法控制，則可以用喝水、摒氣方式使症狀減輕，若仍無效，則最好去洗手間打個夠，等廢氣消除後再返回座位。

十三、剔牙

剔牙也要注意，會令他人看來相當噁心，儘量別在公共場所或眾人前爲之，眞的要剔也請以餐巾紙掩口，吐在紙巾上。牙籤用完放在盤中即可，千萬不要口中叼著一根牙籤與人交談，狀似流氓無賴非常難看。有些人甚至用完餐後，口中仍叼著牙籤到處走動，那更是離譜的舉止。

十四、刀叉掉落

進餐時若刀叉不小心掉落地面，只需要告知服務人員換一套乾淨的即可，不必自行清理掉落的刀叉，更不可以用餐巾擦拭掉落的刀叉再繼續使用。

可頌麵包

　　法國美食世界有名，當然法國麵包也不例外，長到可以打棒球的棒形麵包，以至香酥可口的可頌麵包均早為世人所津津樂道，其中尤其是可頌麵包，在剛剛出爐時香噴噴熱騰騰的，色香味俱佳，讓人不想吃也難。

　　許多人都知道可頌麵包是由麵粉、乳酪加上雞蛋調和製作而成，也知道可頌在法文中的意思就是彎彎新月，可是絕大多數的人都不知道可頌麵包竟然是來自奧地利的維也納，而其背後還有一段不為人知的故事。

　　西元1683年，位在中亞的土耳其國勢正強，急欲向歐洲方面發展，該年的夏天，二十五萬土耳其大軍在首相馬思達的率領下一路向西進攻，很快地就來到了位於多瑙河畔的維也納。驚慌失措的市民一方面團結抗敵，一方面向位在羅馬的教皇求援，以解岌岌之危。

　　土耳其大軍雖然攻勢猛烈，可是守城的軍民上下一心奮勇抗敵死守，使土軍一直不得其門而入。土軍於是另思破城之計。住在城牆的一家麵包店師傅平日三更半夜即起床磨麵粉製作麵包，以待清晨時分售給顧客，有一天夜裡忽然發現地窖傳來挖掘聲，機警的他心知有異立刻向守軍稟報，結果果然發現了正在掘地道以求破城的土耳其軍隊，奧軍立刻以優勢兵力殺得敵軍潰散而逃。並在眾人奮勇殺敵下終於在九月時大破來犯之敵，維也納解危了。

　　麵包師傅歡欣之餘把土耳其軍旗上的彎月製成麵包，讓人大口大口狠狠地咬，由於頗受歡迎，不久就流傳到了法

國，也改名為可頌。下一次有人問你喜不喜歡「牛角」麵包時，可別放棄糾正他的機會哦！

第七節　飲酒之禮儀

我國人民一向以善飲而自豪，自古以來無論是騷人墨客、儒生武夫，甚至販夫走卒，人人均期以能飲而留名為榮，若能得個「千杯不醉」之美名，則更是為之躊躇滿志、喜不自勝，似乎已把善飲與大丈夫氣概隱隱地畫上了等號。

西洋飲酒文化與我們卻是迴然不同、大異其趣。西方世界視飲酒為品酒，類似我國的品茗情趣，不但講究飲酒的器皿，如酒杯、酒壺等，飲酒的場合、氣氛也十分重視，當然飲酒禮儀方面則就更多得多了。

從觀酒、嘗酒、醒酒、聞酒，甚至還有聽酒之說（香檳酒）。至於酒莊的典故、哪一年份的什麼品種酒，更是一門大學問了。什麼種類的酒宜配何種菜餚、何種乳酪以及哪些配料都有一套規定。以國人對西洋食物烹調的知識水準而言，若想要徹底瞭解真可以說是非常艱難。

以下是一些飲酒文化的基本注意事項：

一、酒杯

幾乎每一種酒都有適合該酒特性的酒杯，常常可以見到的就有啤酒杯、香檳酒杯、葡萄酒杯、白蘭地杯、威士忌杯、甜酒杯、雞尾酒杯等等不一而足，如果用錯酒杯則必定令人吃驚，會被認為連

最基本的飲酒禮儀都不懂，相當奇怪。這情形正如餐廳拿洗手間的衛生紙擺在餐桌上當餐巾紙一樣的粗俗（國內餐廳則屢見不鮮，無人介意）。

二、拿酒杯的方式

不但酒杯的形狀各異、材質不同，連拿酒杯的方式也不一樣，譬如說拿白蘭地時，要用手掌握住杯子的下半部，利用手掌的溫度讓白蘭地酒香揮發出來，增加酒的甜美。

而握紅葡萄酒杯時，則只可用手指握住杯柄部分，然後輕輕搖動杯中之酒，以利酒與空氣充分混合接觸，達到醒酒的目的，而若是手掌接觸到酒杯，則其溫度反而會影響葡萄酒之風味了。

白葡萄酒則又另當別論，這是因為白葡萄酒在飲用前必須冷藏至某一溫度才是其風味絕佳之時，為了保持佳釀，整瓶酒都必須放在有碎冰塊的冰桶之中，瓶外再加上白色餐巾，避免冰塊融化時會弄溼手指，當然倒入杯中之酒不宜久置，因為室溫會漸漸影響酒之風味。怎麼樣，規矩夠多了吧？

三、如何點酒

一般而言，正式的餐廳一定會有兩份菜單，第一份是菜單（Menu），第二份則是酒單（Wine List）。點完主菜之後，侍者會將酒單送上，此時可以根據自己的喜好點飲料，如紅葡萄酒、白葡萄酒、玫瑰酒、啤酒、可樂、果汁等，但這些只是幫助下嚥的飲料而已，稍微正式一點的場合多會有佐餐酒，也就是葡萄酒。

這類餐廳侍者大都經驗豐富，而且飲料又關係著他們的收入，因為眾人皆知飲料、酒類的利潤是他們額外收入的一部分（另外一部分則是小費），所以他們都會慧眼地把酒單拿給做東的主角，如

拿葡萄酒杯時，
握住其杯腳。

拿啤酒杯時，要
握緊把手。

拿香檳杯時，拿住
其杯腳。

杯子有其固定的位置，如果把
它移至靠近盤子，會很容易被
碰到。

拿高腳杯時，一般是拿住玻璃
的部分。

果你正巧是主角，而剛好又不太會點酒時，不用緊張，面對酒單欣賞欣賞，然後轉頭看看侍者，問道：「你有什麼建議呢？」（What do you suggest?）這些經驗豐富的服務人員只要看你主菜點的是多少金額的菜，心裡就已經有譜了，他自然會推薦一些風味與價格均相當合宜的酒給你，相信他，他是不會害你的！

四、如何品酒

　　侍者從酒窖中取出葡萄酒後一定會拿到餐桌旁，雙手奉上，請主角當面檢查是否正確，什麼東西正確呢？係酒名、酒莊、年份等。檢查完畢立即當場開酒，開完後會先倒約五分之一酒杯左右的酒在主角面前，意在請你嘗嘗看味道對不對？此時須依下列步驟做方才正確：

▲Bartender會先將葡萄酒給客人檢視後才開瓶。

1. 拿起酒杯對著燈光或窗外光亮處，看看杯中物是否色澤清澈亮麗，若是有沉澱物或顏色混濁則八成已壞掉了。

2. 用鼻子就著杯口深呼吸幾下，聞聞看是不是有酒香傳出，若是傳來異味，也可以退回重新再開一瓶。

3. 聞酒之後一飲而盡，但不要喝下去，留酒在口腔中，體會它、感覺它，葡萄酒的甘甜香美就在此刻了。

4. 最後吞酒入胃，然後滿足地點點頭，說聲"Good"，也完成品酒的儀式，此時侍者會為在座的每個人斟上美酒，而主角

這時反而是排在最後一個。待斟完所有酒杯後主人會與眾人一起舉杯互祝，此時才可飲酒。

餐廳侍者拿來葡萄酒並將葡萄酒倒入杯中。

首先看看顏色。

把酒杯拿近鼻前，品味其香氣。

輕輕地搖動，使葡萄酒和空氣混合。

含一口，然後慢慢地品味。

五、敬酒

西洋人飲酒時也常敬酒，不過只敬不乾，也不興拚酒、鬥酒那一套，與我國的飲酒文化差異相當大。

敬酒時必須由自己身旁之人開始敬起，而且一樣是女士優先，先由女士敬起，然後由近而遠逐一敬酒，直至敬完全桌的每一個人為止。喝酒時只以脣碰酒杯，然後飲下少量的酒即可，不必大口大口地喝，女士或有其他原因不能飲酒的人，可以用飲料代替酒，不算失禮，而除了女主人外，女士是不可以主動敬人酒的，否則會給他人輕佻之感。

六、舉杯同祝

這種場面在電視、電影上常常可見，總是會有一人在人聲嘈雜的宴會中，以小湯匙輕輕敲打酒杯，聽到這種噹噹噹的聲音時，就表示有人要發言了，這時所有人均會立刻安靜下來。

這位仁兄可能會說：為了感謝主人的邀約，讓我們大家一起舉杯祝福主人全家健康等等，或是恭喜某人即將訂婚，或是誰才剛剛初為人父，當然也可以聽見：祝福女王、祝福國王等等官式的祝賀語。

與人敬酒時，若距離在較近者，多以酒杯互碰，發出鏘之聲音方為得體，若距離較遠則可以點頭、舉杯方式敬酒。但是不可以隔桌敬酒，甚至如我國酒宴時大聲喧嘩、喊拳猜拳均是非常不妥的，唯一可以大聲唱歌喧囂的場所是在啤酒屋，或是PUB及酒吧內。

七、酌量飲酒

依個人的酒量適度飲酒可以助興，增加歡樂的氣氛，但注意不

要飲酒過量以免失態，另外也不可強人飲酒，否則亦可能引起對方之不悅，失去了社交的意義。一般國外對飲酒過量均訂有罰則，除了許多飲酒場所外多有附設之酒精測量器，以一根吸管插入測量器中，然後深呼吸再緩緩吹氣，立即可以得知自己體內的酒精含量，看看是否仍能繼續飲酒、能否開車等。

如果有飲酒過量的症狀出現，店員可以拒絕再賣酒給酒客，否則有觸法之可能，像國內常見到的酩酊大醉情形，在國外就十分罕見。如果酒後駕車更是處罰極為嚴厲，一般警察都會以現行犯處理，當場扣車、上手銬，帶回警局拘留，直到第二天酒醒後有人來做保為止，而該人之駕照極可能被停個一年半載的，而再犯一次的話就有可能終生吊照了。酒醉駕車被逮捕者不但被重罰甚而判刑，而且在家人親友以及公司中將為人所鄙視，畢竟這是一件極不光彩之事。

獅子奶

還記得電影《女人四十一枝花》中，女主角遊罷希臘歸來就不自覺染上喜歡喝歐蘇酒（OUZO）的習慣嗎？其實這也不能怪她，因為一般人只要多喝幾次這種酒，任誰都會情不自禁的。

歐蘇酒在阿拉伯叫阿拉克，在土耳其則簡稱拉克（RAKI），是中東地區自古以來即非常受歡迎的酒精飲料，土耳其是回教國家理當禁酒，但是沒有人希望禁止老百姓飲用這種物美價廉的飲料，也只有為自己找台階說拉克酒不算酒！

拉克酒本身是無色透明的，它是經由幾次蒸餾過的葡

萄酒再加上苦艾草的高酒精含量烈酒,飲用時依各人的喜好倒入若干在杯中,再倒入冰水稀釋,此時原先無色特明的酒會開始變成粉紅色,再加入多些水則會變成乳白色,看起來好似牛奶一般。嘗起來有一股香水加香料的味道,香香甜甜的,很容易入口,有些人剛開始喝時不習慣它的香味,可是喝了幾口以後則會漸入佳境以至於欲罷不能了。

拉克酒是土耳其最普遍也最受歡迎的大眾化飲料,不論喜慶宴會或是三五好友相聚,都是人手一杯,甚至在海濱的沙灘上也可見情侶靜坐一隅,地上擺了一瓶拉克酒以及一瓶礦泉水,沉醉在兩人的天地裡。

拉克酒還有一項優點,據說喝了以後會讓男人身體愈來愈好,在某一方面會和雄獅一樣的強壯,所以又有「獅子奶」之稱。幾乎所有的男人都喜愛喝拉克酒,希望自己像獅子一樣壯,至於女人喝了以後會像什麼?始終沒有人有正確的答案。

第八節　酒吧內之禮儀

西方人在正式餐會飲酒,在自己家中進餐也要飲酒,午餐小酌、夜宴晚飲,人數多寡亦不拘,有些地區甚至早餐的餐桌上也放有香檳酒,算是早餐酒吧!而在工作之餘三五好友互相邀約,或是獨自一人,前往PUB內小坐片刻,一杯在手,煩惱暫時拋諸腦後。相識與否均無妨,舉杯邀飲,閒話家事、國事、天下事,也是人生一大樂事。

一、PUB點酒之禮儀

PUB內多販賣比較流行的酒類以及飲料，有威士忌、白蘭地、啤酒、伏特加，而酒吧內則有比較多的調酒，也就是雞尾酒類，一般人都有自己的嗜好及習慣性的酒，酒保也大致都知曉。年齡太輕者不得購買酒類，因為這是法律規定的；而每個國家的法定最低年齡也不太相同，大致上最小也得滿十八歲以上才算合法，酒保若懷疑你的年紀，是可以請你出示證件的。

二、小費

酒保的小費多來自客人付酒錢時不找零的零頭，而這些額外的收入也並非酒保一人獨享，必須和其他工作人員，如端盤者、廚房工作者共同分享，所以在喝酒付費時務必多付一些當作小費，否則酒保的臉色將會相當不自然。

三、交談內容

由於在酒吧內的客人彼此不見得認識，所以一有機會，大家都會自由交談，此時電視機播出的新聞以及球賽等，自然而然就變成了最普遍的話題。而在英國、美加等地的酒吧更是分得很清楚，不同行業、不同社會地位、不同黨派、不同嗜好，甚至支持不同球隊者，常去的酒吧亦不同，否則進了門後，別人說的事都是你不感興趣，或是你的看法別人都不表贊同的話，飲酒不是相當沒趣嗎？

以我們外國人在酒吧中而言，是相當受注目與受歡迎的，只要有人一開了頭，知道你是由台灣來的，保證沒一會兒就有不少人拿了酒杯圍了過來，一起參加龍門陣，沒來參加的也會豎耳傾聽，對他們來說這是多麼新鮮的話題啊！由台灣的經濟奇蹟（似乎這總是

起頭的話題）談到台灣的電腦科技席捲全球，中間當然會穿插一些 Made in Taiwan 之類的笑話等，這時候，你會強烈地意識到，你就代表台灣在發言，對他們來說，你就是台灣。

四、敬酒

在酒吧內大家可以說是「相逢自是有緣」，不分彼此，所以敬酒也是不斷的，此時由於並非正式場合，所以最多只是 Cheers（敬你！）而已，酒杯相碰也並非必要，只要一個互換的眼神，稍微點一點頭、示意一下也就夠了。在某些國家流行一人請一輪，譬如說五、六個人一起飲酒，第一輪酒由其中的一個付帳，待下一輪時則自然會有第二人出面付帳，及至喝得過癮欲罷不能時，則可能再換一家酒吧繼續喝，當然此時買單的又另有其人了。

五、請酒

遇到酒客中的某人有了值得慶賀之事，如生日、升遷、得子等等，該人會主動宣布請在場的人每人再續一杯酒，以示普天同慶，而被請的人也會趨前舉杯祝賀，其樂融融。

有時客人已喝了不少酒，或是酒吧請老客人喝免費酒，名為 On the house，意為本店請客，但也以一杯為限。也有時為了給客人驚喜，會突然宣布所有在場者均可免費再飲一杯，這當然是皆大歡喜了。

六、最後一杯

酒吧快要打烊時，酒保會宣布："Last call!" 也就是最後一杯了，再不點酒的就不能再點了，這也算是預先下逐客令，還沒喝完的人也會識相地加速飲盡杯中酒，以便讓酒保方便收拾打掃、打烊

返家。

七、禁忌

酒吧除了未成年者不准前往外，女士也不宜一人獨自前去，很少看見獨坐的女士在飲酒的，如此多會給他人不當的聯想，若是兩人以上則就無妨了。男士一人獨往時多半坐在吧檯前，一方面可以與酒保閒聊，一方面也不會一人占了太多座位。

不可自行攜帶食物、飲料進入酒吧內使用，就算是沒有「外食勿入」的標示，最好也不要如此做，以免招人白眼。有些國人喜歡自行備酒在餐廳內暢飲，這時首先必須徵求餐廳的同意，當然所謂的開瓶費、小費等，就只能多不能少了。

有些酒吧是同性戀者專屬的，所以不可以帶異性入內，例如說一對不知情的情侶闖進一家男同志酒吧內，保證會吸引全場同志的目光，讓他們感到坐立難安，更別說開懷對飲了。

八、服裝

酒吧服裝可因酒吧的等級不同而相異，如在五星級觀光大飯店內的酒吧或是著名的酒吧內，就必須穿著得體一點；在鄉村、小鎮上的酒吧，自然可以隨意一些；海灘邊、露營區則更是隨君所欲了，短褲、露背裝，甚至比基尼都是合宜的。

第三章

衣著篇

- 男士正式服裝
- 女士正式服裝
- 特殊場合之服裝

古有明訓：「人要衣裝，佛要金裝」，一個人的外表在公共場合至為重要，除了服裝本身的材質、式樣，搭配的配件也必須合宜、整齊，另外，優雅的態度舉止，也可視為整體外表的一部分，不可缺失。

在國際場合，衣著尤其重要，在什麼場合就穿什麼服裝。如果穿著奇怪或是不倫不類，定會引來他人之驚異眼神（give you a funny look），與嘲諷式的微笑。

第一節　男士正式服裝

一、西裝上衣

在一般正式場合，男性均以西裝為宜，其材質則以毛絨質料、不易起皺摺者為佳，顏色則以暗色系如黑藍、墨綠、深褐、深棕色為主，但不可穿著全黑色的服裝，以免令人有參加喪禮的誤會。至於淺色系之西裝則可在比較非正式的場合穿著；白色西裝似乎只有演藝界人士才會穿，因為會給人誇張、炫耀的感覺。

西裝上衣必須完全與西裝長褲同一顏色、材質方為正式（假日休閒時則可以不同顏色搭配穿著，稱為Sport suits）。穿著時，若上衣為單排扣，則最底下的一顆扣子不可扣上（此習慣據說源自英國的古代，由於騎馬機會頻繁，一般紳士上下馬時打開上衣較為方便）。若西裝內有穿著同款同色之正式背心，也是一樣最下面的一顆扣子可以不扣；而穿著雙排扣西裝則扣子必須全部扣上。開會、談天坐下時可將西裝扣子全部解開，但起身時必須依前述規定迅速扣好。若遭主持人點名至台上向他人介紹時，可以於起身後，一面扣上衣扣一面走上講台，並不失禮。因為如此可以節省其他人等待

的時間。

　　西裝褲最上方的拉鍊上除了有一顆扣子外，在其旁斜角亦多會有另一顆扣子，這也是為了讓長褲看起來直挺而設計的，請把它也扣上。

二、雙排扣西裝

　　雙排扣西裝內若有一條細窄的帶子與一暗藏於內側的扣子時，必須把帶子在另一端上扣好，這是為了讓你穿西裝時看起來會更英挺而設計的。

三、西裝長褲

　　西裝長褲不宜過長，以免看起來邋遢；也不可以過短，否則坐下時會露出一雙飛毛腿，非常不雅。不可有皺痕，褲管的線條必須燙出來，褲後、口袋、兩側口袋最好不要塞了一大堆東西，此外，口袋必須保持平順，不要擠成一堆。

四、襯衫

　　深色西裝必須搭配淺色襯衫方才顯得精神抖擻，可穿白色、淺藍色、米色等長袖襯衫，或是與西裝相同色系的襯衫，但顏色則是愈淺愈佳，材質則以絲、棉、麻等為佳。穿深色襯衫最好不要搭配淺色或是非常花俏的絲質領帶，因為大概只有紐約的黑社會混混才會如此打扮，一副地痞、無賴的模樣。

　　若衣領上有小領帶扣則必須扣好，若有領針的小孔則必須插入領針，若襯衫衣領為搭配領結專用者，則千萬不可打領帶以免令人驚訝，惹來笑話。此外，襯衫必須燙得平整，切不可有皺痕、污點。

　　原則上襯衫袖口必須長於西裝外套之袖口一英寸左右，袖子太

短則不合適，太長了則會顯得不夠精神。切記在適合場合均不可外穿西裝內穿短袖襯衫。如果天氣炎熱，則可以把西裝外套脫去，把長袖襯衫的袖口捲起，這是眾人可以接受的權宜之計。

五、領帶

領帶的顏色與打法相當多樣化，可以收到畫龍點睛的效果，這也是男士服裝中比較可以展現個人風格的地方。

領帶可以較為花俏豔麗，亦可以較嚴肅顏色表現個性，但須注意其長短適宜程度，以及領夾的搭配選用，尤其須避免領結部分之油汙及鬆弛。在某些非正式的場合，使用領巾來代替領帶也不失為較活潑的選擇，但在正式場合上使用領結應以暗黑色為宜。

六、領帶結

可以打單結或是雙結，但是必須把結打得結實，並把領帶完全圍住領子，不要露出襯衫第一顆扣子，否則會很突兀。若領子另須扣領帶扣時，則必須將它扣完整；若是必須以領針固定，則必須加穿扣針才算整齊。

七、領針

領針不但有裝飾的效果，更可以避免彎腰時領帶離身下垂，如此不但不方便，在餐會時更可能會沾到菜餚、飲料等而不自知，況且領針也是男士可以稍微變換花樣的少數地方，不妨花點心思搭配一下吧！

八、鞋子

皮鞋應以黑色皮面皮底為主，一般來說，繫鞋帶的皮鞋比不用

鞋帶的皮鞋來得正式。

如果不穿黑皮鞋也可以搭配西裝顏色穿著，如深咖啡西裝可穿咖啡色皮鞋，鞋面及邊緣應保持乾淨，擦上鞋油打亮並不得有破損、裂縫等情形。不要穿著休閒式之橡膠底皮鞋。

此外，皮鞋避免穿著過大，以免不自覺地把它當拖鞋來穿，想想看，穿了西裝卻拖著皮鞋走，是不是讓人想起了一代奇才卓別林？其實不但是男士，我國有不少女性朋友也常常打扮得漂漂亮亮，卻把腳底的高跟鞋拖得踢踢躂躂，小小的一個動作，毀掉了費盡心力的妝扮惹人謅笑而不自知！

九、襪子

襪子與皮鞋相同，以黑色為主，但可以選擇上面有標記、小裝飾或有暗色花紋者亦不為過，但須注意是否有破洞、是否清潔等小細節，長度也不宜太短，以免坐下來時可能露出「飛毛腿」。曾經有一外交官應邀至日本某機關參觀，但不知日本處處脫鞋之習慣，因此參觀時不斷的掩飾其中一隻露大拇指之襪子，尷尬不已。今日許多科技公司亦規定室內脫鞋以求潔淨或防靜電，不可不慎。

十、髮型、鬍鬚

穿西裝時並非一定以西裝頭為準，但鬢角不可過長，否則看起來沒有精神。頭髮必須清潔乾淨，梳理整齊有型，可用慕斯等定型液固定髮型，以免遮蓋前額顯得頹廢無神。

另外，應避免頭皮屑出現，頭皮屑會予人一種不潔的感覺，最好能事先防範，若沒把握，則可以穿著較淺色上裝如灰色等作為掩飾。

鬍鬚、汗毛均須刮乾淨（西洋人有些一天得剃兩次鬍鬚，以免

名爲 Afternoon Shadow 之鬍鬚出現），鼻毛亦不可外露。

十一、雙手

指甲修短、雙手保持乾燥清潔，手錶、戒指等物不可太過炫耀，以免給人俗氣之感。使用完洗手間後，必須擦乾或是烘乾雙手，以免握手時給人潮溼不潔的感覺。

十二、皮帶

以深色爲原則，最好是黑色或是與西裝同一色系的皮帶，若皮帶頭是金屬製的，也必須擦拭乾淨、光可鑑人。

十三、身材

矮胖者不宜穿著雙排扣西裝，也不宜穿著寬條紋或是格子式樣的西服，否則看起來會更加臃腫。反之，身材太瘦高者則應避免細條紋服裝，或是三、四顆釦子的單排扣西裝上衣。

十四、古龍水

國人一向少有搽古龍水的習慣，不過在正式場合不妨滴一點試試看，至少感覺精神比較抖擻。外國朋友使用頻率可就高得多了，正式場合必須要搽，一般場所也少不了，似乎已變成服裝的一部分了。

十五、飾品

男士不同於女士，是不需要配戴首飾的，有些人就用鑽石手錶、耀眼的大型寶石戒指，以達到有意無意的炫耀目的。在正式的場合，這種方法只會顯得粗俗與膚淺，是絕對無法贏得他人尊重

的，而且更有可能適得其反。

十六、手不可插在上衣的口袋

現在已很少看見有人會把手插在西裝上衣的口袋中，但有不少人把口袋塞得滿滿的，可能是手帕、衛生紙、鑰匙之類的東西，看起來非常奇怪。

雙手可以插在西裝褲的口袋，但是要注意，不要由於兩隻手插在口袋裡卻把西裝上衣的背後分衩給撐開而露出背部的襯衫，這樣就不太好看了。

十七、身體之氣味

體味清香人人喜歡，身有異味人人避之唯恐不及。

1. 口氣芬芳：許多人有口臭而不自覺，在他人面前高談闊論口沫橫飛而興致昂然，殊不知自己已嚴重污染了他人之空間，嚴重影響了人際關係。避免口中產生異味的方式是勿食大蒜、洋蔥等刺激性食物，餐後務必以牙尖刷清潔牙縫中之殘餘食屑，再清潔舌苔，光是漱口是無效的。若真的很嚴重最好去請教牙醫。

2. 身體異味：有些人有狐臭或是身體之異味，若無法去除則必須設法加以遮掩。如事先沐浴或是用香水、古龍水遮蓋。

3. 腳臭：注意鞋襪勤換，皮鞋內部清理乾淨避免細菌孳生。

十八、其他注意事項

1. 西裝上衣與長褲都必須平整筆挺，若有皺痕等必須事前燙平，若是臨時發現已無法補救時，可以用少量的清水暫時壓

平它。

2.腹部太突出者可以加一件與西裝同款的西裝背心加以束縛，看起來會更活潑，也更有精神。

男士的穿著雖然變化較少，但是仍然不可馬虎，否則在極其重視穿著的西方社會，必定會遭人輕視，這倒不是以外表取人，而是他們認為一個人如果連基本的穿著禮儀都不懂，其他方面也就可想而知了。

如果你想要穿得有品味，又不知如何著手，不妨多向懂得穿著的朋友請教，或者多學學西方名士的穿著打扮，稍稍用點心來觀察，絕對會有很好的收穫！

▲男士服裝應求穩重大方。

領帶的由來

當人們穿著正式西服時，多會搭配一條漂亮的領帶，整個人因此顯得既美觀又大方，且給人以優雅英俊之感，然而，象徵著禮儀的領帶，卻是因緣際會演變而來的。你知道領帶的由來嗎？

第一個傳說：以前法國與外國發生戰爭時戰敗，有東歐某國之騎兵隊騎著駿馬昂然進入巴黎，士兵的頸部均圍以白色的絲巾以為標記，巴黎市民看見以後覺得非常好看，於是紛紛起而效尤。從此由領巾而領帶之風氣就開始了。

第二個傳說：領帶是英國婦女的發明。英國當時仍是一落後的國家，在中世紀時，社會地位較低之英國人常以豬、牛、羊肉為食，而且進食時不用刀叉，而是用手抓起肉塊放在嘴中啃咬。由於當時尚無刮鬍刀，成年男子都蓄著亂糟糟的大鬍子，進食時，弄髒了下巴就用衣袖去抹，婦女因此經常要為男人洗這種沾滿油垢的衣服。在不勝其煩之後，她們想出了一個方法，在男人的衣領下巴掛一塊布條，用餐時可隨時用來擦嘴，同時在袖口上縫幾顆小石子，每當男人們再按老習慣用衣袖擦嘴時，就會被石子刮傷，於是乎英國的男人們改掉了以往不文明的行為，而掛在衣領下的布和綴在袖口的小石子自然也就成為英國男子上衣的傳統的附屬物——繫在脖子上的領帶和縫在袖口的袖扣，並且逐漸成為世界流行的式樣。

第三個傳說：法國皇帝拿破崙一世率領軍隊越過阿爾卑斯山脈進攻義大利時，由於天氣酷寒許多士兵因而感冒流鼻

涕，行軍匆匆之際往往順手用袖口擦鼻涕，使得軍容極為不堪。拿破崙看了以後雖不忍苛責但是亦覺不妥，於是心生一計，也就是與英國婦女相同之方式，在士兵的衣領下掛一塊布，可隨時用來擦鼻涕，同時在袖口上縫幾顆小石子，以免士兵用袖子擦鼻涕。從此軍隊之軍服就有了領巾以及袖扣。而現今之西服亦由軍服演變而來，因此領帶與袖扣自然保留了下來。如果不相信的話，請注意所有正式西服之翻領部分一定有一空的扣眼，但是卻找不到扣子即可證明，因為本來領子是翻上去以便天寒時可以扣起扣子保暖之用，後來當作禮服後自然不需翻起領口了，扣子不見了，扣眼卻一直傳統地保存了下來。

 ## 第二節　女士正式服裝

女士服裝可分日間、夜間及度假時的穿著三種：

一、日間正式場合

正式會議等場合一般來說與男士相同，以西式套裝為主，下半身可改穿窄裙代替長褲，其質料、剪裁亦須完全與上衣相同，但顏色方面則可以稍加變化，淺色系亦無不可，花色也可表現得較活潑一些。若著西裝式外套，需注意其內襯衫之領口以外翻於西裝外為佳，且領口不宜過低以免輕浮。

(一)窄裙

長短須合宜,這點十分重要,太長會顯得保守呆板,太短則失之輕浮、輕佻,另須注意褲襪顏色的搭配與選擇,以避免突兀。

(二)首飾

耳環、項鍊、手鐲等最好選擇同一樣式為佳,以小巧精緻為原則,避免太過炫耀或把所有家當全部都戴出來示眾。

(三)化妝

以淡妝、整齊乾淨為主,不時散發出淡雅香味的女人永遠是受人歡迎的。

(四)皮包

以肩背式方型皮包為佳,如果攜帶東西較多時,不妨另外加一個方型手提箱,簡單大方,為女性上班族的標準裝扮。

(五)髮型

正式場合女士髮型應以自然大方為準則,清潔光亮整齊自是必然,切勿油頭或髮屑披肩,但髮型太過做作亦不合適。

(六)鞋子

應以皮底高跟為主,鞋跟不可太粗,鞋跟不可太高。清潔整齊是必須,但不可太過流行。

二、夜間正式場合

有人說:「夜晚是屬於女人的」,西洋女人尤其身體力行,白天、晚上簡直可以判若兩人。

女性在夜間的裝扮可以儘量地誇張、炫耀,高跟鞋、亮片皮

包、低胸禮服、閃亮的珠寶、首飾，無一不散發著女性的魅力，再加上迷人的香水，綜合在一起就成了「女人是上帝的傑作」！

三、休閒度假時

(一)在國外旅遊度假時

其服裝一般以輕鬆方便為原則，尤其是歐洲地區許多路面是由方石塊組成，若穿細跟鞋則難免不時要彎下腰來拔鞋跟，十分不方便。然而若旅程中有安排夜總會、正式餐廳，則不論男女應著正式服裝，有些高級場所，還有男士不打領帶不準入內的規定，最好事先問清楚，以免被拒於門外。至於穿短褲、短裙、背心、拖鞋、球鞋是保證吃閉門羹無疑的。

(二)服裝搭配必須配合年齡

年紀一大把還硬要穿著最時髦的服裝，總是會給人說不出口的感覺，哪怕是長得再美、身材保持得再好，結果也是一樣。所以迷你裙、熱褲只適合某一年齡層的女孩，但總是有一些女人弄不清楚

▲自助旅行者的標準打扮與裝備。

這一點。

(三)注意自己的身材

即使是非常漂亮的衣服，穿在自己的身上也不見得好看，說不定會有反效果。選擇服裝必須顧及自己的身材與年齡，聰明的女性總是會把全身打扮得自然並兼具特色，讓男士的目光焦點落在她的身上。

(四)在精不在多

雖然說「女人的衣服永遠是少一件的」，但是把一些質料、剪裁具佳的服裝搭配在一起，可能遠勝於一大堆廉價低俗拼湊而成的套裝。

(五)皮包

皮包絕對不要斜肩背著好像背書包一般，非常庸俗難看。只有一種小型迷你小包包是少女專用的，可以俏皮地斜背，其他的一律必須側背，否則就算再名貴的高級皮包，只要一斜背，就保證可以把出產皮包的那家名店給氣個半死。而偏偏我國女士有不少就是愛斜背，所以有外籍朋友開玩笑地說，要分辨一位女士由何處來是很容易的，側背者不見得猜得出來，但是斜背者八成來自台灣。

(六)高跟鞋

高跟鞋也好，低跟鞋也罷，本來會發出清脆悅耳的喀喀聲。因此走路時千萬不可以用拖的，否則只會發出啪啪的噪音與令人不忍直視的醜陋姿態。

(七)隨時注意姿勢、髮型

彎腰駝背、蓬頭垢面、妝沒化好、頭髮沒梳理好，再美的女性只要犯了上述任何一項，就足以讓人倒盡胃口了。

(八)穿裙裝時

穿裙裝時絲襪、褲襪不可少，有穿沒穿給人視覺上的感覺差距很大。這也是為什麼在第二次世界大戰絲襪缺貨時，歐美女性會彼此互相以黑筆在腿上畫上假絲襪之中間線，讓人遠看時會誤以為她們已穿上膚色的絲襪。

第三節　特殊場合之服裝

以上所述為一般日常之聚會、集會場合，但是有些特殊場合則必須穿著特殊的服裝方才得體。西洋人有一個人皆守之的習慣：在什麼樣的場合，就應穿什麼樣的服裝。穿或不穿都有一定的規矩，若是有人服裝不妥當的話，其他人不但會露出驚訝的眼神，亦不屑與其交談。我國同胞有些人則缺乏此一認知，經常穿得隨隨便便、馬馬虎虎，這些都是會被人輕視的。

一、喪禮

西洋喪禮多簡單隆重、莊嚴肅穆。所有參與者多著黑色或深色之正式服裝，男士深色西裝領帶，女士深色套裝、裙裝，有些還戴帽子、黑紗覆面以表哀慟，唯一例外的可能只有神父、牧師了。

二、婚禮

婚禮場合熱鬧歡娛，參與者一定會穿上既正式又華麗的服裝，女士尤其刻意濃妝豔抹，打扮得花枝招展，彼此爭奇鬥豔，互別苗頭。連配戴的首飾配件、陽傘、女帽等，也極盡炫耀之能事。男士則維持西裝領帶，但可以穿著淺色西裝或是小禮服、禮帽。

三、游泳池

前往池畔游泳時務必著泳裝，什麼款式均無妨，但一定要是泳裝才行。不可穿著短褲、T恤等即入池，這樣會引起他人側目，工作人員也會請其出池。游泳池畔標準服裝應是游泳衣、大毛巾、海灘鞋或戶外拖鞋（千萬別把飛機上發的免費拖鞋或是室內薄底拖鞋穿去池畔，如果沒有像樣的拖鞋，打赤腳亦可），外加太陽眼鏡。女士可以再加一件寬鬆的外衫，以免臨時前往他處時會太暴露及不雅觀。

四、劇場

既然是社交場合，服裝打扮自然不能馬虎，男士西裝領帶是標準制服，外加擦得雪亮的皮鞋和梳理整潔的頭髮。

女士們則是豪華套裝、長裙、小禮服，外加披肩、皮包，再加上刻意搭配的高跟鞋，閃閃發光的項鍊、耳環、手鐲、戒指等，把人裝扮得燦爛耀眼。所以有人說，去劇院的女人其實觀劇是次要目

▲海灘戲水除了服裝、裝備必須注意，安全仍為首要。

的，主要目的則是把漂亮的衣服穿去亮相，爭奇鬥豔，互別苗頭。

五、三溫暖

使用三溫暖時必須瞭解相關規定，如有些地區規定必須著泳裝；有些則不准穿任何衣物，只可以浴巾遮掩。有些是男女分室不可混浴；有些地方則淋浴、泡澡以及蒸氣室、休息室、紫外線室一律男女共用，而且還是裸體的狀態。在德國、北歐諸國，全家人向來是一起共浴，他們認為洗三溫暖是一件非常健康、自然的事情，人類裸露身體並不可恥，洗三溫暖沒有遮掩的必要。所以常看見一家老小高高興興一起洗三溫暖共享天倫之樂，此時如果有人身在其中卻含羞帶怯、手足無措，反而會令在場的人感到驚訝。因此，入境隨俗吧！

六、健身房

健身房既是運動場所，自應穿著運動服，可以穿T恤，長褲、短褲均可，以及運動鞋（運動襪可別忘了穿，也別穿了一雙球鞋，裡面卻是一雙黑色的襪子）。

女士可以著T恤、長褲、束髮帶（以免長髮披散）、防汗腕帶。千萬別僅穿了拖鞋，或臨時起意，打了赤腳就去。

七、夜總會

在夜總會男士仍應是西裝革履，但是可以配上較花俏的領帶和絲質襯衫等，讓自己看起來比上班時亮麗、時髦些。

女士則盛裝打扮，有人說：「夜晚是屬於女人的」，沒錯，一般上班族婦女，在晚上的打扮可以和白天上班時的裝扮判若兩人，不但彩妝濃了，香水也更具誘惑力了，髮型做了很大的變化，搭配

▲使用健身房務必服裝合適。

的首飾、皮包也完全不一樣了,再加上豔麗的華服,足以讓人眼睛為之一亮。

不但如此,夜晚的女士,連說話的聲調、舉手投足、言談轟笑之際,也顯得嬌媚了許多,變化之大,常讓與其熟識多年的男士也為之驚訝而神往。

八、賭場

賭場一般不准服裝不整、嗑藥、酒醉者進入。歐洲賭場規定嚴格,必須著襯衫、領帶才算合格,若沒有帶也可以用租的,不過租金一般都不便宜。美洲賭場則規定較寬鬆,如拉斯維加斯和加拿大的賭場,只要是服裝整齊均得入場,但是拖鞋、背心短褲以及服裝太暴露者,還是會被要求更衣或是以外套遮掩,方才得以進入。

第四章

住宿篇

第一節　觀光飯店之禮儀

在國外住宿時，不論住在豪華大飯店、一般旅館或是青年旅社，甚至民宿，都有許多機會與外國旅客直接面對面接觸，而個人的言行舉止與生活習慣，均影響他人對國人的印象，不可不慎！

一、飯店大廳

大廳為住宿旅客、來訪賓客使用最頻繁的公共場所，一般都設有沙發座椅等休憩區，主要供來往旅客暫時性的使用。

有的還設有酒吧區，如果是坐在酒吧區內則最好點一杯飲料，若只是入內聊天，雖不至於被人請離，但是若恰有其他旅客欲使用，而座位被等待會面的人占滿而無位可坐時，總是不好。

在大廳內必須服裝整齊，切忌著拖鞋閒逛（但如屬前往泳池或是三溫暖則例外）；此外，在大廳避免大聲喧嘩、高聲談笑，且在等待區內不宜一直霸占不走，影響他人等候。

以上所言指的是一般觀光飯店，但如在夏威夷等地的度假休閒飯店，則泳裝、拖鞋並無不可。若有大件行李，最好也請服務員代為送至房間內，不可為省小費而自己在大廳內如逃難般地大搬家，十分難看。

二、房間內

歐美房門多有自動反鎖型，此點與國內不同。拿到房間鑰匙時應先試一下較保險，如果粗心大意，出門時先在房內按下門鈕關上門，如此一來就算有鑰匙也無法開門，必須勞動飯店經理持特別鑰

匙前來處理，十分麻煩。所以安全鈕只有在房內有人的情況下才按下去，如再閂上安全鐵鍊則更加有保障。

夜晚有人敲門時，宜先在門內窺視鏡中看一看來者何人，再決定是否開門，較為安全。

浴室內若無排水孔，則沐浴時最好將浴簾放在浴盆內遮蓋嚴密後再行沐浴，以免浴水外溢，弄溼地板不好處理，踏腳墊可以放在浴室門口，以免弄溼房間內的地毯。浴室牆壁上有些會有一條細繩索上附警鈴，這是為了客人有緊急事故發生時，如心臟病突發等，作為求救之用，沒事不要亂拉，否則可能在洗澡洗到一半時，會有人破門而入前來搭救你，到那時可就精彩了！

三、電視付費

電視分為付費及免費兩種。付費電視一般在電視機上方有一盒子上有Ａ、Ｂ、Ｃ、Ｄ等按鈕，如果按下任一按鈕（表示選擇某一影片）則須付費，但多有二至三分鐘免費試看時間，按下按鈕後其上還會有「確定」及「取消」的按鈕，可以試看後再行決定。如果有不小心誤按的情形，在次日結帳時可以明確告知櫃檯人員自己並未偷看，一般的飯店多會持相信客人的態度，註銷收費單，但客人必須簽名以示保證。

四、迷你冰箱

房間內有付費飲料提供房客之方便，其內之果汁、汽水、可樂及酒類均十分昂貴，非不得已儘量不要取用。有些飯店則冰箱內空無一物，主要是讓房客自由購物冰凍之用。

五、電話

房間內多有直播式電話可供旅客使用，一般來說，市內電話屬免費或是收費低廉，主要是給旅客聯絡事情方便之用。而長途電話或國際電話的費率就相當高，因為除了成本外，還要再加上頗高的飯店利潤，之後還得再加上政府的附加稅等，東加西加就不得了了。

要打電話最方便的莫過於使用電話卡，國內電信局也有販售國際電話卡，但是並非適用所有國家，購買時宜先查明。其他國家也有售電話卡，多依金額不同而可使用的時間長短也跟著不同，有些撥號前尚須加密碼者，雖然比較麻煩，但是價格會便宜不少。

當然，現在手機國際漫遊十分方便，但是費用驚人。常出國者可以購買晶片卡插入手機內使用，預付額用完後仍可繼續接電話但是無法打出去。

事實上，也可以用銅板來打國際電話，但通常一般人身上是不會有足夠的銅板打國際電話的。比較不妥當的方法是跑到飯店的櫃檯要求兌換大量的銅板，以便可以到外面去打公共電話，想想看，每一家飯店都是希望旅客能儘量在飯店內消費，不論是餐飲、洗衣、打電話、購物等，以增加飯店的收益，如果旅客付了相當高的費用住在觀光大飯店裡，卻為了省一點錢猛往外消費時，飯店職員的反應是可以預期的。

六、電話計費

有些地區的電話是由接線起計費，不論對方正在通話中，或是無人接聽，超過了五、六聲以後就自動計費了，此時應立即掛斷，待會再試。

有些人不明瞭此一情形，認為飯店在伺機敲詐，所以也常有糾紛發生。實際情形是飯店必須付費給當地的電話局，但卻又無法向客人收費，可說是有苦難言。

還有些人明明打了電話，第二天離開飯店時卻故意趁亂忘了去結帳，造成飯店不少的損失，因此有些飯店乾脆就把電話上鎖，如果有房間的住客要求使用電話打長途或是國際電話時，必須親自前往櫃檯要求開放，並且必須預付一小筆押金，才可接通外線，當然如果是外面打進來或是房間對房間、市內電話等，是不受限制的。

七、插座

吹風機、電動刮鬍刀等的插頭多在浴室內，其插座上會標示著多少電壓，這些插座是有限制的，也就是只適用一般低用電量之電器，如電動刮鬍刀、攝影機的充電器等，如果以這類插座去插電湯匙、電鍋等用電量大的電器，就可能因超過負荷而發生危險。

事實上就連房間內其他的插座，如電燈、電視機都不見得適用電水壺等電器，曾經有一位我國旅客在房內燒茶，結果引發了一場小火警，雖然無人受傷，但是房內的地毯卻報銷了，最後賠了八百美元才了事。賠錢事小，若因而發生意外或是吃上官司，可就划不來了。

我國旅客非常喜歡自備電器用具在房內泡茶、泡麵甚至烹調食物，此點與其他國家旅客旅遊

▲浴室之插座僅供弱電使用——千萬別插電湯匙燒開水以免危險。

習慣相當不同，因為在房間內「聚餐」，不但會讓房間內髒亂不堪（尤其是有些鋪有整塊地毯者），很難收拾，就算小心翼翼，但是如海鮮類食物氣味也是不太容易散去的，最好能替下一位房客多著想。

這種不良習慣也是有些飯店不喜歡接待台灣旅客的主要原因之一。

八、吸菸

在辦理住宿手續時，一般都會詢問住客是要吸菸還是非吸菸房，如果是在非吸菸房時就不可在房間內吸菸，因為一來房間內並無菸灰缸等器皿，再來吸菸的味道會嚴重影響下一位不吸菸的住客，這是非常不妥的。

如果是吸菸族卻分到了非吸菸房，那就到樓下找一個可以吸菸的地方，等過完癮後再回房去吧！

九、房間內的物品

除了是屬於消耗性的，如小肥皂、洗髮精等，或是有標示免費贈送者之外，其他全是屬於飯店的財產，不可以擅自帶走，所以無論是浴巾、浴袍、拖鞋、雜誌、花瓶、掛畫、毛毯等，都請使用完後留在房間內。有些比較有良心的收集者只是拿酒杯、菸灰缸等小東西，有的則真是會把大件物品當成紀念品給塞進大皮箱內，這不是笑話，真的發生過。

十、環境保護

歐美國家為了共同維護全球的環境保護，現在已把以前在洗手檯上一小包一小罐的香皂、洗髮精等清潔用品，一律改為一大罐附

著在牆壁上的洗手、洗髮多用途清潔液，如此做倒不是為了省錢，而是可以避免一塊香皂只用一次、一罐洗髮精只用一半等浪費的情形，再加上其外的包裝、容器等，可以說都是無謂的浪費以及環保垃圾，所以這種先進的作法已日漸普及全球了。

十一、電話留言

電話上若有一信號小燈不停閃爍，表示有電話留言，可以自行接聽或是按內線給總機以得知訊息。

十二、行李小費

初抵飯店，辦理完手續進駐房間後，宜付小費以示感謝行李員，原則上是一間房間付一美元，若行李真的太多時則不妨多付一些。

離開飯店時，只需將行李放在門外（有些是門內）即可，待完全辦完離宿手續，準備登車離開時，再付小費給服務人員也不嫌遲。

十三、特別服務

有特別服務要求，如多送一條毛毯、枕頭、毛巾，或是熱開水、冰塊、吹風機等時，不妨給一點小費以示對額外的服務表示感謝。

十四、床頭小費

小費可在每日離開飯店時放在枕頭上或床鋪上即可，這是給替你打掃房間的清潔人員的，不要放在床頭的矮櫃上，否則可能會被服務人員誤認為是客人忘記帶走的零錢而不敢拿走。

十五、浴室

浴室內有兩套馬桶時則請留意，其中一套看起來比較奇怪的是專供女性生理期洗滌之用，千萬不可因好奇而上去一試，到時候排泄物怎麼沖也沖不掉，就會令人尷尬不已了。這種馬桶在歐洲較常見，有些美國人也不知如何使用，有人把它用來泡衣服、洗衣服，有些人則把它放滿冰塊用來冰啤酒。

▲若浴室中有兩個馬桶，請使用比較熟悉的那一個！

十六、拖鞋

房間內一般無拖鞋，即使有也是薄底拖鞋，這種拖鞋是房間內專用，不可穿出房門外，更不可穿去大廳，甚至游泳池、健身房，否則必成眾人注目的焦點。

十七、逃生門

逃生門一般只能由內往外開，以便遇火警時可以方便逃生；其無法由外打開，目的是為了防盜。比較進步的逃生梯是設在牆外，以免火災產生的濃煙嗆

▲到任何地方住宿，盡可能事先瞭解防火逃生設施。

傷人，如果爲了安全想要一試逃生門時，要注意別把自己關在門外了，否則只有一樓一樓地往下走，走到最底層才得以脫身，如果很不巧閣下的房間又是在第三十層樓時，不知要消耗多少卡路里？

十八、保持安靜

若是親朋好友一起住宿，而房間剛好又是比鄰或對門時，互相談天說地是很愉快的，但是不要打開雙方的房門就倚門對話起來了，你們可能聊得很愉快，但是附近的房客就得被你們干擾了。

房間內之音響、電視機，就算不是在睡眠時間也不要開太大聲，如果要開派對，應該是到樓下的酒吧內。

▲入住飯店後應避免站在走廊上聊天影響他人安寧。

十九、電視頻道

電視頻道有些是限制級的，如果擔心小朋友不小心亂按按到，可以通知櫃檯把鎖碼頻道之節目一律鎖死就無慮了。

有一次兩對夫妻在飯店的房間內聊天，突然其中一位十歲大的寶貝兒子跑來敲門，要求父母親帶他回房間去看「摔角」，他們懷疑他怎麼會知道有摔角節目，一問之下才知道他是由窗戶看到對面的房間正在放映的，基於好奇，大夥也走到窗口一看，才知道並不是摔角，而是「妖精打架」。

第二節　度假小木屋之禮儀

　　無論是在山林、在湖邊、山之崖或海之濱，只要是風景宜人的地方，就一定會有度假小木屋的蹤影，遠離人間煩囂，偷得浮生半日閒，的確是一件令人嚮往與期待的事，以下則是必須注意的地方：

一、營火晚會

　　若是晚上有營區內的營火晚會舉行時，不可一直與自己的同伴聊天，最好分別與不同的在座者輪流交談，一方面是禮貌，一方面也可得到不同的經驗。

　　談話內容以輕鬆話題為主，忌談政治、宗教等問題，若有不同意見時，則以更換談話主題為佳。

　　若有輪流表演節目，也須大方以對，其實這種活動多屬交流性質，水準如何不必介意。

　　若有人請喝酒類等飲料，則須伺機回請以示禮貌。

　　若屬野營則最後離席者務必確定熄滅餘火，以策安全。

二、小木屋

　　小木屋的隔音一般都不佳，所以若有喧囂嬉鬧的活動時也不要玩得太晚，以免影響鄰近住宿者的睡眠，他們可能正計畫於隔日清晨慢跑或是沿湖健行呢！

　　小木屋由於全由木材搭建而成，所以防火至為重要，除了不要躺在床上吸菸，以免不知不覺睡著而釀成火災外，若有油燈也最好

在睡眠時將之放到門外，一方面可以把蚊蟲吸引到屋外，一方面也可以防止油燈不小心被踢倒時引發災變。

有些木屋僅提供床鋪以供休息睡眠之用，所以毛毯、枕頭等寢具必須要自己帶去，否則保證一夜難眠。

若遇旅遊旺季時，小木屋可能不敷使用，此時就有可能要與陌生人一起共用，當然也是探先到先選的原則，此時不但穿著方面要加以注意，言談舉止也必須

▲森林內度假小木屋，簡單方便、租金低廉。

留心，不要造成別人的負擔與壓力。此外個人財物也必須收藏妥當，以免誘人犯罪可就扯不清楚了。

不過說實在的，一般小木屋的租金並不高，就算人數不足，也可以租下其他床位獨宿一間，如此雖多花一點代價，但可得到完全自由的回饋。

小木屋一般的門鎖都屬於簡易型，真的要打開並不難，所以外出時不要把貴重的物品放在屋中，以免不翼而飛。

洗完衣物曬在屋外時，應掛在曬衣繩上晾曬，不要隨意把衣物到處亂掛亂曬，不太雅觀。

在木屋內有些有簡易的廚房設備可供烹調，用完餐後務必將餐具清洗乾淨，器皿歸回原位，垃圾等也一律密封收妥，以免野生動物等闖入，將垃圾弄得一塌糊塗。

第三節　民宿之禮儀

　　愈來愈多的旅人喜歡以民宿〔供應早餐與床鋪（Breakfast and Bed，故英文稱爲B&B）〕作爲個人在國外旅行時的棲身之處，這是一般參加團體的觀光客所無法理解的，爲何放著豪華漂亮的觀光大飯店不住，卻要跑到巷弄之中，甚至交通並不方便的郊區去住民宿。但是只要是曾經住過民宿的朋友均知曉：主人會將旅遊相關資訊如數家珍地提供，再加上具有當地特色的餐飲，爲異地遊子提供了家的感覺，撫慰了無數孤獨旅人的心靈。

▲有一些民宿，佈置典雅怡人，可看出主人之品味。

一、禮貌

　　有不少提供住宿的主人其本身經濟條件並不差，有的只是老夫妻爲了排除寂寞的方式之一，所以都會十分熱忱地接待來自世界各地的旅客。除了提供當地的各種資訊外，也非常渴望與遊人互換旅遊心得，甚至文化交流，很可能你就是台灣來訪的第一位客人，雙方都沒有相處的經驗，這時就必須客隨主便、入境隨俗了。

　　基本禮貌不可忽略，既然人家都把你視爲家中的一分子了，就自然應投桃報李，以禮回之，「請、謝謝、對不起」之禮貌用語常

掛嘴邊，主動打招呼，見人時自然流露友善之笑容，舉手之勞常常助人等，都別忘記。

二、用餐

有些民宿會提供晚餐，但須額外收費，且須在前一天提出要求。所用之餐即為主人家日常的普通晚餐，不會因為有朋自遠方來就大費周章，菜餚也不會特別豐盛，但可以保證的一點就是，一定是道地的當地家常菜。因此，也無形中對當地的餐飲文化有了更實際的認知，而且可學到許多餐飲書上從來沒有介紹過的風俗習慣，以及某些家常菜的趣事，再熱心一點的主人，還會主動提供食譜甚至教你如何動手做菜呢！

在餐桌上除了主人外，也可能有其他地方來的旅人，此時餐桌禮儀就顯得非常重要了，在如此小的空間裡，每個人的一舉一動、舉手投足都會自然映入他人之眼簾，如果餐桌禮儀不佳，將使他人對你印象大打折扣。

在民宿中用餐之禮儀，可以不必如正式餐會般的慎重，但是有

▲民宿內一般多附有廚房可供使用，但別忘了善後。

些基本原則，如服裝整齊、尊重主人、坐姿、使用餐具方式、進食方式等，還是馬虎不得的。

三、浴室

許多民宿的衛浴設備都是共用的，所以在使用時就算不為主人著想，也要為其他共住屋簷下的同宿者設想一下。

馬桶用完一定要沖淨，若有附著之穢物也必須自行清理乾淨。

浴缸、浴盆使用後，若有牙膏、肥皂沫、頭髮等雜物，也宜稍事清理以保整潔。

沐浴時必須放下浴簾，以免水花濺到浴缸外，弄得滿地溼答答的，下一位使用者可就麻煩了，若真有此情形，可以用浴巾把水擦乾。

女性生理期的廢棄物應自行密封好，以方便主人清理，千萬不要扔入馬桶中了事，否則主人可能會咒罵妳好幾年仍無法釋懷。

四、禁菸

浴室中一般都是禁菸的，主人在自己家的浴室中不可能掛上禁菸標記，一般來說，在室內禁菸已成為世界各地約定俗成的一項趨勢了。

五、客廳內

注意一下主人習慣性的座位，尤其是看電視時之座位，除非主人房內另有一部電視，否則就識相些主動為他保留住寶座吧！

在客廳內的服裝一定和在臥室中大不相同，就算主人禮貌性地告訴你："Make yourself at home!"但可別真的如在家中般打赤膊、光腳丫子，就在客廳中走來走去。

　　與其他人交談時必須注意睡眠時間，別人可能不好意思掃你的興而勉強陪你聊天，儘管他明天一大早可能就有要事要處理。

　　交談時也不宜高聲喧笑，以免打擾到其他房間中正在閱讀、沉思、回憶或想早睡早起的旅人。

　　聊天時若有其他國家之旅人，必須注意談話內容，不要無意中傷到他人之愛國心與同胞情，例如有黑人朋友在場時，就少談黑人犯罪、種族歧視等事情，有時候你可能是基於善意，表示自己反對歧視、喜歡黑人等，但聽在黑人朋友的耳中，反而會覺得格外的刺耳，最好的方法就是不要觸及。

　　宗教、膚色、政治、國民所得等，都是交談中應避免的話題，其他更有趣的話題還很多，如風俗、節慶、習慣、特產，甚至本國的異性等，都是非常引人入勝的話題。

　　客廳內、廚房內之物品不要隨便使用，除非主人已告知可以自由使用，如書架上的書籍可以自由取閱，閱畢必須歸回原位；電話儘量別用，否則會產生付費上之困擾；冰箱大都可自由放置需要冷藏的東西，但別把整個冰箱塞得滿滿的，會產生異味的食物也不要放進去；刀叉用來吃水果是很方便，但用完後應立即清洗並歸位。

　　諸多生活上的小細節不必一一列舉，但必須存乎一心：己所不欲，勿施於人——尤其是主人。

　　在離去告別時，除了不要忘記付清應付之所有費用外，口頭上的感謝、心中的感念，加上相贈一件有自己國家風味的小禮物，就再完美不過了。

▲公共露營場所均有相關管理之規定。

 第四節　野外露營之禮儀

　　營地選擇之正確與否，不但影響露營之趣味與品質，而且也與安全有關，以下為較佳之露營地：

1.接近水源：不過也不宜太接近，否則易受蚊蟲騷擾，而水源一般又是動物夜間飲水之地，所以紮營之前先觀察清楚較安心。

2.山丘上：不但景觀好，又可以防止大雨時溪水暴漲或積水成澤。

以下是比較不佳的露營地：

1.大樹下：不但樹上可能有野蜂窩，如遇雷雨時也有遭雷擊之虞。

2.河邊：最怕溪水突然暴漲，因為露營區雖晴空萬里，但在上游集水區可能已是大雨傾盆，其結果是一樣的，但可能更讓

人失去洪水警覺心。

3.擋住其他露營者通路者：若見先來者占了好地點，最好另覓佳處，不可硬擠在一塊而惹人生厭，喜歡野營的人一般都有獨自擁有一片天地的傾向與嗜好，請務必尊重他們。

一、避免喧鬧

若不遠處也有其他露營者時，不妨先加以觀察，若是對方正在靜靜看書，或凝視風景遠眺大自然時，你的喧鬧必定會影響到他們，再加上烤肉的油煙及縱情嬉笑，極可能毀了他們的假期。

二、露營用具

露營用具及必備品也務必一次帶齊全，不要一會兒向其他人借鹽，一下子借手電筒，別人口中不好說，心中一定不以為然。如果你真的如此健忘，唯一的補救方法就是：歸還人家東西時隨附三塊香噴噴的烤肉和兩罐冰得透涼的啤酒吧！

三、垃圾

有野獸出沒的地方，請務必把垃圾及未吃完的食物用密封袋收藏，以免嗅覺靈敏的野獸（如熊類等）夜晚的造訪。如果沒有把握，不妨把食物、垃圾拿出營帳之外，掛在遠處的樹枝上，如此就算來了不速之客，也不會直接闖進你的營帳中了。

四、洗滌

洗滌時須注意避免污染了湖水或是河水，尤其是十分油膩的器皿。如果沒有公設的洗滌台，不妨以水桶等容器提水上岸再加以清洗，雖然較麻煩但卻環保，剩餘之水可倒入林中或樹叢內，不可再

倒回水源中。

第五節　青年旅館之禮儀

　　青年旅館（Youth Hotel）為相當流行且普及的短期住宿方式，不但價廉物美，對經濟能力不是很寬裕的年輕朋友更是受惠頗多，而且又可以認識來自世界各地的自助旅遊愛好者，彼此分享旅遊的經驗與交流不同的文化，實在是好處多多，這也難怪眾青年朋友均趨之若鶩。

一、資格

　　青年旅館住宿必須先辦會員證，手續十分簡便，只需護照、照片以及些許手續費即可，一般以一年為期，效期截止後再續辦。在出國前先辦妥或是抵達國外後再行申辦均可，費用與手續也類似。

二、會員

　　有些國家可以接受家庭會員以及團員會員的，這是為了方便全家駕車出遊或是學校學生集體旅遊所設，不過最好事先查明以免遭拒。

三、天數

　　有些旅館嚴格規定同一會員不得連續停留超過三日以上，這乃是著眼於其服務宗旨，讓優惠能普及於其他人，而房間未住滿或是淡季時則另當別論。

四、房間

由於青年旅館有不少都是由家庭或機關改建而成，所以它的房間數有極大的差異。小的可能只有十間、八間房間可租用，大的則有好幾十間房。不過一般青年旅館的容納標示均以床位為單位，因為每個房間的面積大小均不一樣，而其內可放置的床位數也不同，所以用床位來標示是比較正確的。

五、房間內的設備

房間內的設備十分簡單，一般僅有床鋪和床頭置物櫃而已，有些地方甚至採用上下鋪的床位，而旅客依先來先挑的原則，反正每人都有一張床可供休憩就是了。

六、相關規定

除了家庭房之外，均為男女分房住宿。報到時必須自行前往櫃檯取用被單、枕頭套、毛巾等盥洗用物品以及寢具，行李也是自己抬往寢室，當然鋪床疊被也是個人動手的。

七、洗手間與浴室

洗手間和浴室均為公用，採男女分開式，但是有些浴室只有隔間並無浴簾遮掩，外國女性早已習慣不當回事，但我國女性似乎仍難適應，每次進浴室總是設法擠進最後一間，寧可大家排隊依序使用，兼互相把風，而讓其他的淋浴間空在那邊沒人使用。

八、餐廳

旅館多附設有餐廳，供應早、晚兩餐，早餐一般多是已包括在住宿的費用內，而晚餐則必須另行付費。一般餐食多以一人一份的方式較爲普遍。

有些餐廳在餐後會供應付費啤酒以及其他的冷飲，而此時就是年輕朋友齊集一堂，大家不分彼此，互相分享經驗、閒話家常的時候了。如果英語能力不錯而又夠聰明的話，不但可以結交一些異國朋友，也可以得到許多寶貴的旅遊資訊，尤其是可能收集到幾天後你即將前訪之地的資訊。

九、兌換

青年旅館多有提供外幣兌換服務，其匯率會比其他的觀光旅館來得好，手續費也低。有些也提供郵電服務，賣郵票、電話卡等，都是以服務會員爲出發點的。

十、娛樂

有些旅館會提供公用的客廳，讓會員能坐在沙發上看看電視、讀讀報、上上網、看看書等，當然也是眾人接觸、聊天的好地方。某些比較大型的旅館甚至會有迪斯可舞廳，讓精力充沛的年輕人可以利用晚上的時間來發洩多餘的力氣，順便認識新朋友。

十一、洗衣

有些設有自助洗衣設備，自購洗衣粉然後投幣洗衣、烘乾等，十分方便，爲長途旅行的旅人提供了相當大的幫助。

十二、門禁

均有嚴格的門禁管制，超過夜晚十一或十二點者一律不得進入（除非爬牆），這是怕歹徒趁黑夜潛入而規定的，因為旅館實施管理制度，所以會像住宿舍一般的管制進出，確實會有一點不習慣，不過只要想一想「青年旅館」源自以管理嚴格著稱的德國，心中也就不以為意了。

十三、財物

由於同一間寢室者幾乎都是陌生人，彼此並不認識，所以貴重的財物務必收藏妥當，不要炫耀，也不要引誘他人犯罪。

十四、交談

會採用青年旅館為住宿的人，大概都是真正的自助旅遊愛好者，也都比較活潑開朗，所以不妨主動與其他旅友打招呼並自我介紹，畢竟一位後來者主動向已在場者致意是必要的基本禮貌。如果只是自顧自地做自己的事，對其他人視若無睹，是非常令人嫌惡的。

交談內容以旅遊經驗交換和各國風土民情為佳，謹記「少批評」、「多讚美」之原則絕對錯不了，用字遣詞也避免尖銳，以免刺激到意見相左者，一個爭強好辯的人，就算經驗再豐富、能力再強，也永遠不可能受人歡迎的。

第六節　飛機、輪船和火車上之禮儀

一、飛機上

　　長途飛行日漸普遍，由台灣去歐洲、美洲、中東、紐澳等地區，似乎都少不了得在飛機上過夜。而在機艙如此狹窄的空間裡，就有賴所有乘客互相體諒與合作，才能使大家都有一個雖不舒服但至少可以忍受的高空之夜了。

(一)空位

　　機上若有空的座位，原則上是可以讓其他人自由使用的，但是第一是要在飛機機艙門關妥後，確定已沒有其他的旅客會再上機時，方可換位子。但若此時飛機已在滑行中，則暫時不可移動以免跌倒受傷，必須等到飛機起飛，扣緊安全帶的警示燈熄滅後，再換座位較為妥當。

　　不同艙等之間也不可換位，例如說商務艙的座位若有空位，經濟艙的旅客是不准前去換座位的，但是若經濟艙有空位（旅遊淡季時常常發生），商務艙之旅客是可以前往後排的，自動降級沒人會干涉。

(二)過夜

　　在機上過夜時，原則上機艙大燈會關閉，只留下必要的光源，如廚房、洗手間、逃生門等，以利旅客較易入睡，此時若是睡不著也請儘量放輕動作，不要與人聊個不停，打擾他人之睡眠。以投射燈看書、讀報是可以的，但是在暗夜中的一道強力光束，或多或少都會影響他人之睡眠，能不在此時開燈，就儘量別開吧！不妨利用

此時欣賞機上傳來的美妙音樂與歌曲。

(三)睡姿

若是座椅有空位時，可以在椅子上橫躺以舒舒服服睡一個覺，但是請務必注意頭和腳，不要凸出座椅外，以免被人撞到，或是絆倒他人，黑暗之中是很有可能發生的。

(四)亂流

飛機飛行途中遇上亂流是常有之事，此時不論是坐著睡還是躺著睡，務必要坐好並立即把安全帶繫好，待亂流過去後，再恢復原來的睡姿。

二、輪船上

在歐洲的北歐、英國、希臘等地區，以及阿拉斯加、加勒比海等地都常有機會在船上過夜，而且一過就是好幾夜。雖然說遊輪的空間比飛機上大得多，但是仍然須注意一些事項，畢竟，"We are on the same boat!"。

(一)艙房

船上艙房分成許多等級，一般來說，愈高的樓層，也就是景觀愈好的地方，等級也愈高，而房內之設備差異也極大，可由簡單的上下鋪，公用的衛浴設備，到豪華寬敞的套房（suite），套房內應有盡有一應俱全，而且還有私人的陽台，可以在陽台上拿杯香檳酒，欣賞夕陽入海的落日餘暉，看過《鐵達尼號》嗎？情形差不了太多。

(二)用水

船上的淡水雖然充足，但大都會有公告，希望旅客不要浪費

水，當然一般的盥洗、清潔是省不了的，但若是洗衣服等，就不受歡迎了，他們希望你能去船上的洗衣處洗衣，有些大型遊輪的底層有自助洗衣服務，只要用銅板買一包洗衣粉，其他如洗衣機、脫水機、烘乾機，甚至熨斗、燙衣板等全部都有，十分方便。

(三)行李

長天數的遊輪之旅，其行李是可以攜帶上船，放在自己的艙房以方便使用。但是登船與離船時服務生的收送行李小費是不可少的，而其價碼一般比陸地上的飯店行情要高，例如說有些遊輪公定的小費標準就是每人每天須付十美元，當然是包含服務生、清潔人員、餐廳人員，甚至機房內的工作人員大家共享的，但由此也可見小費收費之高，畢竟有經濟能力參加昂貴的遊輪之旅的旅客是不會在乎這些小錢的。

如果搭乘的是只過一夜的渡輪，例如由倫敦前往阿姆斯特丹、斯德哥爾摩前往赫爾辛基等，多是夜晚登船而第二天上午抵達。此時大行李自然也會登船，但上船前就會以運輸帶放置港口的轉盤上，再直接送往船上上鎖保管存放，這些大行李在抵達目的地之前是不准取回的，情形和飛機託運行李一模一樣。因此，在登船時必須事先準備好一個隨身行李袋（over-night bag），其中放置個人換洗衣物、盥洗用具等，當然還有當晚的必需品，如藥品、隱形眼鏡清潔液等。

(四)室內甲板

有些自助旅遊者或是學生，買不起艙房票，於是只買一張船票，然後帶了睡袋，就在甲板上打地鋪，這種情形船公司是允許的，但是在正常作息時間內是不可以鋪開睡袋的，以免影響其他人通行，不過可以先用睡袋占地為王，等時間一到就可呼呼大睡了。初視之時，覺得他們好像是難民一般，一個挨一個地睡在地板上，

但卻見他們一點也不以爲意，甚至還彼此交談，有說有笑，似乎比起住兩人一間的艙房還來得有趣呢！

三、火車上

在埃及、印度等古文明國家，鐵路是當地相當重要的交通工具，有些地方不一定有飛機可到達，但是一定會有火車可前往，而由於幅員廣大，所以經常要在火車上過夜。

(一)坐臥兩用鋪

火車上的臥鋪多屬坐臥兩用鋪，也就是在白天時是當座椅沙發用，而夜晚來臨，用過晚餐後，就可以把座椅拉出來，固定好後當作臥鋪使用。如果不會弄也無妨，因爲自有車廂服務員替你代勞，乾淨利落，旅客只要在旁觀看即可。

豪華一點的火車是兩人共用一間臥鋪，大部分都是上下鋪，雖然在買車票時就已註明誰是上鋪，誰是下鋪，但是如果可能，讓下鋪給身材肥胖或是行動不便者吧！當然也有些人可能自稱有懼高症，或是不會爬上鋪等，也儘量體諒他們吧！

(二)寢具

睡前服務生會逐房分送枕頭、毛毯等寢具，第二天再收回，如果怕冷可以請他多分一條毛毯以禦寒，當然小費是不可少的。還有就是睡眠時，由於有些臥鋪是沒有房門的，只用一條窗簾布隔開而已，所以自己的私人財物務必收藏妥當，以免睡得迷迷糊糊之際，錢包掉在地上都不曉得就麻煩了。

(三)換臥鋪

如果你不喜歡你的「鋪友」，而火車上剛好又有多餘的房間時，你可告知服務人員實際的情形，看他是否能幫你換換看，當然

只要稍微付一點費用，他們一般都是很樂意替你服務的，皆大歡喜，何樂不爲？車廂服務人員在這方面是有相當大的權力的，不信的話，試試看！

(四)洗手間

房間內有些有洗手間的設備，但沒有廁所，衛浴設備都是共用的，一般都設在車廂的兩端。由於火車在行進時會不斷地晃動，所以在上廁所時也必須小心才是，有些廁所內設有簡單的淋浴裝置，用是可以用，但是大都沒有熱水，如果不怕冷的話，不妨儘量使用。

上洗手間時，自己的財物務必請熟人代你看管好，以防萬一。

(五)隨身行李袋

情形和輪船一樣，火車上的大行李一般都集中放在某一節車廂中，待抵達目的地後再卸下火車。所以一個 "over-night bag" 也是不可少的，其中放著你在火車上過夜的必需品，如盥洗用品、藥品等。

 ## 第七節　國家公園與汽車營地

一、國家公園

在比較先進的國家，公園有其一定的定義，這與國內某些地方認爲，一小塊空地種點花花草草，植了一些樹就稱爲公園，是大不相同的。

一般而言，能稱得上公園者必須有相當廣闊的面積，公園內有綠樹成蔭成林，規劃完整的道路、小徑，遼闊的草坪，有些還有花

卉區、生機盎然的大型池塘等，甚至如倫敦海德公園還有跑馬道。

公園均有一共通的特點，就是提供居民一個放鬆心情、漫步徜徉的好地方，人們在此可以隨意躺臥在潔淨的如茵碧草上做日光浴、散散步、溜溜狗⋯⋯；也可以什麼都不做，只是靜坐一隅，與沐浴在陽光中的人們融成一體。

在公園中應注意下列事項：

1. 在公園裡溜狗時，若有狗遺必須即時將之清理乾淨，不可故意視而不見，或隨便清清就算了，否則一旦被發現將遭到非常嚴重之處罰，甚至有可能喪失養寵物之權利。

2. 公園內有些設有兒童遊戲設施者，必須遵守年齡體重規定限制，年齡太小或是體重太重都不准使用，以免發生危險或是損壞了設施。

3. 不可亂丟紙屑、菸頭等垃圾，事實上，任何人在如此乾淨、清潔的環境中，都會不忍變成破壞者的。

4. 一草、一木、一花、一葉均為公園所有，不可折花攀木或是捕捉昆蟲鳥獸等，違者之處分也將令人終身難忘。

5. 酒醉者、吃禁藥者、精神恍惚者、精神異常者、單獨的年幼稚兒、裸體者，以上這些人是不准許進入公園中的。

6. 白天的公園若是天堂，到了夜晚可能是另一個世界，所有罪惡都有可能在其中發生，所以千萬不要在夜晚進入公園內。如紐約的中央公園、倫敦的海德公園都是政府一再告誡但仍然常常出事的地方，這是因為公園幅員太過遼闊、照明不足、死角又多，所以變成犯罪者的溫床，因此最好敬而遠之以策安全。

7. 如果真的想一探公園夜景，那就同行人數愈多愈好，最好自己開車前往，不要徒步，也不要遠離園內道路進入叢林中。

8.有些公園限制汽車出入，除非是另外領有特許執照者才得進入，而在某些時間內所有的車輛均是被禁止進入的，當然這並不包括救護車、警車和消防車。

二、汽車營地

在歐美國家，尤其是美加地區，自行駕車旅行已是一種非常普遍且方便的旅行方式了，這是由於美加地區道路規劃良好、標示清楚，而且沿途又有足夠的相關設施，如加油站、休息站，以及非常重要的汽車營地。以下是住宿汽車營地的注意事項：

1.營地以經營者的身分來區分可分為公營與私營，公營者是由中央或地方政府興建與管理，其特色在於收費非常低廉，基本設備也齊全，只是其他方面則略嫌簡陋了一些，不過不少人看在能省錢的份上，還是優先訂公營營地，若是客滿才會去訂民營營地。

2.民營營地可就豐富得多了，規模也可由幾十部車的停車容量達到好幾百部之多，可以說是一個獨特的小市鎮。比較有規模的營地設有餐廳、美容院、自助洗衣室、游泳池、超市、電影院、迪斯可舞廳、酒吧……。白天遊客還在外觀光遊覽，營地內的人並不多，但是一到傍晚，倦鳥歸巢時，整個營地頓時熱鬧了起來，生營火的生營火、烤肉的烤肉，還有人在草地上玩飛盤、丟橄欖球，也有人一面彈吉他，一面大口喝著冰啤酒，人人輕鬆自在，享受度假的歡娛。

3.在營地的住宿方面也有分別，有些只有停車位以及露營地，其露營之設備如帳篷、睡袋等一律由旅客自備。有些營地建有小木屋，屋內可住四至八人，多為上下鋪，但是寢具必須自備；衛浴設備一般都是共用，當然毛巾、肥皂等也是自行

攜帶的。

4. RV車在美加地區十分風行，RV車也就是休旅車，其停放的地方由於車體龐大，也是有嚴格規定的。例如說不可在路邊隨意靠邊停車，哪怕該地的風景非常宜人。

5. RV車內設備非常完善，有床鋪、小廚房、餐桌、冰箱、電視、衛浴設備，可以說是一棟會移動的房子。在美國就有不少退休的老夫妻把自己的房子賣了，買下一部大型休旅車，然後把所有家當統統放在車上，開始過雲遊四海的日子，以度餘生，逍遙豁達令人欣羨。

6. 全世界只有美、加、歐等國才辦得到，因為當地之汽車旅遊整體設施非常完善，而且重要的是，汽油也便宜。我國也開始引進RV車，但是交通狀況、營地設備仍然問題多多，急待解決。

7. RV車進入營地後，付完入場費，可以在指定的停車地點接上水、電、瓦斯，立即就地成屋，有些營地還提供抽水肥的服務，可以順便清理車上累積的水肥。

8. 接下來的活動就是準備晚餐、洗衣服、晾衣服，也可以與鄰近的車主互相串門子、聊天，交換一下沿途的旅遊經驗，其樂融融。

9. 若晚上閒著無事，除了可以使用營地中的各種娛樂設施外，有些營地會用營地車送旅客至附近的鎮上逛逛，或是用餐、喝杯酒等，當然必須酌收費用。如在拉斯維加斯的營地由於距鬧區有一段距離，旅客自行開車不但麻煩且又不易停車，於是營地就會提供廉價的小巴士來回接送旅客至城中，去試試手氣並享受一下燈紅酒綠之氣氛。

10. RV車雖然方便，不過其租金較高，又有行車公里數限制，且比較耗油，所以租用起來有人覺得似乎還不如租部轎車再

去住營地小木屋划算，只要在行李廂放上兩個睡袋即可，就算小木屋全滿了，只要把帳篷架起來，一樣是一夜好眠。

第五章

交通篇

第一節　機場內之禮儀

前往遠地旅行，最快速、方便的交通工具非飛機莫屬了，現在不論在國內、國外，搭乘飛機都已是一件非常普遍的事情，而機場也是我們與其他乘客接觸相當頻繁的地方，自然有些機場禮儀是我們必須依例遵行的。

一、抵達機場

前往機場搭機必須提早若干時間，團體應在起飛前兩小時抵達，個人則在一個半小時前抵達機場，以便辦理離境手續（但如印度、以色列等國則需三小時前），否則若來不及辦理，有可能使整架班機延誤而引起公憤。想一想，每當所有乘客都已在飛機上就座完畢，繫好安全帶，卻不能準時起飛，眾人同仇敵愾的目光集中在姍姍來遲者身上時的心情吧！

候補旅客一般在飛機起飛前三十分鐘依序排隊候補缺額，所以若臨時欲改變行程，機位還沒OK時，最好儘量早去櫃檯排隊，另外一個竅門就是設法先加入該航空公司的會員，就算是加入沒幾天，仍然比非會員者有優先候補的權利。

二、行李檢查時

離境時若有管制物品如裝飾手槍、禮品刀、尖銳金屬物等，在X光掃描隨身行李時，應主動提交海關封存保管，待抵達目的下機時再領回。

入境時無稅者應走綠線，應稅者則走紅線出海關，幾乎已成為

國際上統一慣例，如果走錯的話則易引起麻煩與誤會。

三、自動走道上

請勿併排聊天或把行李擋住後來者的前進，一般請依當地汽車行駛的方向，或依走道上之指示靠邊站定即可，如此後來有急事者才得以迅速通過。

四、辦理登機手續

抵達機場後依自己搭乘的航空公司前往辦理離境手續，一般航空公司會要求出示本人有效護照、前往國之有效簽證等，憑證照核發登機證，辦理行李托運。通常經濟艙可托運大型行李一件，重量不可超過二十公斤，而長寬高也有限制，一般正常形式的行李是不會有問題的。

五、違禁品

行李內之物品不可有任何管制或是違禁品，例如骨董、保育類動植物、毒品類、槍械、子彈、汽油、指甲刀等，均嚴禁攜帶上機，數量過多的打火機也必須撤下來，以免飛機失壓時造成空安問題。

六、手提行李

手提行李以一件為原則，但此項規定不被嚴格執行，但可能在客艙內造成立即危險的物品，安全檢查規定更為嚴格，例如槍械、汽油等是絕對不可能登機的（除非你想要劫機），甚至連泡沫膠、噴氣式定型液等，都可能在飛機失壓下產生爆裂，同樣會有遭禁的命運。另外在以色列、印度等情勢緊張的地方，更是安檢得鉅細靡遺，連你隨身的照相機、電池等很「安全」的物品也要一一過濾清

查，安檢官如認為你看起來比較可疑時，他們會更加小心仔細，例如他們會問：這是照相機嗎？OK，請當場拍照一張試試看好嗎？另外安檢處均嚴禁任何人有攝影、拍照等行為。

此外有些人喜歡隨身攜帶小刀、水果刀等物品，類似這些刀械類的危險物品最好由安檢人員代你密封保管，鎖在飛機上的保險箱內，在你抵達目的地後再憑收據前往領回，但手續相當麻煩，不如事前將之放在大行李箱中托運，將為你省事不少。

七、手推車

比較現代化的機場一般都有手推車的供應，有些手推車是免費供應的，有些則必須付費。若無銅板亦可向機場兌換，有些是先付費，等你用完之後可以再退回硬幣，使用手推車時請依行進路線順序前進，不要影響他人行的權利。用完車之後也請在指定地點依序放好，方便工作人員集中回收使用。有些地方如電扶梯、禁區等，是不准手推車進入的，也請照指示來做，以免被人指責。

八、移民關

移民關永遠是我們抵達另一國家的第一道關卡，第二道則是海關。

在過移民關時，請先注意是否區分為本國國民與外國國民，避免排錯了隊伍又得重排。在關卡前會有一條紅色的等待橫線，請依序排隊並不要逾線。到達檢查關卡請主動出示護照、簽證及機票等必備文件，以免問一項拿一項而耽誤時間。此外有不少國家都要求旅客同時出示入境卡與海關申報單，而這些卡單最好親自簽名並且要簽得和護照上的簽名一模一樣，以免會有他人代簽的質疑。

移民關在護照或簽證上蓋章後，可前往行李轉盤領取托運的行

李和飛機組員託管的違禁品。要注意的是，不論移民關在你的護照上附加任何字條、卡片等，均應妥善保管不可遺失，否則在出境時可能會有麻煩。

九、海關

領取行李後則可準備過關，在先進國家的海關，一般都以紅色及綠色兩條線來分別代表有申報物者和無申報物者，相當尊重旅客。但是海關官員多會在旁監視，一旦發現可疑人物會立即嚴格檢查，而如果在行李中發現了未稅闖關物品則將課以重稅、罰鍰，甚至遭到原機遣返或監禁，所以若是沒有把握的話，最好守法的走紅線，主動向海關官員出示物品，並詢問可否通關比較安全。

十、索賄

在落後地區如印度、印尼、菲律賓等地，均不斷傳出官員藉機索賄的情事，有些官員胃口小一點的只要幾包香菸或是一些小禮物即可打發。但是如加爾各答機場索賄的惡名早已是蜚聲國際。無論是外國人、本國人均一網打盡，而且不管你的身分是神父、修女，還是和尚、尼姑，統統無一倖免。索賄官員為一貪瀆集團，有代表人負責向旅客索賄以及討價還價，他人則負責放哨把風，以免上面高級官員前來巡視時被人檢舉。

印度索賄有一定的行情，多根據旅客前來國家之生活水準而有差別待遇，例如台灣、日本等地一人開價十美元，泰國、馬來西亞的國民只要五美元即可，唯一不同的就是他們不敢向洋人索賄，尤其是美國人，美國人遇此情形時不但會大聲據理力爭，以引人注目，而且性好興訟，就算只被敲了一塊錢，也會一關一關告到底，絕不善罷干休。而東方民族則多願花點小錢以求迅速出關，畢竟，

坐了長途飛機滿身疲憊的旅人，哪個不想盡快離開機場呢？

十一、離開機場

出了移民關、海關後，就是要離開機場進入市區的開始，在此之前會看見不少的外幣兌換商店，或是所謂的銀行。經常旅行的人都知道，機場兌換外幣的匯率並不是很好，但若真的需要，不妨換個二、三十塊美金的零錢，以備不時之需。

十二、機場外

機場外總是人潮不斷、交通繁忙，最好事先弄清楚自己前往市區的交通工具是巴士、地下鐵，還是計程車？因為每一種交通工具的停靠地點均不一樣，弄錯了地方，就得拖個大行李跑來跑去相當辛苦。

有些落後地區會有類似流氓的苦力前來爭取生意，幫你拖行李，必須千萬小心，有些人會把行李拖了就跑，消失得無影無蹤；有些則會獅子大開口，狠狠敲你竹槓。如果真的需要人幫忙，就找有戴帽子、掛識別證的正式機場行李人員吧！花點小錢，至少不會被偷、被騙。

十三、偷竊

有些歹徒專門在機場作案，對象多是那些初來乍到的外國觀光客，他們均趁人愣頭愣腦、摸不清方向的時候下手，一般是用跑樓子方法，就是用旅遊時常用的手提箱、文件箱等伺機接近被害人，一人假裝問路或是和你亂扯來吸引你的注意力，另一人則乘機把你的皮箱掉包，沒有戒心的旅客常常在出了機場後，還沒有發現自己已遭毒手了。

十四、轉機時之竊盜

還有就是不肖機場的地勤員工，利用轉機時之空檔大肆竊盜，好一點的只用手在皮箱內摸索，摸到什麼算什麼，照相機、手機、指甲刀、零食等均不放過，造成旅客相當的不方便。

有些則明目張膽地大肆破壞，用起子撬開箱鎖，或用利刃割開帆布，不但財物遭竊，連皮箱也一起報銷了，防範之道是儘量用堅固的硬殼箱，外加其他大鎖、綑綁帶等，讓歹徒覺得不易到手而放棄，當然，大皮箱內不放置任何值錢的物品是大家都知道的消極防禦方式。

據說轉機時之竊盜以曼谷機場最為猖狂，幾乎是每天都發生。就算再三向泰國有關單位反應，但均不得要領，有人說泰國航空警察可能也難脫干係，說不定也是其中一分子呢！

十五、安全檢查

在某些機場會有比較嚴格的安全檢查，例如在印度的克什米爾地區之機場，光是在機場內可能就要檢查三次，進入機場大門時檢查一次，在櫃檯託運時再翻一次，上飛機於登機前還要在飛機旁指認一次，最後方才送上飛機。

有些機場則是在安全檢查完後，會用強力安檢塑膠帶加以固定綁死，如果膠帶斷裂則必須再重新安檢一次。為何如此嚴格就是怕炸彈！

也有機場如英國的LGW國際機場，有時會突然宣布所有人員站在原地不准走動，然後出現一隊隊全副武裝的特勤小組逐一檢視可疑人物，對機場可疑旅客加以盤查，從中找出歹徒以防患未然。

第二節　飛機上之禮儀

一、飛機上

在飛機上隨時繫好安全帶，以免遭遇亂流時受傷。

機員在廣播事情、安全示範時，就算是聽不清楚或是不想聽，也請保持安靜，以免影響他人知的權利。

不可在走道上交談聊天或跑動，即使鄰座間聊天也應控制音量，避免影響他人的安寧。

座椅向後傾時，請先向後看一看，然後再緩緩將椅背後傾，不可突然猛力向後倒，以免撞到後座旅客或弄翻其飲料。

遭遇亂流時應立即就座，繫好安全帶，並將桌面的飲料喝掉或扶穩，以免飲料飛出弄污他人衣物。若來不及就座，請立即蹲下以兩手手掌向上反握住椅底、扶手等支撐物，若在洗手間內，則應立刻停止使用，隨機應變。

應依照自己所訂艙等入座，不可偷溜到更高級的艙中享受較佳之服務，若艙中有空位，也必須確定無人後才可以自行調整座位。

同行一群人的座位被分開時，最好也是在旅客均登機後再協調鄰座旅客調整座位，並應致謝，因為每個人均擁有自己座位的權利。

鄰座若是陌生人，可主動微笑表達善意，並簡單自我介紹，但不可喋喋不休、疲勞轟炸讓別人受不了。而坐在靠走道者，有義務替內側旅客服務，幫忙傳遞餐盤或飲料等，而靠窗者除非陽光太強烈，否則不宜隨便關窗影響他人賞景之權利。

二、洗手間

請排隊依序使用洗手間,入內後請將門閂閂緊,門外之指示燈自然會讓後來者知道洗手間正有人使用,另一方面也可避免亂流時門會打開的尷尬,當然更可避免冒失鬼不敲門就擅自闖入。

使用完畢後請自行清潔整理,方便下一位使用者。此外,洗手間是機上唯一的監控死角,其內設有極為靈敏的煙霧偵測器,所以嚴格禁菸,違規者將遭鉅額罰款。

三、飛機起飛與降落

航空公司在飛機起飛和降落時都會規定椅背豎直、桌板收好、安全帶繫緊。這些都是安全措施,椅背若不豎直則飛機迫降時坐在內側的人逃生較不易;桌板未收好,飛機落地時的巨大衝擊力將會把人撞向桌板造成傷害;安全帶的功能不用再說。飛機事故的發生可以說都是在一瞬間發生,根本沒有時間應變,所以安全措施是絕對必要的。

四、飛機滑行

飛機滑行時的速度仍然很快,此時若有人鬆開安全帶或是起身行走,這將是一件極具潛在危險的事情。所以在飛機滑行時亦必須做好安全措施,尤其是飛機降落後、仍在滑行時,不可起身取行李或是上洗手間,因為如此均有可能造成跌倒引起傷害。

五、餐具

機上供應各種餐點飲料,但是不附贈餐具,可是仍然有人(本國人、外國人均有)喜歡收集不同航空公司的刀叉湯匙等小餐具以

為紀念品，讓航空公司相當傷腦筋。

有些公司於是改用塑膠餐具，有的則只用次級品、普通餐具，儘量以不吸引人為原則，可是效果不是很大，偷者照偷，拿得毫不手軟。

筆者曾親見某一國立大學的教授在飛機上是每餐必偷，他在用完餐後將餐具一一擦拭乾淨，然後挑選其中兩三樣較美觀者，悄悄塞入腳下的隨身行李袋中，自以為神不知鬼不覺，但是仍被其後排的其他旅客發現而訕笑不已，可憐堂堂大學教授顏面盡失而不自知。

六、一般餐食

飛機上除供應早午晚三餐外，有些還提供點心甚至速食麵，可以說是相當周到。在經濟艙內除了特殊餐食外，一般是沒有太多的選擇，大都是二選一，排在較後的服務區域則可能更是沒得挑選，當然你還可以選擇：不吃。

七、特殊餐食

較常見的有：嬰兒餐（Baby Food）、兒童餐（Children Meal）、無牛肉餐（Hindu Meal）、素食餐（Vegetarian）、水果餐（Fruit Meal）等，但必須在訂位時預先告訴航空公司以方便其準備，臨時告知是無法辦到的。因為飛機上的餐飲占了飛航成本相當重的比率，所以航空公司都是依據實際搭機人數再配以若干備份而估算出來的，不可能有太多的種類和備份。

多年前日本亞航為了平衡營收的赤字，於是就由降低各航班的餐飲價格做起，沒有多久就轉虧為盈了，眾人驚訝中也證明了餐飲稍做調整，即可省下大筆開銷。

八、飲料

原則上，越洋飛機的機上飲料一律是免費且無限制供應的，不過有兩種情形例外，一是旅客已呈醉態，此時空服員可拒絕再供應酒精類飲料；一是旅客不斷地牛飲，大有免費酒不喝白不喝，一喝就喝個夠本的占便宜心態。

例如在中東地區的回教國家普遍禁酒，但是不少阿拉的子民一上了飛機後就趁機大肆放縱，個個開懷暢飲，不醉不休，幾乎每一家航空公司都深感頭痛，唯一解脫之道就是把酒櫃鎖起來，然後告知酒已沒了，方能遏止無盡的需索。

有些國內線班機或近程班機則是規定酒精類飲料是須付費的，而且是一手錢一手貨，當面收取的。

九、排隊

在飛機上使用洗手間是必須排隊的。

一般來說，用餐後、降落前、電影演完後都是人最多的時候。聰明一些，儘量利用其他時間去吧！

十、空服員

空服員並不是花瓶，他們的工作非常辛苦，不但要不斷地調適變來變去的時差，還要和顏悅色地為旅客提供服務，尤其是不收小費更令人無法表達內心的感激。所以我們應以禮貌的態度請他們幫忙，而適時地向其表明感謝更是一大功德，他們要的不多，真的！

十一、贈品

　　除了會有畫本、卡通玩偶送給兒童以免他們吵鬧他人外，現在飛機上一般都不興送撲克牌等贈品了。如果眞的是非常想要，不妨悄悄地向一位看起來心地較善良的空服員說說看，若是公然大聲地詢問她是否有免費贈送的紙牌，答案一定是否定的。別忘了古有明訓，「不患寡而患不均」。其他在場的人保證馬上加入索取的行列中，再多的牌也是不夠發的。

十二、置物箱

　　拿取機艙上端置物箱中的物品時，也請小心，以免其中物品掉落而砸到別人的身上，拿完物品後也務必將箱門關上，直到聽見喀的一聲才算關好。

十三、健康

　　機上的溼度控制得相當低，常會給人十分乾燥的感覺。沒錯，這是因爲飛機如果載運了較多的水，將會耗費更多的燃料汽油，增加許多的營運成本。所以感覺乾燥是正常的（據說這也是空姐皮膚老得比較快的原因，信不信由你），解決之道就是多喝水，好在飛機上的飲用水是絕對充分供應的。

十四、暈機

　　有暈機習慣的人應避免喝太多的烈酒，少量的酒精可以助人入睡，但是如果喝得太多，得到的就只有頭痛了。

▲搭乘小飛機氣流不穩時可能暈機，宜先防範。

十五、隨身攜帶藥品

藥品務必隨身攜帶，尤其是心臟病、高血壓等突發性且具有危險的急病，要知道飛機上並無隨機醫生，空服員所受的也只是一些基本的急救技術，如CPR等，若是遇到重大症狀也是一樣束手無策，這也是為何有時在機上會聽到：有醫生在本班機上的，請立刻到前排來等之類的廣播，若不是機上有人正要生小孩，就是八成有人忘了吃藥。

十六、禁用電子用品

飛機上一律禁用會產生電波的電子用品，如行動電話、收音機、隨身聽以及電子遊戲機等，這是因為飛機上有非常敏銳的各種電子儀器，所以即使是看起來並不強的電器，也會嚴重干擾各種相關數據的判讀。

例如說，飛機起飛時若速度不夠就必須放棄起飛，重新再飛，若此時正巧有人在使用行動電話通話，則駕駛員將無法正確判讀電

腦顯示的速度，極易誤判而發生空安事件，因此，世界各國均已規定嚴禁使用上列影響飛機安全的電子用品。

不過為了彌補禁用這些用品所產生的不便，有不少飛機上都已裝設了刷卡式公用電話，由於這些機上附設的電話是利用飛機本身的電波發射系統，所以絕對不會影響飛安，既方便又安全，不過費用可不低喲！

其他如CD隨身聽和電動玩具等，有不少新款飛機在座位上都裝有個人螢幕，可以讓旅客打電玩打到手軟，聽音樂聽到耳朵長繭為止。

十七、緊急逃生門

緊急逃生門是飛機迫降後緊急逃生之救命出口，所以不但禁止放置任何可能阻擋旅客逃生之物品，如行李輪架、手提行李等，並且規定老人、十二歲以下幼童、孕婦、殘障者均不准坐在該排，以免自顧不暇又妨礙他人逃生。在許多國家甚至規定不會說英文者亦不准坐在緊急逃生門附近，因為如果真的發生事情，空服員與你溝通時若是雞同鴨講，也會影響逃生的時間，所以寧可讓那一排空著，也不讓不應該的人坐，否則就違反了空安之規定。

十八、電腦

有些人坐飛機會杞人憂天，有人憂愁飛機飛行靠電腦，那萬一電腦當機不就全完了嗎？不用擔心，飛機上同一系統的電腦共有三套，而且起飛前都會重新仔細檢查，測試完畢。就算其中一套真的當機了，還有兩套備份，而且就算是這兩套也當了（機率只有一千萬分之一），沒關係，駕駛員可以立即接手，每一位合格的駕駛員都可以憑著豐富經驗將飛機平安降落。

十九、亂流

　　亂流的感覺十分可怕，飛機一上一下猛烈晃動，是不是會摔下去呢？不用緊張，一般國際線的飛機飛行高度都有一萬公尺左右，所以亂流再大，也不過降個百來公尺，要由如此高的高度摔下地面來，也必須摔很久的。

　　經常旅行的人是由外表看得出來的，只要見其安穩就座、不徐不緩，上機後既不緊張亦不興奮者，那多半都是老經驗了。他們通常還有一項特徵，就是人手一書，有些並不見得真的在專心閱讀什麼，只是可以順手翻翻打發無聊的時間，另一項妙用就是可以防止鄰座的攀談，尤其若遇到鄰座是一位較少坐飛機，或是急欲發展國民外交的旅客。所以下次你的鄰座符合上述特徵的話，別去打擾他！

小檔案

機上保健須知

1. 易暈車者，出發前一小時服用暈車藥，可防止暈車、暈機、暈船，但有些藥會引起嗜睡的情形，應向醫師詢問清楚。
2. 若因身體問題有特殊要求，如輪椅、額外氧氣供應、安排近洗手間座位，都可於訂位時告知航空公司人員，以便他們安排提供服務。
3. 因各人體質不同，懷孕婦女搭機必須先請教醫師。有些航空公司規定懷孕六個月以上者不可搭機。
4. 每隔一、二小時最好在飛機通道上稍微走動一下，以促進

血液循環。

5. 飛機著陸時，因空氣壓力增大，易引起耳朵疼痛，可以利用嚼口香糖、吞嚥口水、打呵欠或捏住鼻子吹氣、憋氣等方法，防止耳鳴等不適。

6. 如果是長途飛行時，下機後因時差的不同，易引起失眠、疲倦等症狀，最好依個人的狀況去調適，有時也可使用短效性安眠藥。其他定時使用的控制性藥劑（如胰島素或避孕藥），必須先請示醫師如何服用或調整，以免引起身體不適。

小檔案

時差問題趣談

經常出國旅行的人都常常有時差問題的苦惱，有些人是搞不清楚到底是幾點幾分，生怕耽誤了重要的事情，而有些人則是體內的生理時鐘大亂，以致吃也吃不下，睡也睡不著，整日茫茫然，不知今夕是何夕。

西元1889年在一個國際會議上，大家決議以倫敦附近之格林威治村為東經0度，並為正午十二點之地，由此每向東十五度則加快一小時，向西則減一小時。至此全世界的時間方才確定下來，統稱為GMT，也就是格林威治標準時間幾點幾分，例如說台灣位在東經120度左右，所以就是GMT加八小時。日本則是GMT加九小時，所以日本比我們快一小時。

在此之前天下時間可以說是一團混亂，甚至在同一國家內，如英國為例就必須在火車鐵軌旁提醒旅客，這裡與倫敦

的時差已是六分鐘了，別說是城市與城市間，就連村鎮之間也是自己有自己的時間，而各自依照自己訂的時間過日子，弄得大家都很不方便。一直到後來伯明罕商人奧斯勒以偷調自己贈送給政府時鐘的方式，才神不知鬼不覺地慢慢使英國的時間日趨一致。

照理說同在一經度內的地區時間應該一致了吧？並不盡然，例如歐洲與非洲國家的時區線就被畫得歪歪扭扭的，這是因為政治因素的影響，原來當時歐洲列強均有殖民地在非洲，他們希望殖民地與母國的日常作習能夠一致，所以才故意把時差線偏差。另外有些地方位為高山區，必須考慮日出時間，所以又有差三十分鐘、二十分鐘等奇怪的時間了！

第三節　洗手間之禮儀

洗手間是我們日常使用極為頻繁的地方，也由於公共場所的洗手間是眾人共用的，所以在使用時就必須格外注意，以免影響下一位使用者的情緒，而國外使用洗手間與國內有些地方是不太相同的，分述如下：

一、排隊

不論男生或是女生，如果在洗手間均有人占用的情況時，後來者必須排隊使用，而排隊的方法是在整排的洗手間最靠外處，一般是入口處，按先來後到依序排成一排，一旦有其中某一間空出來時，排在第一順位之人自然擁有優先使用權，這與國內各人排在某

一間門外，有點賭運氣的方式相當不同。如果貿然依國內習慣前去排在門前，必定會遭其他人怒目相視、甚至指責，而你可能還弄不清楚何以得咎呢！

二、使用

洗手間最忌諱骯髒，所以在使用時請儘量小心，若有污染也盡可能加以清潔。有些人如廁習慣不良，又不去善後，下一位倒楣的使用者只得皺著眉頭，在心中不停咒罵下繼續使用。

婦女生理用品也千萬別順手扔入馬桶中，以免造成馬桶堵塞，其他如踩在馬桶上使用，大量浪費衛生紙以致後來者無紙可用等，都是相當不妥的行為。只要心中為後來的使用者想一想，自然而然很多事你都會考慮過後再做了。

三、沖水

有些地方的沖水手把位置與平常所見不同，一般大都是在水箱旁，有的在頭頂用拉繩來拉，或在馬桶後方用手拉，更有一些是在地面上用腳踩。事實上，用腳踩的方式是最符合衛生原則的，若是怕沖水時手被污染，則不妨用衛生紙包住沖水把再按沖水，當然你得迅速把最後一張衛生紙給丟下去才行。

四、使用完後

在無人排隊的情況下，不必把廁所門關好，應該故意留下明顯縫隙，讓後來者無需猜疑就直接知道裡面是空的，否則一定會關好門，這點與我們的習慣也不太相同。

五、飛機等交通工具上

在飛機、輪船、遊覽車、火車等交通工具上，洗手間是不分男女的，也就是大家共用，男女一起排隊是很正常的，此時也無需講究「女士優先」。

六、洗手間標示

每個地方的標記各不相同，一般除了用各國不同的文字註明外，也有不少地方是用圖案來標示的，男廁多是：菸斗、鬍子、帽子、枴杖；女廁則多以高跟鞋、裙子、洋傘、嘴唇等來表示。

七、兒童上洗手間

稚齡兒童一般是可以和父親或母親一起使用洗手間的，但不成文的規定是，母親可以帶著小男孩一起上女廁，沒有人會介意，而父親則不可以帶女孩上男廁，若遇此情況，可請其他女士代勞。

八、洗手間小費

在某些國家，上洗手間是須付費的，客氣一點是在出口處的桌子上擺著一個淺碟子，用完者可以隨意放置一些銅板、角子等當作清潔費。嚴格一點的如義大利，則在入門處清楚標示如廁費用，有些要事先付費，你若不付費，看守者就不替你打開鎖著的廁門。

還有一些用機械投幣式的，在進口設有一自動投幣柵門，投下一個銅板，旋轉柵門就可以開一次，但也常見到外國觀光客一人卡住柵門，以利其他人免費擠進使用的情形，旁觀者均為之側目。

另外有些位於火車站等公共場所附近之餐廳，為防止路人把餐廳洗手間當公廁，會先要求付費或投幣，但顧客可憑餐廳用餐之發票

或收據取回銅板。

九、洗手

原則上，用完洗手間者必定會去洗手，洗手檯旁也會有擦手紙與吹手機，一般習慣是先用擦手紙擦乾手，請儘量節省紙張，把用完之紙扔入垃圾桶後再用吹手機把手吹乾，而吹手機多為自動感應式並有自動定時裝置，所以不用考慮如何關閉電源的問題。

十、暫停使用

由於清潔工人會不斷地巡視各洗手間並清潔之，在清潔時有時會拖地板，此時就可能會暫停使用洗手間，以免有人因此而滑倒受傷，此時會放上"Wet Floor"等黃色明顯的告示牌，若遇此情形，不可堅持使用，以免影響其正常工作，但可以向其詢問最近的洗手間在何處。

第四節　輪船上之禮儀

使用遊輪度假是一種比較特殊的旅遊方式。在高可達十餘層樓高度，重量可達六、七萬公噸的巨輪上，可以說是把五星級豪華飯店與當作交通工具的輪船合而為一。不但如此，還把旅客最喜歡的賭場、夜總會、餐廳、購物中心等也加了進去，當然還有一些一般飯店內所沒有的飛靶射擊、全船尋寶，以及每日都排得滿滿的活動，如方塊舞、韻律舞、插花、烹調、橋牌、網球等，五花八門、應有盡有。而且就算是找不到伴也沒有關係，因為船上的職員會善體人意地幫你先找好。

遊輪雖然有如此多的優點，但是畢竟空間較狹小，乘客最少也

得相處四、五天，因此也是必須注意國際禮儀的場所。

一、逃生演習

逃生演習務必要參加，至少瞭解救生衣放置的位置，至於救生艇以及漂浮物，則可以利用閒暇時自行前往瞭解其所在位置以及使用方式。如果對於船隻之結構、安全等有其他問題，詢問船員（不是服務人員），一般都可以得到滿意的答覆，若是一趟遊輪之旅下來，能順便獲得一些海上航行的知識，不也是一件滿不錯的事嗎？

二、餐食

遊輪的另一大特色就是餐飲豐富，一天三次正餐外還會有下午茶、晚上點心等，至少一天五餐，此外還有一些是二十四小時開放的小型餐點中心，隨時去都有東西可以填飽肚子。所以開玩笑地說：想要減肥的人千萬別去參加遊輪之旅。

餐廳一般多是屬自助餐形式，因此取餐、用餐、座位等之禮儀也必須注意遵守，應與正式用餐之規定相同，尤其是「船長之夜」時更須注意。

三、飲料

船上不含酒精的飲料（soft drink）一般是完全免費並且無限供應的，可酌量取用。有些遊輪上也供應酒類，以啤酒、紅葡萄酒、白葡萄酒等佐餐酒類為主，而且周全的光是啤酒就有麥根啤酒、黑啤酒、淡啤酒、生啤酒等好幾種，以供旅客不同的選擇。至於葡萄酒種類則沒有那麼多，只是純佐餐而已。

這是一個免費嘗試不同口味酒類的機會，不妨每種都試試看，再選擇自己喜好的口味喝個夠，要注意的是，不要用同一酒杯喝不

同種類的酒，用啤酒杯喝不同種類的啤酒並無不妥，但是拿來喝葡萄酒則會顯得不倫不類。

四、自費項目

船上仍會有自費活動項目，如船靠岸時之陸上觀光行程，一般旅客在上船時就會收到自費活動的內容以及收費標準，活動都必須預約並繳費的，一旦繳了費最好不要隨意變動，否則會造成工作人員之困擾，所以在決定參加前最好先瞭解清楚。

若屬岸上活動時，待大船靠岸後，依各人分配之車輛坐定開始遊程，途中一律不換車，原車去、原車回。不要上錯了別人的車，就算是同一艘船所租用的，一個人沒上車，全船都不能走，必須等到全員到齊才可繼續，所以守時、遵守規定是必要的，讓上千人等一個人總是不太好吧？

五、服裝

早餐、午餐的服裝可以儘量輕鬆自在，畢竟是出來度假嘛！但是晚餐、看秀時，尤其是「船長之夜」歡迎晚會時，必須盛裝打扮一番，國人可能不太習慣在度假時打扮得正正式式的，只是為了去吃一頓晚餐，可是到了現場就會發現，還好是穿了正式服裝前來，否則真的可能會成為異類而無地自容呢！

游泳池著泳裝、健身房著運動服概無疑問，但是在甲板上慢跑、快走時也算是運動，最好著全套運動服比較妥當。

六、小費

船上小費並不分開收取，而是統一由服務人員的領班逐一向旅客收取，以支付給各種不同的服務人員，如清潔人員、餐廳員工，

以及其他所有看得到、看不到的服務人員。一般而言，大約是每人每天六至九美元，乘以天數後交給領班即可，當然，這並非是強迫性的。

七、陌生人

「十年修得同船渡」，既是有緣能同在一艘船上，也不用再分彼此，見面時不管認不認識都不妨打個招呼、點頭微笑，若能認識一些異國友人，待他日造訪時不是會親切許多嗎？而且外國人會參加遊輪的旅客，多半都是教養良好、性情溫和者，與一般喜歡搭機飛來飛去連旅遊也求速成的觀光客，在個性上是不太相同的。

八、安靜與喧囂

一般來說，只要在甲板上，或是開放的空間，如游泳池、網球場等是可以恣意歡樂的，他人也不會介意。但是若是在室內，如觀景走廊、鋼琴酒吧等，有不少人只是想坐在那兒清清靜靜地看看遠處的風景，或是閱讀手中的書報，則必須放低音量與放慢腳步，儘量不要打擾到那些喜歡安靜的人，雖然船上並無明文規定哪些地方必須保持安靜。

九、洗衣間

船的底層一般設有洗衣間，一切設備俱全，洗衣機、烘乾機、熨衣板都是免費使用，洗衣粉則必須自備，或是可用五角美金買一包。

洗衣、熨衣時由於時間較長，一定會有機會與其他旅客相遇，相遇卻視而不見是不禮貌的，所以不妨主動打招呼攀談之，一方面可打發無聊的時間，一方面也可以多瞭解一些異國的風土人情，何樂不為？除非，你一句英語也不會說，若是如此，則以點頭微笑的

國際語言表達善意即可。

第五節 火車上之禮儀

火車只是一種統稱，事實上，它包含了火車、電車、高速車（如TGV子彈火車、日本新幹線等）、登山火車等，凡是以一節或一節車箱以上的車輛，定時來往兩地均可稱之。在國外居住的人，經常有機會搭乘火車，以下是相關的須知：

一、月台

如果是在大型車站搭車前往其他地區時，則務必提早抵達，已有車票者在三十分鐘以前到達，沒有車票者最好在一小時以前能抵達車站是比較妥當的，但是如果還牽涉到離境檢查、購物退稅（VAT）等時，則就必須更加提早一些了，因為跨國火車站裡總是人潮洶湧，比起國際機場是尤有過之的。

▲瑞士冰河列車。

　　大型車站有的是有幾十個月台，到達車站後最好先察看一下車站的地圖，以免跑錯了月台、耽誤了班車。一般月台的分區都有一定的原則，如東行在一至十號月台；西向則在十一至二十號月台等，抵達月台後再向站台值班人員確定一下就更保險了。

二、購票

　　在車站的大廳內有售票處，有些先進的國家都已經使用自動購票機了，只要先輸入起訖站名以及車廂等級，立刻就完成購票手續。如沒有把握則可以先去詢問檯（information）詢問清楚，順便再要一份火車時刻表，以方便自己可能調整行程之用。

　　購票時宜弄清楚自己欲前往之站火車是否會停靠，有些小站並不是每一列火車都會停靠，上錯了火車可能會很麻煩的。

三、票價

　　一般來說，來回票會比單程車票便宜得多，例如說倫敦到愛丁堡票價為一百英鎊，而來回票則只需要一百一十英鎊而已。但是便宜的車票必有其限制，有些規定三天之內要使用完，有些則規定不能回頭使用，就是去與回不能走同一路線，繞一個圈則無妨；有些則又規定加上十英鎊，則沿途可以無限制上下車，甚至分支點的連接巴士、渡輪也可免費享受。所以，多花一點時間弄清楚吧！

四、行李

　　火車站多會有行李服務員（porter），一般是論件計酬，而且一律穿制服、配掛識別證，只要出示車票，他們總是很快地帶你找到正確的月台，而且他們收費都有一定的標準。

　　火車抵達後可以上行李，有些火車如子彈火車等，規定所有行

李必須送上某一指定車廂，抵達目的地後再行卸下。而旅客隨身行李則可帶入客車廂中，這是因爲不少客車廂中並無行李架可供放大型皮箱，如果放在客車廂中，勢必妨礙過往的旅客行走。

有些地區的火車則規定所有行李一律隨身，客車廂中頭尾兩端會有適度的空間放置大行李，某些車廂的較高處也有堅固的行李架可供使用。此時必須注意的是，在抵達目的地之前就必須把大行李先拖到火車門旁，一俟火車停妥後立即搬下車去，否則等旅客都下光了你才在搬行李，場面一定會很緊張，一方面急著搬動笨重的行李下車，一方面心裡焦慮火車是不是馬上就要開動了。

五、對號入座

常坐火車的人一定知道車票上面會有兩個號碼，一個是車廂號碼，另一個則是座位號碼，請務必按照上面的號碼就座，否則會很狼狽。

多年以前南韓剛開放觀光，有一次在法國的TGV子彈火車上就曾看見一群韓國旅客，在沒有經驗的領隊帶領下，因爲不瞭解此規定，而被其他的旅客一連驅趕了好幾節車廂，一群人滿臉疑惑與羞慚，心中不解爲何明明買了車票，還是找不到座位。經筆者善意指點後總算學了一課。

六、飲食

大部分室內車廂都會規定，一律禁食、禁飲（礦泉水等則可），這是爲了維護車廂內的環境衛生，否則再多的清潔人員也無法保持環境的良好。如果想要喝點飲料或是用些點心，則可以去餐飲車廂，而長途火車以及觀光火車還會有正式餐飲服務，待火車開動後自然會有服務員前來告訴旅客何時前往何處用餐，至於必須分

批前往的原因則是因為餐車一般容量有限之故。

七、禁菸

禁菸規則不太一定，一般會有區分禁菸與不禁菸車廂兩種，或是一節車廂區隔為兩部分，中間以玻璃隔開。在禁菸車廂是一律禁菸，若有癮君子菸癮難耐，則可以前往不禁菸車廂尋空位過癮。

八、販售

有些火車上會販售一些紀念品，如瑞士的冰河列車上販賣一種斜底杯十分有趣，也就是在火車爬坡時，桌面上所有的杯子都會因坡度的關係變成斜的，但此時反而只有斜底杯會因為杯底的斜度與坡度相合，互相抵消反而變成水平狀的。更特別的是，這種杯子只有在冰河列車上才買得到，所以銷量奇佳，一上車就被搶購一空。

在印度的火車上，則有穿梭的小販沿車廂叫賣各式各樣的食物、飲料，有印度爆米花、便當、咖啡等，不用去品嘗，光是在一旁欣賞他們的調味花招就十分有趣了。在某些站則會有丐童上車搶收空保特瓶以便兌換退瓶費等，但在沒人注意的情形下，財物不翼而飛的情形也時有所聞。

九、安全檢查

在情勢比較緊張的地區，常會有安全檢查，車站上軍警戒備森嚴、如臨大敵，有時並會攜警犬登車搜索，以期發現槍械、炸彈等危險物品，此時只需從容靜坐，待其完成任務即可，不用害怕狼犬，但也不可逗弄牠們。

▲德國鐵路上之列車查票員。

十、補票

若上車匆忙而來不及購票，則可以在車上向驗票員主動要求補票，如果沒有購票會在抵達終點時被依逃票加以處罰，不可心存僥倖。

十一、洗手間

車廂頭尾兩端都有洗手間，和飛機上一樣也是不分男女的，而有一點不太一樣的就是火車在進入車站與離開車站前，也就是火車處於靜止狀態時，一般是禁止使用洗手間的，可能是怕車站變成超級大廁所吧！

第六節　違禁品及海關申報

一、違禁品

在我們上飛機、輪船等交通工具前往國外旅行時，在登機、開船之前，一定會有非常嚴格的安全檢查，這些檢查的目的在於確定旅客未攜帶任何會危害航行安全的物品，著眼於全體旅客之安全，所以是非常重要的。尤其是在一些情勢比較敏感、緊張的地區，更是嚴苛，譬如說以色列、印度北部克什米爾地區等，都是非常著名的例子。

以色列由於國境四周皆爲敵境，國內又有回教恐怖分子，無時無刻都在試圖以人肉炸彈的自殺方式來攻擊以色列的百姓，所以這數十年來早已養成了全國上下的高度警覺心。

而在機場、邊境檢查更是非常嚴格，安全官會把旅客行李逐一打開檢查，只要見有可疑物品一定盤問到底，若還不放心，就再用X光機仔細掃描一遍，以求完全無疑。甚至連牙膏、肥皂、相機等一樣也不放過，盤問時還不斷地察言觀色，企圖找出破綻與任何可疑的蛛絲馬跡。

克什米爾則由於長年與巴基斯坦的邊境糾紛懸而未決，所以常有邊界糾紛發生。只要稍微有一點風吹草動，雙方立刻進入備戰狀態，不但隨時有可能宣布戒嚴宵禁，而就算是觀光客在前往機場的途中，也會不斷地被路邊嚴陣以待的軍警人員扣留盤查，以圖找到潛伏的間諜分子，最高紀錄曾有觀光客被盤查了十二次之多。

此外，在倫敦的機場內有時也會突然宣布臨時搜查行動，這是爲了防止阿拉伯恐怖分子的爆炸滋事。搜查完全是臨時的、突然

的、無預警的，擴音機會宣布機場內所有人員一律站在原地不得移動，然後突然間冒出了許多全副武裝的安全人員，荷槍實彈逐一檢視在機場內的旅客，遇有可疑人物立刻團團圍住仔細搜查。不過由於主要是針對中東恐怖分子，所以東方面孔的旅客從來是不被騷擾的（除了多年以前日本赤軍旅鬧得兇時例外，那時有不少台灣旅客會被懷疑是日本人而被投以異樣的眼神，直至出示護照後方才脫身）。

在登機（船）前之安全檢查一般會有以下限制品：

(一)槍械、子彈

不論是何種槍枝，獵槍、魚槍、長短槍等均在列管範圍。即使是可合法配槍者如警察人員也是一樣，必須將槍枝交由機上安全人員鎖在保險箱內，待抵達目的地再予以發還。

在飛機上只有一種人可以配槍，就是安全人員。他們的任務就是保護機上所有人員的安全，所以必須配槍，以備一旦有人滋事時可以迅速壓制，他們在機上身著便服，舉止與一般乘客一模一樣，只要沒有事情發生，是不易被認出來的。

(二)玩具槍、改造槍、道具槍

一律禁止隨身攜帶假槍，因為不少劫機案最後發現歹徒用的竟是假槍，只是在當時危急的情況下，是沒有人膽敢以性命做賭注，去一探槍枝的真偽，也因此劫機犯常得以逞其計。

(三)汽油、酒精等易燃物品

多年以前曾經有一架飛往南非的飛機在抵達前突然失蹤，而最後傳來的呼喊聲是：「機艙失火了！」據了解此與不少旅客攜帶大量的打火機搭機有關。還記得以前有好幾次劫機犯是一手拿著汽油，一手拿打火機來劫機的鏡頭嗎？

(四)炸藥、噴霧器

炸藥被禁的道理是顯而易見的，但是為何連噴霧器也會被禁呢？這是因為有些噴霧器會讓人瞬間失去抵抗能力，同樣可以達到劫機的效果；另外有些噴霧器雖然只是美容、美髮等用途，但是由於罐內壓力過高，這些瓶瓶罐罐在平時完全沒有問題，但是在飛機失壓狀態下就有可能會爆裂，引發非常嚴重的後果，所以也被列入管制。

(五)刀械

包括菜刀、水果刀、剪刀、大花剪都在內，只要是有殺傷力的一律強制託管。另外電擊棒、手銬、長鋼釘等有可能變成攻擊性武器的，也都必須在登機時暫時分開保管。

(六)化學藥品

硫酸、硝酸等強酸、強鹼類固然是不用說，有些作用不明或是成分不清者也是一律被禁登機，或是以人、物分隔保管為原則。911之後，幾乎全世界的機場安檢都大幅趨嚴，連一般液體都禁止隨身攜帶或是有極大的限制，造成旅客極大的困擾。

(七)過大的行李

有些旅客由於行李太多，於是除了合法托運一件大皮箱之外，還設法手提一件大行李上機，以節省行李超重的費用。可是如此不但航空公司的收益受損，而且若人人均搬大行李上機時，極可能危及安全，倒不是載重的問題，而是客艙內並無放置大行李的地方，若放在機上走道，在飛機迫降時可能妨礙緊急逃生。

二、海關申報

在抵達國外海關時，大多必須填妥海關申報單，以向該國政府申報隨身攜帶的物品。而這些海關物品之限制會因各國國情不同而有所差異，最好在填寫前仔細閱讀一下相關之說明比較妥當。

(一)毒品

所有國家一律禁毒，就算是非常開放的荷蘭也只是准許個人攜帶少量的大麻等輕毒品，若是攜帶嗎啡、海洛因等毒品入境，在新加坡、中國大陸等是有可能被處以死刑的。這也是為什麼經常出國的旅客都知道絕對不幫人攜帶任何物品，也不讓自己的行李離開視線之故了。因為很可能一條菸、一盒巧克力、一個可愛的玩具，其中就藏了一些不為人知的東西！

(二)貨幣超額

一般國家都會明示，每一名旅客可以攜帶多少的該國貨幣以及多少的美金現金出境，違者將遭沒收、罰鍰之處分。

入境則一般多無限制，但是必須據實以報。在落後地區以及外匯管制國家，其金融檢查尤其嚴格，以免有心人士帶來或帶走大量的本國及美國現金，引發金融秩序的混亂。

其規定是以現金為準，至於旅行支票等，雖也是有價票券，視同現金，但是不屬於管制之內。

(三)貴重物品

身上帶了太多的貴重物品，即有銷售獲利之意圖，所以鑽石、黃金、寶石等貴重物品不宜攜帶太多，超過正常之所需即有可能令人起疑，會被仔細搜身盤查。在落後國家如越南、緬甸等，申報隨身貴重物品時，項鍊、戒指、手鐲等固然必須填報，連一些我們

認為不是「貴重」的物品也是一項不能少填，否則在出境時會有問題，例如普通手錶、傻瓜相機、打火機等。

國內有不少同胞學習西藏密宗，往往在前往尼泊爾等地求法時，會替同門攜帶黃金到該地寺廟，以便為佛祖鑲金身（台灣黃金價格比較低廉），但是若是被海關人員查到，不但黃金會被沒收，當事者還有可能會依走私黃金罪被判刑坐牢，千萬小心！

(四)保育類動物、植物等

每一國家規定均有所不同，不過由聯合國宣布過的項目種類最好少碰為妙，如象牙、犀牛角、虎骨、虎鞭等。犯者不但損失金錢，並且有損國家之形象，實在非常不智。

幾年前有一名不丹的公主（現任國王之阿姨）攜帶了六支犀牛角來台灣販售，不過在桃園國際機場就被海關查獲，犀牛角全數沒入，當事者則從寬處分，遣送回原居地了事。

不丹百姓看了當地報紙後並不感到丟臉，只是感到不解：為何公主私自掏腰包買了犀牛角（不丹本身並無犀牛，鄰國尼泊爾及印度才有產）去台灣賣，結果錢沒賺到，反而東西被沒收，人也被趕了回來？

(五)水果、食物等

這是為了怕物品上帶有病菌、害蟲，在原產地可能無妨，但在另一地可能由於沒有天敵而釀成巨災。歷史上有不少事件均因此而起，如十七世紀的歐洲黑死病、中南美洲的印地安人大量死亡，以及台灣的口蹄疫、SARS等，都是非常有名的例子。這一點在以農牧興國的澳洲、紐西蘭以及美國是尤其嚴格的，有些國家在班機抵達前就會在機場內由空服員從機頭到機尾噴灑對人無害之殺蟲劑，以利殺菌。

(六)反政府物品

在共產國家若攜帶反共產之書籍或標誌是非常嚴重的事情，必須小心。如前往德國、以色列時，必須避免任何與納粹有關的物品，如皮帶環、鍊子等最好不要有「卍」字圖案；德國由於受納粹之毒害極深，不要說是相關的物件，就連在街上開玩笑地行希特勒式舉手禮，都會遭到過往行人的喝止與干涉。

在阿拉伯國家旅行，若有任何與以色列有關之物品，如大衛之星等，一定會被刁難盤查，嚴禁入境。若是護照上蓋有以色列之入境章者將被拒絕入境，不可大意。所以入境以色列時必須請官員把入境章蓋在其他空白紙上代替之。以色列官員會習以爲常地開玩笑道：「OK！那麼要蓋在哪兒？衣服上？手臂上？」

南非共和國以前實行黑白種族分離制度時，也被非洲各黑人國集體抵制，只要有入境南非紀錄者一律不准入境非洲各國。現在由於黑人掌權，情形已大有改善。

(七)仿冒品

在重視著作權的國家，如果攜帶仿冒品，如CD、DVD、書籍等，將被沒收且有可能罰鍰。以前台灣有不少盜版產品，老百姓不明就裡，花錢買了盜版貨品，在國內使用沒有問題，但是一到國外，尤其是美國時，往往被沒收又罰款，自己卻還莫名其妙。

(八)中文書籍

某些國家如印尼，素來以排華著名，不但不准境內有任何中文字的出現、不准用中文名、不准讀中文書，甚至因噎廢食，不准任何旅客攜帶中文書籍入境（主要是有關政治、思想、歷史方面者），以免境內華僑受到外來勢力之煽動、蠱惑。這種作法不但離譜，更是全世界所罕見。

第七節 自行駕車須知

一、租車注意事項

　　愈來愈多的遊客喜歡在國外自行租車旅遊，一方面比較方便且時間也較好控制，另一方面可以深入當地的一些小地方，此外旅遊點可隨機調整、替換，較符合自助旅遊的精神。雖然是好處多多，但是無論如何，畢竟是人在國外，有許多事必須事先注意。

(一)租車車型

　　應以方便、好開的中小型自排車為主要考量，務必注意車齡與廠牌，最好能租到自己熟悉的車型，以省略摸索的時間。

(二)車況

　　租車時馬上瞭解車上所有按鈕功能如何，使用何種汽油，水

▲國外十分風行的RV車，車內雖小，但一應俱全，再加
　上腳踏車、獨木舟，可達充分休閒之目的。

箱、雨刷水的添加方式，備用輪胎及工具、備用鑰匙等必須完全瞭解，然後先開車繞行附近道路，親自體會一下，如果都沒問題再承租。

(三)地圖

緊急求救電話（注意是否跨國）、加油站分布圖、汽車旅館分布圖等。若會經過人菸稀少地區，最好再租一支大哥大，以備不時之需。

(四)保險

一般而言，保險費多半不包括在租車費內，最好事先問清楚，務必保全險比較有保障，尤其是在人生地不熟或是治安不佳的地區更不可省此小錢。所謂全險應包括碰撞、竊盜、失竊、損毀等諸項。

(五)還車

瞭解還車的地點，最好選擇都市內的飯店、機場等地較佳，以及是否有人來取車、更換還車地點是否須增加付費等。

(六)駕車

千萬遵守當地交通規則（在美國甚至每一州規定都不同）、違規處罰方式（最好準備現金以防被罰），靠左行駛的國家在轉彎時務必小心，極有可能會開往對面車道去。

(七)禮讓來車

在狹道或是窄橋等地，務必禮讓來車以示風度，如見來車閃大燈一般代表兩個涵義，一是前有交通警察，另一則是請你先行（此點與國內正好相反）。

(八)禮讓行人

避免開上單車專用道、電車專用道等，經過行人穿越線、社區、學校、醫院等務必禁聲慢行、禮讓行人（國內開車的諸多惡習萬不可在此展現，因為進步國家行人極受尊重，不會料到會有人如此開車，所以極易肇事）。

(九)旅行指南

地圖、旅遊書等不可放在駕駛座前明顯處，這樣即表明車主是一位遠地來的觀光客，如此易遭歹徒偷竊。

▲自行車專用道就僅限自行車通行，行人與其他車輛是不可在上耽擱的。

(十)備用鑰匙

備用鑰匙務必「隨身攜帶」。

二、在美國駕車應注意事項

在美國駕車更須謹慎，由於每州規定不一，現綜述如下：

1. 坐在前座務必繫上安全帶，這不僅是行駛中的限定，連鑰匙插入鑰匙孔中，雖未發動車引擎亦視為行駛中，動態中違規罰則非常重。
2. 前座不可放酒精類飲料，若有放置均從嚴認定，不管是喝了沒有（政府認為你有意圖）。

3. 經過行人穿越道，務必做出煞車暫停的動作（哪怕是半夜十二點），否則將被視為闖越行人穿越道，不但被重罰，更有可能被吊銷駕照。

4. 與前車須保持一定距離，一方面是為了安全之故，一方面貼車太近會使得前車緊張，就算不出事，也會使駕駛不悅，更不可以用鳴喇叭、閃大燈等極其粗魯的方式迫使前車讓道。

5. 慢速車應該走外側車道，以免其他車輛超車不便。

6. 轉彎進入另一條道路時，仍然必須遵行自己原本之車道，不可以一轉彎就突然插入他人之車道，如此可能造成旁車之措手不及，緊急煞車。

7. 暫停泊車必須看清楚，不可隨意泊車影響到過往車輛，尤其是RV等大型休旅車，更是不可隨意停放。違規者不但會被取締罰款，若因而出事，更可能吃上官司，千萬不可大意。

8. 不可隨意將菸頭、紙屑等扔出車外，這不但是不道德的行為，更可能因而引發森林火災，若被抓到可就吃不完兜著走了。所以最好在國內就能養成良好的駕駛習慣，以免遭受外國人之鄙視。

9. 上高速公路前，在美加地區均嚴格規定在匝道上匯入高速公路車道前必須完全停止，看清楚同向車之間有足夠之距離（所謂足夠的意思是較國內足夠的標準放大五倍），方才可以切入，否則交通警察一定開單告發。

10. 在國外駕車若被警車示意靠邊停車檢查時，必須沿路邊停車受檢，坐在座位上靜待警員前來查察證照等，不要自行下車和其理論，此外雙手也必須放在方向盤上，明示自己未攜帶武器，不要做出突然的舉動，以免警員出槍，美國是槍械開放的國家，警察的警覺性極高，千萬不要有不必要之動作。

11. 若是真的違規，可以委婉告知自己是外國公民，不十分暸解

規則，若是情節不大、態度良好，一般多是告誡後即放行。

12. 租車就算以現金付車租，租車公司仍會要求預刷一張空白金額的信用卡單以防萬一：「萬一」違規被告發；「萬一」車子損毀而駕駛不願負責；「萬一」出了車禍產生額外的費用。但是如果駕駛在租車時購買了全額保險，也就是竊盜險、第三責任險等均包含在內的全險，租車公司就比較不會堅持，因為就算發生了任何事，均有保險公司負責，不用租車公司擔心。

13. 未滿二十五歲之駕駛，租車公司會增加租金，這是因為根據調查，一般在滿了二十五歲後肇事率比二十五歲以下者低了許多，可能是心智已較成熟，情緒也較穩定。

14. 租車時若同伴中有租車公司該國籍之駕駛，則雖租金一樣，但保險費會便宜很多，所以儘量用他的名義來租車可省不少錢。租車的全險保險費相當高，例如說車租一日五十美元，保險費竟可高達二十五美元左右，如果以租車一週計算，則光保險金就很可觀了。

15. 在駕車途中若不幸發生嚴重事故，則應立即通知租車公司，請即派公司之職員前往現場處理，若是發生人員傷亡，則一定要通知警方前來處理，否則保險公司理賠時會有糾紛。

16. 駕駛只有一人，或是由兩、三人輪流駕駛，保險費亦不同，因為人多駕駛風險也相對較高，保費自然也會提高。

三、坐車禮儀

車內座位之大小順序要看是主人開車或有司機而有不同。

如果是搭乘計程車，或是有司機駕車者，應該以後座右側之座位為最大位，後座左位次之，再其次為中間，而司機旁之座位為最卑位。

　　國內常見男女朋友一起搭計程車時，男士總會先打開車門讓女士先行進入，俟其挪至左邊後，男士再行坐上右邊位子，這是不合乎正式西方禮儀的。正確方式應該是讓女士入後座，再繞到左邊車門自行開門入座，當然如果左邊臨馬路，交通繁忙時則又另當別論了。

　　如開車是友人，則他旁邊的位子是為尊位，其次依序是後座之右位、左位及中間位置。

名車趣談

　　多年以前有一位計程車駕駛由於開的是賓士轎車，造成媒體轟動，競相採訪、報導。而如果是身在德國的話，就算你開的是賓士或是Volvo，在路上都可能有陌生人會向你招手——把你當成計程車！因為在當地計程車大部分都是賓士，剩下的則多是Volvo。

　　世人公認最昂貴的轎車是勞斯萊斯，能擁有一部的話身價是不言可喻。

　　上世紀初，這種象徵財富的名車有不少竟是輸往落後的印度地區，原來當地的土王爭相競購以炫耀其財富，例如說有一人總共買了三十八輛，而另一人則一次買了八輛，還有一人各種名牌汽車竟然有四百五十輛之多，而每一輛都有專屬司機及洗車工人負責保養。

　　有的地方山路崎嶇車子運送困難，於是遇山用挑夫，遇河則用木筏，還是把車扛到了目的地去交車。有些人把勞斯萊斯改裝成裝甲車，有些人改裝成狩獵車，以方便到森林中

去打獵。這些還不算什麼，更讓人驚訝的是有人在賭氣之下居然把六部勞斯萊斯統統改裝成垃圾車！原來有某一位皇室人員一口氣買了六部勞斯萊斯以炫耀自己的財富，後來覺得其外型不夠炫麗，於是要求該廠加以改裝，但是勞斯萊斯廠告知這是從來沒有過的事，委婉拒絕其要求。皇室人員一怒之下，下令把六部全新的勞斯萊斯統統改裝成垃圾車，每天在大街小巷收垃圾！

第八節　電梯內之禮儀

在電梯內應注意下列事項：

1. 進入電梯後請立即轉身面朝開口方向或是面朝中心亦可，不可面朝四壁與人目光對視、大眼瞪小眼，十分尷尬不妥。
2. 電梯內空間狹小，應保持安靜並禁飲、禁食、禁菸，切忌高談闊論、隔空喊話。
3. 站立於電梯按鈕旁之人，有榮幸及義務替其他同乘者服務，可主動詢問各人欲前往之樓層，並替他們按鈕服務，其他人則應致謝，最好不要自行伸長手臂翻山越嶺地去按鈕。
4. 殘障人士、孕婦、老弱等，有優先進出電梯的權利，其他人必須儘量挪讓空間予以方便。
5. 如果剛巧看見有人急奔而至，想搭電梯而門又即將關上時，伸出援手吧！舉手之勞可以讓他省下不少時間，他無言的感激可讓你增壽一年以上。
6. 身上若背了背包或拿了許多東西時，務必小心進出電梯，以

免無心碰觸到他人引起不快。

7. 行動電話響起時，請務必壓低聲音盡快通話完畢，在如此狹小的空間內，別人想要不聽你的談話都不可能。

8. 奉行「女士優先」的信條，如果你是男士則必須為其擋門、按鈕，如果你是女士的話，只要點頭微笑即可，最多說聲「謝謝」！

第九節　步行之禮儀

徒步行走時應注意下列事項：

1. 注意該國家地區的車行方向，一般而言均依此方向在人行道上行走，或上下樓梯。

2. 萬不可擅自穿越馬路，如有受傷情事由行人負全責，不但無法獲得賠償且須負法律責任。

3. 不可在人行道或單車專用道（多為橡膠面，上面繪有單車圖案）上閒聊，妨礙他人行走，影響單車行進。

4. 在某些地區如劍橋大學等，在校園小徑上，若遇到教授等地位崇高者時，須側身禮讓表示尊敬。

5. 手執雨傘行走時，須注意身旁之人避免刺到他人。

6. 路上禮讓殘障者、孕婦以及年老之人，讓他們順利先行。

7. 在教堂內遇見神父或祭司時，也請側身禮讓表示對神職人員的尊敬，在佛教國家則應禮讓和尚、尼姑先行。

8. 行走時最好能抬頭挺胸，步伐與擺手最好能配合得宜，如此必能顯露出自信與謙謙君子之迷人風采，讓人能望之儼然，即之也溫，留給人良好的印象。

9.與其他人一道步行時，須注意自己行走的速度，儘量配合其他人較爲妥當。

10.遇有殯喪隊伍經過時，行人須肅靜、脫帽（如果有戴帽子的話），以向逝者表達敬意。

11.在公園內或教堂旁巧遇新人時，也應側身讓他們先行，畢竟新娘子是最大的，其次是新郎。

12.行走時不可將手插在西裝褲口袋中，如此將顯得笨拙，而更不可插手入西裝上衣口袋內，不論站立時或是行走時都一樣，絕對不可以！

13.女士行走時不宜把皮包斜背在身，有如小學生背書包一般，雙手往兩邊甩，皮包上下擺動，要多難看就有多難看，似乎全世界也很罕見婦女如此奇怪的背法。有時候筆者在想，眞不知誰是始作俑者，不知道多少次外國友人問我爲何貴國婦女會如此背皮包？我只有苦笑，無言以對。就算是要防扒防搶，也只需背皮包於近牆側即可，實在無需如此醜化自己。事實上只有兩種皮包適合如此背：一種是少女用小巧可愛的迷你小背包；另一種是布織的方扁型女性自助旅遊者常用的背包。

第十節　渡輪之禮儀

在旅行時，有時在海灣的兩岸、寬廣的湖泊以及河流等，由於附近沒有橋樑，所以過往行人以及車輛都必須靠渡輪來橫渡。有些渡輪較小，僅可渡人，而有些交通特別繁忙的地方，不但是人車均可一起登船，甚至大型巴士、火車都可以一道渡海，甚是有趣。

▲搭乘瑞士渡輪是一種享受。

一、準時到達

　　一般渡輪對於旅客和小型車輛是不需預約的，依照先來後到的優先順序排隊登船；如因搭載不下，則必須等下一班船。而大型車輛由於甲板的空間有限，所以都必須事先預定，而若提早到達剛好前一班船又有空間時，船公司會允許巴士提早渡河。

二、排隊候船時

　　排隊候船一律是人車分道，大巴士一排，小汽車一排，行人則不用排，待船靠岸後，直接走入船艙內，每條等待線前端都有工作人員以手勢指揮各車依序排隊，井然有序。

三、船票

　　渡輪的收費一般是人與車分開計費，例如說一部小汽車收十美元，但每人還要再收三美元，如果車中共乘坐四個人的話，則一共

須付二十二美元。如此收費是因為小汽車一樣要占一部分空間，所以也要收費，而有些公司會給予優惠，如大巴士一百美元，但可免費扣除二十五名乘客，不足人數不退費，超過者則依人頭再收費。

四、自由活動

在人車登船後即可自由活動，只要在渡輪抵達彼岸前約十分鐘返回車內坐妥即可。但是千萬不要遲到，否則船內的車子是一輛緊挨著一輛，一部車停止不前，後面的車就會被堵住。

所以若是車中有人未回定位，工作人員仍會強迫車輛先行登岸，再伺機找空間靠邊停，以候遲到者，不過通常已是很遠的距離了。因此，在船上自由活動時若聽到廣播請旅客返回車內時，或見眾人不約而同走回底層的座車時，你也應立即加入他們，當然事先問清楚抵岸時間是更保險的做法。

五、設施

渡輪上的設施一般說來較為簡單，大都不外乎簡餐檯，賣一些三明治、咖啡、果汁等食物，另外兼賣一些明信片、地圖、紀念品等，另外還會有洗手間、電話間、休息艙及觀景甲板等。

六、免稅商店

長途渡輪則另設有免稅商店，若是來往於兩國之間者則兩國之貨幣均收。有些還有臥艙、酒吧、賭場、舞池、樂隊表演、電子遊戲間、健身房，以及好幾個口味不同的餐廳，幾乎可以說是海上的觀光飯店。

七、緊急逃生演習

長途渡輪會舉行海上緊急逃生演習，要求所有旅客在某一時間全體在廳中集合，各自帶艙房內的救生衣赴會。集合完畢後，工作人員會介紹船上的逃生口在何處，救生艇在哪裡，多少人乘一艘，以及如何穿脫救生衣，並要求所有乘客當場試穿看看有沒有問題，之後請大家脫下救生衣後再返回艙房，免得大家身著臃腫的救生衣會在進出口擠成一團。

八、暈船

若遇海上風浪大時可能會暈船，若知自己有可能會暈船則可事先服用暈船藥，進餐時也不要吃得太飽，比較烈的酒類也不宜多飲，否則情況定會雪上加霜。另外就是儘量睡在上鋪，且要準備足夠的塑膠袋備用。

九、娛樂設施

在船上的娛樂設施大多數是免費供應的，所有旅客均有權利自由使用，所以不論是乒乓球、撞球、電子遊戲等，應該大家輪流玩，也不妨一起玩，順便認識新朋友。

有一次在某渡輪上看見一名年輕女士，一個人怯生生想要使用健身器材，可是似乎不太會用，又沒有同伴，正在不知所措的時候，筆者主動邀她一起運動，她欣然同意，沒有多久我們就有說有笑熱絡了起來。後來我才知道她是位女醫生，我也請教了她不少醫學方面的常識，直到現在，我們仍然偶爾用E-mail聯絡。

十、配合船上規定

其他方面則必須配合船上的規定，如用餐時間（有些船票含餐食），三溫暖的服裝，穿或不穿，或穿什麼服裝，使用前的清潔規則，酒吧、迪斯可舞廳的服裝，何時可以參觀駕駛艙與船長合影等。

十一、注意安全

還有，自從電影《鐵達尼號》創造票房奇蹟後，不少年輕人，甚至中年人，總是會想辦法拍一張兩人站在船首飛翔的標準照，此時一方面要注意安全，另一方面也請給其他在旁等待的「蘿絲」一點機會吧！

船上風浪大時，在甲板上要小心帽子、洋傘等物品，以免隨風而去永不復返。在船舷拍照時也不要把照相機超出船舷以外，萬一船晃動則相機亦有可能落海。

若遇陰雨天時，甲板及樓梯可能溼滑，行走時也務必放慢腳步，以免失足跌倒。

 ## 第十一節　計程車之禮儀

國外計程車一般是由接到召喚電話時即按錶計價，而不是接到乘客後再開始計價。有些國家的計程車，如英國、法國等，司機旁之前座不准坐人（寵物則可），這是政府規定，否則司機會受罰款。抵達目的地後，多會以不用找零等方式給予司機小費以示感謝，一般來說約是車資的10%左右。

一、招呼站

有些國家的計程車在某些區域不可隨招隨停，必須在設有計程車招呼站之處，才可以停車載客，而下客則無規定。但如果在路上剛巧碰到有人下車的計程車，則當然可以直接上車。

二、目的地

由於大多數的計程車駕駛不見得會說英語，所以事前就將前往之目的地問清楚，或是以紙條記下地址名片的方式，清清楚楚地告知司機，以免到處找仍不能抵達就不好了。

練習用當地的語言來說明目的地也是不錯的方法，因爲如果你以英語發音來唸法文或是義大利文，則司機多會一頭霧水，這正如你在台北向司機說目的地是The Grand Hotel時，有幾個人會懂？

小檔案

庫柏的故事

風光明媚的湖濱區位於英國本島的中西部，也就是在英格蘭的最北方與蘇格蘭交界的地方，地勢平坦，湖泊、山川環繞，自古以來即是世人嚮往的勝地。自從十九世紀出了以華茲華斯（William Wordsworth）爲首的湖濱詩人後，更是聲名大噪、遊人不絕，一方面可尋幽訪勝，另一方面亦可一睹詩人們的故居遺物，沾一點脫塵絕俗的靈氣。

初抵湖濱區時選擇的第一站是最大的小鎮溫德米爾（Windermere）。在滂沱大雨中步出火車站，隨即攔下一輛

計程車，直奔投宿的民宿，老司機庫柏（Copper）替我提行李至廊簷前，我想付車資卻為他所拒，庫柏說沒關係，只須記帳即可，說完就掏出紙筆記下：朱立安（Julian）欠三‧五英鎊，並給我一張名片說，這兩天若有用車可直接打電話給他，車子馬上就會到。一個陌生人在一個陌生的地方，居然被人如此的信任，實在令我又驚訝又溫馨。

　　湖濱區不但山明水秀，而且人情醇厚。民宿的女主人溫蒂（Wendy）熱心賢淑，不但屋內打掃得一塵不染，擺設裝飾也是匠心獨運，給人一種家的感覺。院中的花草樹木井然有序，修剪得賞心悅目，將世界著名的英國園藝發揮得淋漓盡致。每天清晨即起，打掃室內屋外，待投宿的旅人起床時，餐桌上早已擺著熱騰騰的英式早餐。晚上拖著遊罷疲憊的身軀按門鈴時，又可見溫蒂笑臉迎人地引你入門，除了詢問一些白天的旅遊活動，若有不甚明白或疏漏之處，她也立即為你說明更正，還會和你一起討論明日的行程，給你最佳的建議，甚至會推薦你哪家餐廳口味道地，價格公道，及至親身一試，其言果然不虛。

　　離開湖濱區的那一天，也是庫柏來接我去火車站，我除了付清數日來的欠款外，也依照禮數多付了10%的小費。在車站候車時，我突然發現回倫敦的車票不見了，遍尋不著下，只有準備上車再補票了。雖然損失不輕，但也無計可施。就在火車進站前的十分鐘，忽然聽見有人叫我，回頭一看，只見庫柏笑嘻嘻地，一隻手藏在背後地問我：「朱立安，你在找什麼啊？」然後，高舉著車票對我搖晃。

　　誰說英國人冷漠？誰說英國人情淡薄？水仙花讓人驚艷一時，永誌在心，湖濱區的風情，雖然僅尋芳數日，然已飽

覽其山水精華，但純樸淳厚的人情更如華茲華斯詩集中的水
仙花般常浮上心頭，永難忘懷。

三、費用

　　原則上，既然叫做計程車，理應以里程之遠近來計費才是，但
是在落後地區則必須事前談好價格，方才妥當。問清楚由A地到B
地一輛車是多少當地幣，免得遇到不肖司機會在叫價時故意模糊，
抵達時卻聲明是以人數爲單位計算時，那就有得吵了。

　　有些計程車見坐的人數多時也會加收一些費用，還有若是攜有
大型行李時也有可能加收，所以先問清楚比較保險。

四、糾紛

　　當地計程車司機見是外地觀光客，有可能伺機敲竹槓，若是據
理力爭不成時，最好記下車號、地點以及收費之金額，然後向當地
之觀光機構據實申訴，所損失的金錢不一定拿得回來，但至少給這
些非法之徒一點不良紀錄，保障日後前來的其他遊客。

五、基本禮貌

　　與司機對話時請以禮貌話語對待之，「請、謝謝、麻煩你」等
用語可儘量使用，一方面表示你的教養，另外一方面不要忘了，你
乘車時的安全正在他手裡啊！此外，若是忘了東西在車上時，也比
較有機會找得回來。

六、最佳計程車司機

　　世界公認最佳的計程車司機為：新加坡、德國、倫敦、紐約。這是以其服務的態度、路況的掌握、車內外之整潔以及糾紛發生的頻率等，共同加以評分而獲得的結果。

 ## 第十二節　巴士上之禮儀

一、巴士上

　　國外巴士上一般禁菸、禁食，最好不要吃冰淇淋、口香糖等高污染零食，瓜子、糖果更是不妥。車上多無卡拉OK等設備，若要自我介紹或是唱歌請注意安全，在美加地區，司機身後有一道白線千萬不可逾線，否則司機必須立刻停車。

　　車窗旁有一迷你鐵錘是為緊急逃生時敲破車窗而用，不可拿下來把玩。

　　車上洗手間是供給乘客拉肚子等緊急狀況使用，或是女性生理期更換之隱祕地。平常請儘量不要使用，以免異味難消。可利用巴士停靠公路休息站時，再去使用休息站內之洗手間。

　　如果參加當地一日遊等遊程，上車後，請儘量往後坐，保留前座空間給殘障人士或是老弱婦孺等，但上述人等也應避免坐第一排，以免煞車時發生危險，第一排是給導遊坐的。

二、長途巴士

　　長途巴士多有工作時間的限制，也就是規定同一司機在一天

▲歐洲長途巴士司機素質一般均讓人滿意。

二十四小時內只能開幾小時的車，而工作時間的起訖算法是引擎一起動就起算，中間暫停以及休息時也算在內，因為這時司機也算是待命狀態，仍屬工作時間。原則上一天至多工作九小時，每週則可以有兩次延長至十一小時，但不可連續兩天均為十一小時，以免精神無法集中。每天發動引擎前，司機必須掀開在方向盤中間的計時計速器，重新放入當日的空白記錄表，而當天車輛的全程時速以及使用時速均會自動記錄上去。

交通警察認為車輛有違規行為時，首先要求的就是駕照、行照和記錄表，有無違規一目瞭然，要賴也賴不掉。因此，許多地區（尤其是歐盟國家），嚴格執行這項命令的結果是司機非常謹慎小心，因為超速違規還事小只是罰款，超時工作則可能被計點，累計或明知故犯會被終身吊照，從此在歐盟國家中永遠不准駕駛遊覽車，這就嚴重得多了。

這項行政命令的目的一方面在使司機能保持最佳精神與體力狀態，以保乘客之安全，另一方面可以增加其他司機的工作機會。

例如說有一觀光團前往維也納旅遊，在白天就已因觀光行程用

盡了法定的九小時，如果有人晚上想要去欣賞市立公園舉行的華爾滋音樂舞蹈表演時，司機只能送旅客到公園門口即離去，因為時間已到。而看完表演返回飯店時就必須分乘計程車或是再租一輛巴士送返旅客，如此不論是計程車或是另租車，都會增加維也納市民的工作機會。

三、泊車

大型車輛之泊車規定相當嚴格，因為不如此則會阻塞道路，造成交通混亂。依規定只能在有停車地區的停車場內停車，有些地方規定不准泊車，但可以暫停以方便上下乘客，若停車太久一樣會被驅趕，否則罰鍰，以保持交通順暢。

在瑞士等非常重視環保的國家，甚至還有一些特別規定，在泊車或暫停時必須關掉引擎，以免其產生的廢氣污染潔淨的空氣。瑞士也嚴禁隨地洗車，以免清潔劑、洗衣粉之類隨污水排入河川之中造成污染，必須在有污水處理設備的洗車點才可洗車。

還好，瑞士的空氣清新乾淨，車子一個禮拜不洗也是一樣乾乾淨淨！

四、遊覽車司機

駕駛大型車輛之歐美司機，其社會地位較我國來得高，有些駕駛本身經濟條件相當好。筆者曾遇到有一位駕駛，他平日是開運輸機的，放長假就來開長途巴士，以與不同國家的人接觸。還有一位住在盧森堡的駕駛，他在盧森堡甚至有座莊園，還邀我有空前訪，和他一起在森林中獵野豬呢！

駕駛之素質一般均不差，多會重視個人的儀表、談吐，也重視知識之吸收，由於每日奔波各國家城市，所以資訊相當豐富，可在

與其交談中獲得相當實用的旅遊資訊。這一點與國內少數遊覽車司機口嚼檳榔、滿口三字經、蓬頭垢面、舉止低俗的行為是有極大的差異。

因此，搭乘巴士，不論市區還是長途，最好能主動和司機打聲招呼，若有其他問題或要求時，也應以禮貌的態度徵詢才是。

五、市區巴士

參加市區觀光時，使用的均是當地的市區巴士。

市區觀光（City Tour）須前一日事先報名，旅行社會要求旅客某一時間在飯店大廳內等候巴士來接人，千萬別遲到，否則不但觀光行程泡湯，費用也無法退還。

來接人的巴士不一定是之後的觀光旅遊巴士，可能只是順路把各大飯店所有參加者集中在某一地區，如市中心廣場等，然後依不同的觀光路線再分乘不同巴士前往各地開始觀光行程。

所以在上車時請儘量集中坐在一起，因為接人巴士是依一定的路線至各個飯店依序接人，所以請保留一些座位給後來上車的觀光客吧！

旅客集中分配車輛完畢即開始觀光遊程，有些有隨車導遊講解說明，有些則是司機兼任導遊，即所謂的Driver Guide，一面駕駛，一面用駕駛座旁的麥克風向車上旅客介紹景點。

下車參觀時請依約定時間返回原車，所以不妨記住車輛的名稱、特徵以及車號，必要時也可向司機索取行動電話號碼以防萬一。

六、小費

為了表示感謝之意，在觀光行程完畢後，可給司機及導遊一些

小費表達謝意。可以直接將小費交付其本人，也可以放在駕駛座旁之小籃子裡，小費的多少並無一定，可以參考其他旅客付給的數目或是一般行情。

七、解說

當司機或導遊使用麥克風宣布事情或是介紹景點時，所有人都必須保持安靜，如此不但尊重發言者，也是尊重其他人聽的權利之表現。

所以，再重要的談話，待解說完再繼續吧！如國內某些觀光團之導遊聲嘶力竭的吶喊，而其他乘客仍然各說各話、事不關己的場面，在國外是罕見的。

第十三節　遊艇上之禮儀

有些市區觀光的行程中會含有遊艇觀光的項目在內，如阿姆斯特丹著名玻璃船、尼加拉大瀑布的「霧中少女號」、萊茵河遊船等。此時巴士乘客在換船遊覽時，有些必須注意的事項：

一、上下船

務必在船員把固定纜繩綁妥後，再依序上下船才不會發生意外，若是船行中途不停，則只須記得船返回原點時隨眾人一起下船即可。

但若中途有乘客上下，或是你只是搭乘其中某一段時，就必須注意了，千萬不要下錯碼頭，否則你會發現船已遠去，只有你一個人孤零零地在碼頭空等，而你所搭乘的巴士已遠在別的碼頭等候其

▲搭乘遊艇要小心上下船時船隻晃動。

他的客人，此時，司機的大哥大電話號碼就是你的救命符了。

二、安全

小型船隻不准乘客隨意站立或是換座位，因為如果當船在行進中，隨便一個波浪都會造成重心不穩，乘客摔倒受傷船公司都要負責的。

在狹窄的水道內航行時，頭手伸出窗外以取得最佳的拍攝角度也是危險的因素。

開船之前會有安全講解，說明救生衣以及救生圈擺設的位置，務必聽清楚，不怕一萬，只怕萬一。

「霧中少女號」上有供應帶帽雨衣，也請依序向船上服務人員索取穿戴，使用後也請依指定位置歸還雨衣，不可隨意丟置。除非是那種不用歸還的透明薄雨衣。

第十四節　健行之禮儀

　　健行（trekking）在最近來說是一個非常普遍的名詞，意指帶著生活必需品如鍋碗瓢盆、食物以及營帳、睡袋等，前往山野中度過至少一夜以上的野營生活。其主要目的就是以徒步的方式前訪一些平常人跡罕至，但是風景宜人、景觀特殊之地，一路上可欣賞山野之旖旎風光、山區聚落、野生動物、鳥類、昆蟲以及植物礦物等，在健行嚮導的帶領解說下，可以得到相當豐富的收穫，這也是為何今日健行會如此受歡迎的原因了。

一、健行地區

　　只要是符合風景優美，而一般正常人可以抵達的地區均有此項活動，比較知名的有尼泊爾喜馬拉雅山區、印度克什米爾區、錫金山區等。

▲瑞士山中健行風景優美極為引人入勝。

二、天數

天數短的可以僅宿一宿，隔日便返回者；天數長的可達七、八天，甚至長達三週以上者。天數長短端視各人之體力負荷度與路線規劃而定，一般而言，天數愈多愈能深入山區，體會與紅塵裡日常生活之不同，能看到驚人美景的機會也相對增大，若是時間不夠，則可挑選一段精華路線，亦能淺嘗一下。

三、裝備

為了顧及一般大眾的體力有限，所以比較重、體積比較大的必需品，如營帳、寢具、炊具、食物等，均由專職挑夫負責挑運，而健行的旅客只要負責攜帶自己隨身的物品，如照相機、證照、錢財等即可。

大多數地方並無新鮮食物供應，所以必須攜帶充分，麵粉、白米、油、鹽、調味料，以及休息時提供的咖啡、茶、調味包等均不可缺。甚至有些地方為了提供旅客新鮮肉類，還必須背幾隻雞或是牽一頭羊一道健行，但是牠們扮演的角色只是食物，而且永遠是只去不回。

此外最好再隨身攜帶一些常用藥品，尤其是在山野中常有機會用到的刀傷藥、蚊蟲藥、腸胃藥、感冒藥、防曬乳液等，以備不時之需。還有一些健行者喜歡帶一些乾糧、餅乾、巧克力等體積小、熱量高的食物，以便行程有問題時可以防飢。

四、健行人員

選擇同伴健行必須要事先考慮仔細，除了每人的體力以及腳程不宜差距太大外，每個成員的精神狀態、合群的程度以及抗壓性，

▲歐洲處處可見之健行者。

也最好加以瞭解，尤其是天數較長的健行，更是務必篩選一下比較保險。

　　人數決定後，接下來就是找經驗豐富的健行旅行社，這是決定健行成敗的另一項關鍵因素。

　　一個負責的公司會規劃建議路線，提供路線、經驗與掌控能力均優異的總指揮，他的角色非常重要，不但率領眾人前訪景觀特別的地區，還得能預先防範危險的發生，如山崩、落石、急流、疾病、猛獸等，選擇安全的紮營地點，每天的預計行走路程以及控制手下的挑夫、廚師、小弟等的工作和言行舉止等，儼然就是軍隊中的總指揮官。

五、挑夫人數

　　挑夫人數與所攜總重有關，原則上每名挑夫可以背負二十五公斤左右的重量，也有些厲害的挑夫居然可以背四、五十公斤的重物行走數日。再加以其他工作人員，所以雖然只是五、六個人的小健行隊，加起來可達二十餘人，浩浩蕩蕩好像行軍一般。

155

六、山區住宿

比較流行的路線大都會有小木屋的設備，但其中設備非常簡易，僅有床板、餐桌等，有些則可供應熱水浴、爐火烤火等，其中若有棉被也沒人想用，多是又溼又有霉味，可能還有跳蚤隱藏其中，不可不慎。

大多數地區得使用營帳，原則上兩人共一帳，營帳倒是相當現代化，多可防風雨，有時反而比住小木屋更舒適。

睡袋、枕頭、睡墊等均由山下背上來，可以向旅行社一起租用，也可以自己購買，比較乾淨、衛生。

七、餐飲

山區人跡罕至，食物也是由挑夫背負上山的，決定紮營地點後，負責烹飪的人員會先前往，埋鍋造飯、生火烹茶。待大隊人馬抵達後，就可以享受豐盛的一頓晚餐了，但豐盛也只是比起午餐的相對說法而已，絕對與平地是無法相較的。

在健行途中也會有咖啡、茶等飲料提供，多是在景觀較佳之處，一面喝著香噴噴的咖啡，一面欣賞宜人的風光，誠為人生一大樂事也。如果個人有特別的偏好，也可以自行攜帶薑茶、可可粉，甚至奶粉等。

八、娛樂

健行最大娛樂就是在健行過程之中，體會大自然的偉大和奇妙，想想看，面對千層雪山，靜靜坐看雲起，凝視滿天星光燦爛，四周夜色漸濃……是何等的感覺啊！所以說，只要是健行過的朋友都會一而再、再而三地前訪，荒寂大地中人與人的距離也不再遙

遠。

　　另外可以算得上是娛樂的，就是夜晚時分晚餐過後，營火仍熾時，熱情的工作人員會圍著營火縱情歌舞，這也是他們辛勤工作一天之後唯一自娛亦娛人的時刻了，歌謠純樸，舞步簡易，卻是當地文化最眞誠的呈現，要瞭解當地文化，這是一個很好的機會。

九、行走

　　總指揮會依旅客的大約腳程來決定出發和休息的時間，並在每日早餐後、出發前告知衆人，而大家也應謹記並遵行規定事項，因爲只要一人違規，受到影響的是全體，所以不要當那隻黑羊吧！

十、下山優先

　　在登山途中若遇其他隊伍，則須遵守下山優先的不成文規定，禮讓其先行，而遇馬隊、騾隊時也宜禮讓，尤其是在地形險峻的山區，如大峽谷下谷途中的步道等，側身讓騾隊先行，也不可戲弄、驚嚇騾子，以免其受驚而把騎者摔下山去！

十一、巧遇其他的健行隊時

　　不妨主動打招呼，順便瞭解前面最新情況，如天氣、氣溫及路況等，最起碼也要點個頭微笑一下表示友善，切莫不理不睬、視若無睹。

十二、紮營地

　　若有其他隊伍也紮營於此，則可趨前伸出友誼之手，畢竟能在山中相逢也是難得的緣分。若見其他營隊相當疲累，或是次晨須早

行而提早就寢時，也宜儘量放輕腳步，避免噪音擾人，對方會感激於心的。

十三、當地居民

路上一定會遇到當地居民，此時不妨學一些簡單的當地問候語以表示友誼。另外須尊重當地的風俗習慣，如在佛教地區、印度教地區、回教地區的風俗都是迥然不同的，宜多加注意。

若是有可能隨身帶一些小禮物，如原子筆、打火機等價廉又實用的物品，贈與當地人將是很好的交流禮物。

十四、環保

有一句口號：「只帶走回憶，不帶走任何東西；只留下足跡，不留下任何東西。」沒錯，我們前往其他國家地區，除了要遵守當地政府的相關規定外，在有些較落後地區並無明文規定時，也應謹守上述口訣。畢竟，若在名山勝水之佳地觸目即見滿地垃圾、易開罐、寶特瓶時，不知你心中做何感想？

十五、與人相處

工作人員雖說是我們付以酬勞而來為我們工作的，但也必須尊重對方，不可在言語或是臉色方面輕辱之，適度的尊重，常有令人驚喜的回饋。

十六、野廁

山區多無洗手間的設備，所以均以野廁為之。男性還算方便，可以就地尋方便，女性則較麻煩，一方面要找較隱密之處，一方面

又怕遇到毒蛇、野蜂之類的騷擾，此時可告知指揮人員，憑藉其經
驗代尋較佳之地點，可以避免潛在危險，同時最好找人做伴較妥，
不要單獨前往。

第六章

運動、娛樂篇

第一節　游泳池、海灘、天體營之禮儀

在熱帶國家幾乎是四季如夏，炎炎夏日，可以說是天天都是戲水天，當我們前往這些國家地區旅行時，接觸到水的機會非常多，因此，其相關之規定和禮儀也不可不知。

一、游泳池之禮儀

(一)沒有救生員

國外游泳池一般都沒有救生員在池畔值勤，所以都會有“Swim, on your own risk”（安全自行負責）之類的警語，這在國外早已是眾人皆知的情形。

(二)游泳池畔

在游泳池畔，不見得就一定要游泳，有不少人就只是在池畔做做日光浴、看看書等。

當夜晚降臨時，也有不少人身旁一杯冷飲，靜臥在池畔的躺椅上，看看池水在水底燈光照耀下波動生輝之美景，或是躺在長椅上凝望著滿天燦爛的星光。

(三)務必著泳裝

游泳池畔標準服裝應是：游泳衣、大毛巾、海灘鞋或戶外拖鞋（千萬別把飛機上發的免費拖鞋或是室內薄底拖鞋穿去池畔，如果沒有像樣的脫鞋，打赤腳亦可），外加太陽眼鏡。女士可以再加一件寬鬆的外衫，以免臨時前往他處時太暴露，而且不太雅觀。不可穿著短褲、T恤等即入池，否則他人會為之側目，工作人員也會將

其請出池去。

(四)入池

入池之前務必先將身上的汗水以及灰塵以蓮蓬頭沖乾淨才可入池，身上若有防曬油也應清理乾淨再下水，以免污染了池水。

西洋女性有不少在生理期時照樣運動以及游泳，只要換用棉條並注意泳裝顏色的選擇即可，女性同胞不妨參考。

(五)跳水

一般游泳池不准跳水，以免跳入池中會撞到池中之人發生危險。就算是准許也會有一些限制，如在某些區域可以跳水，該處一定水深足夠，且其他泳客也會被加以區隔開。

(六)游泳時

游泳時最好依一定的路線前進，不要臨時急轉彎，也要注意泳姿，若是蛙式時，注意腳踢水時不要踢到其他人。入池後先瞭解水的深度是否有所不同，以免貿然下水發生危險。

(七)呼救

若遇溺水或體力不支時，不用不好意思，立即呼救，但不可佯溺，不但會令人反感，小心變成「狼來了」。

(八)游泳輔助器材

池內一般不准用蛙鏡以及浮潛的呼吸管、游泳圈等，蛙鏡是怕不小心打碎時玻璃會傷人，其他的用具則會妨礙他人游泳。

蛙鏡雖然不准用，但是護目鏡（goggles）則可以使用，而且是最好用，因為如此可以防止眼睛受不潔池水中細菌之感染，兒童池中則可以使用游泳圈等物品。

二、海灘之禮儀

海灘之基本規定與泳池相同，但不用先沖水再下海戲水。若是飯店與海灘相鄰時，由海灘返回時則請先將沾滿沙粒的雙足以及身體用水龍頭沖洗乾淨後再進入，以免污染了飯店內部。

三、天體營之禮儀

國外不少海灘上有女性喜歡袒胸露乳地做日光浴，國人初見總是會指指點點、訕訕竊笑，這是不太禮貌的。更有甚者，竟以相機當場拍攝起來，非常不妥，我們必須尊重他人的自由與隱私。

天體營可分為全身以及半身兩種，都有區域限制並有告示，閒雜人等一律不准進入，進入者則一律得與他們同一穿著方式，想要進去一窺究竟者，最好考慮清楚。

其實，天體營是一種非常健康以及自然的行為，人類本來就是動物，衣物是演化後才逐一加上身去的，如果有機會能夠盡褪衣衫，讓陽光、海水和風滋潤全身的每一吋肌膚，不是很好的一件事嗎？返璞歸真，人生能得幾回？所以在天體營反而沒有偷窺、性騷擾、性犯罪之事發生，因為會去天體營的人，不但自重，而且知道怎麼尊重別人。若有機會，鼓勵你不妨一試。

第二節　三溫暖與健身房之禮儀

不少觀光大飯店以及度假村、遊輪等，都有三溫暖以及健身房等設備，提供旅客一個運動健身和洗滌身心的地方，國人對三溫暖應十分熟悉，但是會使用健身房的人則似乎不是很多。

一、三溫暖之禮儀

使用三溫暖時必須瞭解其相關規定，如有些地區規定必須著泳裝；有些則不准穿任何衣物，只可以浴巾遮掩；有些是男女分室不可混浴；有些地方則淋浴、泡澡以及蒸氣室、休息室、紫外線室一律男女共用，而且還是裸體狀態。

在德國、北歐諸國，全家人向來是一起共浴，他們認為洗三溫暖是一件非常健康、自然的事情，人類的裸露身體並不可恥，沒有洗三溫暖還要掩蔽之必要。所以時常可見一家老小高高興興一起共享三溫暖之趣，同享天倫之樂，此時如果有人身在其中卻含羞帶怯，無所措其手足，反而會令在場之人感到驚訝。因此，入境隨俗吧！

洗三溫暖有一定之程序，一般也會將之標示在入口處，如必須先淋浴才能入池、浴巾不可入池等；有皮膚病者、酒精過量者、服禁藥者、有心臟病者、呼吸系統毛病、高血壓者，均禁止入內，以免有突發狀況發生，或是會影響他人之健康。

在洗三溫暖時若是屬不准穿衣者，也不要顯得尷尬與不安，應落落大方與其他人一般，目光也應磊落，不宜刻意閃躲他人之身體，反而會顯得不自然。

二、健身房之禮儀

健身房是提供旅客活動筋骨、鍛鍊身體之運動場所，由於空間較狹小，有些器材使用不當時，會有潛在之危險，所以有一些不可忽略的事項，茲分述如下：

(一)服裝

既是運動場所，自應著運動服為妥，可以穿T恤、長褲、短褲

均可，再配以運動鞋（運動襪可別忘了穿，也別穿了一雙球鞋，裡面卻是一雙黑色的皮鞋襪）。

女士可以著T恤、長褲、束髮帶（以免長髮披散）、防汗腕帶，千萬別僅穿了拖鞋，或臨時起意，打了赤腳就上。

(二)器材

先瞭解每一項器材之功能與使用方法，切記不可貿然嘗試，否則極易出事，就算只是拉傷了筋或扭傷了肌肉，都足以使後段的旅程大受影響，所以如果沒有把握，不妨問一問指導教練或是其內之服務人員。

(三)先做暖身操

運動前最好先做暖身操，充分活動手腳以及身體之每一關節筋肉，以為稍後的激烈運動做準備，如此也較不易造成運動傷害。

(四)舉重等器材

使用舉重、練背機等器材時，必須循序漸進，不可逞英雄或是自信心過強，一下子就把重量調得太重，以致肌肉嚴重受傷。

若是沒有把握可以請友人在旁協助，一方面力有未逮時可以助一臂之力，一方面也可以修正自己因用力而產生變形的姿勢。

(五)爬樓機、跑步機

使用爬樓機、跑步機時，可以由最輕的階段開始，若覺得情況還不錯，可以再逐漸增加時間以及級數，以達安全運動之目的。

(六)不要霸占器材

不要一直霸占某一項器材不放，或是與同伴一直輪流使用，外人只能乾瞪眼而沒機會使用。要知道健身房內所有器材都有其裝設的目的，而每一器材也都是為鍛鍊不同部位的肌肉而設計，如果其

中有一項無法使用到，則勢必影響他人全身之整體運動。

(七)立即清理

若有汗水把器材弄溼時，必須以毛巾立即拭乾，以免影響下一位使用者，若是身上已大汗淋漓，為了不再繼續污染器具，換一件乾的衣服再繼續吧！

(八)避免高聲談笑

健身房雖是運動場所，但是並不是球場，有不少人在健身房中專心凝神只是注意自己鍛鍊的狀態，所以應避免高聲談笑、喧嘩等情形，因為一定會影響到這些默默運動中的人們。

(九)器材歸零

運動完離去時應將使用過之器材歸回起始狀態，計時、計數碼表歸零，在離去前不要忘記向指導教練致意，感謝他們的陪伴與經驗傳授。

第三節　球場之禮儀

運動日益普及的今天，在國外旅遊時常有機會與同遊者一起運動或參加球類友誼賽，當然，每個人的球技或有高下之分，但基本禮儀則是每人均須具備的。

一、球場服裝

除了服裝必須整齊外，做什麼運動穿什麼服裝，這是不變的道理，試想如果有人穿了整套籃球服裝到高爾夫球場，是何種景象？

二、球具

　　儘量自行攜帶球具（租的、借的均可），避免隨意向同行者借球具，這會令人不便拒絕，但是心中又極為不願。但如是他人主動提出者，則不妨欣然接受。

三、球技

　　就算球技很好也不要誇示他人，謹記友誼賽中最重要的是友誼與氣氛，而不是比賽結果，他人贏球是球技好，你若贏球則是「運氣好」。

四、不可臨時取消

　　如果真有要事不得不臨時取消赴約，也必須找好代替人選再告訴球友，否則有可能因為一個人而毀了一場球賽，從此以後你就永遠得罪了其他的人了。

五、注意風度

　　不可口出穢言，這會令在場的其他人（尤其是女性）感到尷尬，並影響他人對你的觀感。

六、交談

　　若有交談時間也以與該項運動相關為原則，不要涉入政治等嚴肅話題而影響他人心情。

七、避免過度誇耀球技

不要過度誇耀自己的球技，以免其他球友錯估情勢，等到輸得難看時，大家心中會做何感想？而若是配隊比賽算球隊之總成績時，由於你離譜的表現，而造成該贏球卻變成輸球時，真不知有多少人還有風度再把你當成朋友？所以最好是據實以告，甚至不妨謙虛一點比較保險。

八、避免遲到、早退

不要遲到、不可早退，這是人盡皆知的基本禮貌，既然決定了球敘，就不宜再安排其他節目。當然，若是在不影響球賽進行之下是可以另做安排的，如不參加賽後之餐會等，但亦應事前先告知其他球友。

九、比賽規則

球賽前應先說明清楚比賽規則，否則在比賽中有問題球時不好處理，若真遇此事，則可在不傷害對方自尊的情形下說明清楚，甚至可以「不知者無罪」輕描淡寫地化解爭議：這球不算，重新開球。

若遇對方好勝心強時，則不妨退讓以保持風度為佳，爭執中總是得有一方讓步的，而往往都是風度、氣量較佳的一方禮讓。

十、表現欠佳時

球賽時若是隊友表現不佳，不但不可責怪，反而應以愉悅的態度鼓勵、安慰之。千萬不要口頭上表現出安慰，但卻面色凝重、口是心非，這會讓球友更加難堪與自責。在球場上球技再好而球品不

佳的人，是不容易交到什麼好朋友的，希望你不是這種人。

十一、提供比賽球

比賽球若屬於消耗性的如高爾夫球、羽毛球等，應該主動提出提供之表示，因為球既然是公用的，也就應該由大家一起提供，每次都是「伸手牌」的球友，是很難讓他人接受的。

十二、勿忘團隊合作

就算是個人球技極佳，也不宜一人窮表現，而忽略了其他的協力球友，畢竟團隊合作是運動精神的基本要素，若把他人當成跑龍套的，恐怕難以讓人心悅誠服吧？

十三、寬以待人，嚴以津己

有些球類比賽時，如羽球、網球等，是否出界實在很難判定，在沒有裁判的情況下，請記住「寬以待人，嚴以律己」這句話。否則對方若是一直被判出界，心中一定會氣憤不平，如果也以其人之道還治其人之身，你來我往的，友誼賽的目的就已消失無蹤了。

十四、球賽結束後

不論輸贏，禮貌上應趨前向對方選手握手致意，表示感謝以及球賽愉快，當然也不要忽略了自己的球友，一樣要握手致意。

球賽結束了就是結束了，不可以因為自己或是球友之表現生悶氣，而不願禮貌致意，失去了風度。友誼賽的輸贏本來就是無所謂，贏的一方固然高興，輸的一方也正好藉此檢驗自己的球技，並從而改進之，正所謂「切磋球技」之意；所以我國古訓「揖讓而升，下而飲」，就是最佳之典範。

第四節　高爾夫球場之禮儀

高爾夫球的起源至今仍是一個謎。

根據比較可靠的歷史記載，西元1457年蘇格蘭國王詹姆士二世曾頒布禁令，禁止國民沉迷高爾夫和足球。原來當時蘇格蘭正與英格蘭處於戰爭狀態中，而一般百姓卻熱衷於高爾夫球以及足球，沒有人去練習作戰時必備的彎弓射箭技巧，於是不得不由國王下聖旨申禁。蘇格蘭並在西元1471年和西元1491年時再度下禁令，不過到後來竟然連國王本人也迷戀上了高爾夫，於是自然不再禁止。

事實上，高爾夫的起源可能遠溯自羅馬帝國時代，當時奉派駐在英倫以及荷蘭、法國北部之帝國軍隊，閒來無事時喜以木棍擊石為戲，慢慢發展出了高爾夫球戲之前身，漸次傳遞至英國，後來遊戲規則也日漸完備，當時被稱為紳士遊戲。而又由於遊戲場地日益擴大，因此也由遊戲發展成一項運動，而這種運動在二十世紀時已是一種老少咸宜、普及世界的全球性運動了。以美加和日本地區為例，全國人口中竟然有十分之一的人口喜愛高爾夫，可以說是一項相當大眾化的運動，尤其是美加地區幅員遼闊，公、私立高爾夫球場處處可見，其消費更是大眾化得令人羨慕，這可能也是其能成為國民日常運動的重要原因吧！

既然號稱「紳士運動」，可知其重視球場禮儀之程度必超過其球技之要求了，沒錯，一個球技再高超之人，若是缺乏應有之禮儀，也可能使他人嫌惡，不但使相識者不再邀約球敘，同時也失去高爾夫另一項重要的功能：交誼。

談到交誼，眾人皆知有不少富商巨賈事業上的合作，政客要員政治上的溝通瞭解等，都是在高爾夫球場上完成的，而升斗小民可

藉著擊球空檔時間，邊走邊閒聊，很自然地交換生活經驗，增加彼此之熟悉度，這點是其他各種運動無法比擬的。所以有關高爾夫的禮儀、高爾夫的基本知識以及正確球場用語是不可不知的，因為這些均會影響他人對你的印象與定位。以下是打高爾夫球時常易被忽略之事：

一、重在交誼

所謂球敘重在交誼，球技切磋反是其次，所以也屬社交的一種型態，因此在友誼賽的揮桿之間、賽玩後，都應與參與者主動分享球經、日常生活點滴，甚至是國家大事、世界要聞，讓其他人充分瞭解你的想法，也讓你更瞭解他們。

二、紳士運動

輕鬆優雅之間，不急不緩地完成此一紳士運動，同時也達到了社交的目的。所以舉手投足、言語態度以及運動員的風度均必須注意，最好的方法就是平日就能自我注意，不斷地修正，不但儘量吸收高爾夫的相關知識，而且要養成容忍異議的民主風度，如此可保證你成為一位受歡迎的球友。

三、瞭解規則及個人榮譽

球賽前先完全瞭解規則，高爾夫起源甚早，其規則也是由爭議中不斷地歸納、修正得來，其目的在於力求比賽之公允，但又由於發源地英國本來就是尊敬個人榮譽之國度，因此有不少違例犯規時，都是自由心證（如重新拋球等），若有此情形，必須避免給他人有投機、占小便宜的猜疑，寧可因守規矩而增加桿數，不可因小失大，讓其他人對你的品格質疑。

部分球場有自訂的規則，也就是所謂的 "local rules"，只要其規則不違反國際規則的精神，與賽者都必須要遵守並尊重之，事前瞭解可以避免違規。

四、社會地位

開球時，習慣是以同組中社會地位最高者帶頭開球，若彼此地位相近，也不可一直互相謙讓，造成其他組的球友等待以及無謂的喧鬧。最好使用最公平的方式就是拋球座了，將球座拋在球友中間，其尖指向處就是優先開球者，其餘則依順時鐘方向依序開球，簡單省時，公平又不失趣味。

五、避免浪費時間

在擊球前，不要一直揮空桿練習，不但是浪費時間，也會造成其他人之不耐，須知：揮空桿練習應是在練習場中為之的！

全組擊完某一洞後，應盡快完成離開果嶺的動作，不要慢條斯理地討論這一洞的種種，而讓其他組之球友在果嶺外乾等、枯候。

六、其他注意事項

1. 離開時養成鋪平草坪、插回旗桿、整平沙坑等各種必須做的動作。如此新的一組球友上果嶺時，可以省掉不少為了復原場地而浪費的時間。

2. 高爾夫球賽時，如果本組打球進行速度較慢，則不妨禮讓人數較少或打球較快的一組優先通過，以免塞車。

3. 揮桿擊球後，若是桿頭削掉了一塊草坪，則應立即將其放回原處，並用腳踏平之，以利草坪之繼續生長，若是球場東缺一塊、西露一處就非常不好看了。

4.打完高爾夫球後，宜用清潔水管將鞋底所沾之草皮屑、泥土等沖洗乾淨後，再進入旅客服務中心之室內。

5.揮桿之前務必確定前面無人，若是前面有人在工作或走動，也一定要出聲 "Fore!"（前面注意）警告，待其離開危險區後再繼續揮桿。

6.開球前先確定自己的小白球牌子以及其上之阿拉伯代號，若是因而弄錯拿到別人的球而繼續擊球時，是很不禮貌的事，而且將被處加罰，非常不划算。

7.當別人正在準備揮桿時，一定要避免干擾，不論是交談（耳語也是一樣）或是走動。不要站在其前方視線內，以免影響他的注意力，增加其心理負擔。

8.不小心擊球入草叢區時，可以利用時間去尋找，但是不宜一直找不到仍不肯放棄，只為了省一顆球而耽誤了大家的時間。

9.新手下場時，最好避免在打球的尖峰時間揮桿，以免一組人影響了後面一大串隊伍之進行。

10.球入沙坑，在擊球出坑後，應利用等待他人揮桿之時，以沙耙把沙上之腳印、擊球坑洞耙平，這是相當基本的球場禮儀。

11.果嶺上推桿較耗時間，在本組最後一人也推桿進洞後，應立即把標旗插回原位，並迅速離開果嶺區，以利在後等待之其他組繼續比賽，要討論球技得失，也應在離開果嶺後再討論不遲。

第五節 滑雪場之禮儀

　　台灣位於亞熱帶，氣候溫和炎熱，雖值寒冬時節，亦至多是寒雨綿綿、冷風颼颼而已，不像高緯度的韓國、日本等，經常是大雪紛飛，銀色世界成了隆冬的代名詞。

　　也因為台灣沒有雪地的環境，所以不少雪上活動對我們來說都是十分新鮮而陌生的，不像韓、日、美、加等國，尋常百姓從小就開始學習滑雪，而冬天最受歡迎的活動大概也是滑雪和溜冰了。所以該國百姓除了長於滑雪外，一般人對滑雪場的規定也知之甚詳，下列是我們在滑雪時必須注意的事項：

一、滑雪時的裝備

　　滑雪時裝備必須齊全，否則不但容易感冒、凍傷，亦有可能導致身體傷害。帽子、雪衣、太陽眼鏡、毛襪、手套、圍巾、高筒休閒鞋可以說是缺一不可，出門前最好再檢查一遍，否則在滑雪場現

▲滑雪場必備之滑雪纜車。

場購買是相當貴的。

二、選擇滑雪裝備

滑雪時首先挑選雪鞋，依據各人之雙腳尺寸選擇一雙最合腳之雪鞋，再依據雪鞋和各人身高選擇滑雪板，而滑雪板上之螺絲則是依據各人體重來調整的。在滑雪之前務必穿著最合適的滑雪用具才安全，不可輕忽。

三、避免撞到鄰人

手執滑雪棍、肩扛滑雪板進出行進時，必須注意與他人保持一定距離，並且避免突然轉身，以免撞到鄰近之人。

四、滑雪課程

初次滑雪者必須先上滑雪課程，教練會要求眾人一字排開，先是說明各種滑雪用具之功能和使用方式，然後教導大家「螃蟹行」，這是因為腳著滑雪板時是不方便直行的，所以前進時一律側身橫跨，反而比較好走。

最後則是教大家如何「跌倒」，這是非常重要的一項技巧，因為初學者經常無法控制滑雪板，所以常有一面尖聲驚叫，一面任滑雪板往前衝而不知所措，教練教的就是在此時之應變方法：跌倒，首先是儘量降低身體之重心，也就是盡可能地蹲低身體，然後伺機向身體之一側傾跌，以達到安全跌倒的效果，從而使滑雪板停止下來。

五、滑雪盆

初學者最好是在平地滑雪比較安全，若是沒有把握或是年齡還小，則可以選擇替代活動——滑雪盆來代替，遊客坐在滑雪盆由中

高處順坡溜下，最後撞在低處的一排廢輪胎牆上，絕對安全，也有雪地奔馳的快感。

六、滑雪道

一般以其難易的程度來分級，愈是困難的滑雪道坡度愈陡，危險性也相對增高，除非是經驗豐富的老手，一般人不宜貿然嘗試。

七、警戒旗

滑雪道旁均插有紅色警戒旗，千萬不要超過紅旗，因為紅旗內的區域是經過安全人員每日檢查確定過的，所以安全無虞。但是紅旗外之區域則經常暗藏兇險，雪地表面上看起來可能平坦踏實，但是實則中有空隙，一不小心整個人都可能掉落山谷，非常危險。

八、虛擬實境

不會或不敢到滑坡道滑雪亦無妨，有些滑雪場附近設有虛擬實境之小型車廂型電影院，進入其中先繫上安全帶，然後在世界滑雪冠軍的帶領下，開始虛擬實境地體驗高速滑雪之刺激，隨著銀幕景物之變化，和配合得天衣無縫之故意搖晃，讓人視覺、觸覺體會到與真實高速滑雪一般的經驗與快感，除了孕婦、突發性疾病患者外，這是毫無危險的。

 ## 第六節　狩獵場之禮儀

台灣禁獵已經行之有年，老百姓早已被教育不可以虐殺或是狩獵動物，其著眼點在於避免影響島上數量本就不十分興旺的野生動

物，另一方面說來，也因其行為是不人道、不道德的。

一、遊獵

有些國家也和我國一樣，它們雖擁有相當數量之野生動物，但也是鼓勵百姓或遊客以攝影鏡頭來代替獵槍，以雙眼來代替追逐野獸飛禽的捕獸網，以瞭解、欣賞野生動物為樂，以致有所謂的"Live and let live!"之口號，也就是讓天生萬物共同生活在我們的地球上。

二、開放獵捕

但是在某些地方，如果任由野生動物自然繁衍下去，則勢必嚴重影響其本身族群和其他相關動物之生存，因此，不得不開放獵殺，以適度調整其整體之數目。還有一些鳥獸本來就是繁衍迅速者，只要不過度捕殺，其生存是無需顧慮的，也就會開放給民眾當作休閒娛樂項目之一。

還有的就是有些過渡性、季節性遷移的動物，如鮭魚、候鳥、馴鹿等，就算無人獵殺，也會自然死去。所以只要適度控制，是可以加以捕獵的，畢竟，我們人類的祖先本來就是由漁獵社會慢慢演變以至於今的。

三、遊獵場

前往森林、原野中展開遊獵之活動時，必須依該場地之相關規定，雖然有嚮導隨行，但是仍然有其危險性，所以一般在出發前一定會仔細講解「叢林法則」（Jungle Law），而且嚴格要求參加者必須確實遵守，不可兒戲。因為在森林之中，一個人的疏忽造成的危險，很可能是由所有人來共同承擔的。

四、適合服裝

　　服裝搭配以方便舒適爲原則，顏色儘量以接近大自然的顏色如深綠、黑色、深藍色、棕色爲佳，避免太過鮮豔、耀眼之顏色，如白色、大紅色、淺黃色等。因爲在原野、森林中，可能顯得非常刺眼而目標顯著，要知道，野生動物都有其生存之本能，不論捕食、避險，其視覺、嗅覺、聽覺多十分敏銳，所以只要有人們身著上述不得體的顏色，可能一天下來什麼動物都看不到，因爲野生動物早就躲得遠遠的了。

　　鞋子當然是穿休閒鞋、運動鞋較佳，至少若眞的遇到野獸來襲，也可以跑得快一點。另外，隨身的記憶卡、電池務必足夠，若是早上出發或是時值冬季，保暖之衣物更不可少，否則野生動物還沒看到就已經被凍僵了。

五、香水、古龍水

　　香水、古龍水及可能招蜂引蝶的有氣味化妝品，最好都別使用，原因和前述相同，並且眞的可能一路招蜂引蝶，只是招來的可能是兇悍的野蜂而不是蜜蜂！

六、禁忌

　　絕對禁聲，動物的耳朵比我們靈敏得太多了，一點聲響就會讓大夥的遊獵變成老是「見尾不見首」，只見竄逃入樹叢中野獸的背影，而搞不清楚到底是啥個東西。

　　禁飲（礦泉水無妨）、禁食、禁菸那更是不需贅言的。

▲野生動物保護區內，必須嚴守區內規定才不會發生危險。

七、不要落單

緊跟導遊之腳步，千萬不要一個人落單，除非你想當獅子等動物的晚餐，森林中完全沒有路標，若是脫隊或是迷路將非常危險，就算半途內急，也一定要在導遊許可以及大眾一同行動下方才保險。

若是不幸真的走失了，務必不要走遠，盡可能保存體力並設法保暖，這是求生的不二法門，當然還要設法故意留下明顯的人為標記，指出自己行走的方向，以利前來尋找者之判斷。此外，還要避免暴露自己，以免招致猛獸的攻擊。

八、忌拈花惹草

遊獵途中任何花草樹木最好都不要用手去接觸，因為一朵看起來美麗的小野花、一隻可愛的小昆蟲，均可能含有令人想不到的劇毒，就算不致喪失性命，但卻可能免不了手腫腳脹、發高燒、頭昏

眼花等，所以用鏡頭來留下紀錄還是比較保險的。

九、購買執照

　　打獵、釣魚、抓螃蟹、撿生蠔，一般都需要事先購買執照。執照上會說明你的合法數量是多少，例如說十美元的執照可以釣兩條魚、四隻螃蟹、八個生蠔等，在規定的季節中可以使用，若是沒有買執照則漁獲將可能會被沒收，在有些地區還會被罰鍰。

十、保育類動物

　　進行上述活動必須先瞭解相關保育規定，哪一種魚、多大的尺寸才可以釣，若是種類不確定（可能仍是保育類）或尺寸太小，都必須放生，違者可能違法，那就不是花錢能了事的了。

十一、捕獵工具

　　有些捕獵甚至規定捕獵工具，譬如說有一年美國佛羅里達州的短吻鱷繁衍過盛，州政府宣布開放獵捕，但是不准用槍械，只可用刀棍繩網類，以免鱷魚大量死亡。

十二、合法打獵

　　在非洲的某些國家是可以合法打獵的，但也是先由政府公布，何種動物可以獵，何種為保育類，有些雖非保育類，但是雌性和幼獸也在禁獵之列，以免絕跡。

　　而每一種動物都有公定的標價，例如獅子一萬美元、水牛八千美元、瞪羚羊三千美元等，依據其數量之多寡來分級定價，作為政府之額外稅收。

出獵之前也要先選定槍械，因為獵物種類繁多，最好選擇適合的槍械以便臨場發揮最大的功效，如用打大象的獵槍來打牛角羚，就成了「殺雞用牛刀」了。

十三、狩獵前訓練

正式狩獵之前先會有兩項訓練，其一是槍械及射擊訓練，狩獵員會詳細告知槍械之特性以及使用方式，之後是實彈射擊，上場之前總得把槍法練好吧！

另外就是動物特性說明。每一種動物之生活習性如何、可能出沒的地區、有無危險性、如何攻擊來犯者等，都做完整之說明，以免臨場慌亂下發生意外。

追蹤到目標動物之後，狩獵員會設法取得最佳狩獵位置。一般都是隱蔽良好而且位處下風處。出槍射擊時嚮導也會在一旁持槍警戒，一旦客人失手時可以補上一槍，以免又得重新帶著客人追蹤半天，當然事後對外宣布一定是在客人準確的槍法下獵到的。

持槍警戒的另一目的則是，萬一動物中槍但只是受傷而未死亡時，是非常危險的，往往會奮不顧身拚命，不但不轉身逃走，反而會衝了過來，此時冷靜的一槍就是生命的保障了。

十四、製成標本

獵殺動物後，一般人都只要虛榮，也就是將獵物製成標本，放在書房中炫耀朋儕。這點狩獵場都是一貫作業，由解剖動物到製成標本，船運或空運送達都是效率極佳的，當然費用也就不低了。

十五、遵守命令

在獵捕過程中緊張而刺激，為避免驚擾到動物，訊息是用手勢

來傳達的，如前進、停止、臥倒等。此時必須完全遵守其命令，否則可能招致危險上身。在射擊時也必須冷靜判斷是否眞是自己的目標動物後，再決定是否開槍，急忙出槍常常會造成失誤，打錯了動物還好辦，若是把人當成獵物，那事情就鬧大了（這是經常發生的事，有些肇因魯莽的獵手，有些則是因躲在草叢中準備打獵的人未依規定做好識別規定，被後面的人誤認爲獵物）。

十六、關起車窗

坐車遊獵時必須關起車窗以免被野獸攻擊，若遇狒狒等動物乞食時，也不可開車窗餵食，一來危險，二來文明食物對動物本身並不妥。

十七、不可下車照相

千萬不可下車照相，否則有可能遭受猛獸迅速且無聲息的攻擊。

還記得多年以前我國兩位年輕朋友在南非野生動物保護區內不幸的遭遇嗎？其出事的原因就是行車時遇見獅群，興奮之餘便下車以獅群爲背景照張紀念照，但是照片還沒照完事情就發生了。傷心的母親，以極低的價格賣掉了出事的汽車，默默離開了剛剛才移民的國家，隻身返回了台灣。

森林驚魂記

　　在尼泊爾有一種刺激又新鮮的探險方式，出發時間多選在清晨或是黃昏野生動物出現頻率較高時，眾人分乘大象，浩浩蕩蕩地出發，深入叢林中追逐野獸。若追到大型動物如犀牛、老虎、狗熊時，為首的象夫會指揮其他象夫採包圍方式，將動物困在包圍圈內，讓旅客拍照，才將動物放走。

　　在象背上搖擺前行，一方面居高臨下可欣賞森林的景觀；另一方面若遇到猛獸時會被猛獸當作大象看待，所以安全無虞。不過在出發前任何營地都會有下列的規定：

1.不可搽香水，以免招蜂引蝶。

2.不可穿鮮紅、黃、白等刺激性顏色的衣服。

3.必須穿長褲、長袖外衣以免被樹枝刮傷。

4.必須保持絕對的安靜，否則動物都被驚嚇跑了。

5.若有物品掉落地面，須立刻告知象夫指揮大象以象鼻撿起，不可自行下地尋找。

　　另外，以徒步的方式進入森林之中，跟著動物的足跡，追蹤野獸，巡獵員可單憑腳印的形狀、大小、新鮮程度，告訴你是什麼動物、公或母的、幾歲、身高以及身長等相關訊息，所用的工具只是路邊唾手可得的茅草。

　　在正式進入森林之前，巡獵員會先將大家集合，逐一說明森林法則：

1.絕對保持安靜。

2.成一路縱隊前進，不可停留，也不可擅入草叢中。

3.嚴禁丟垃圾及菸蒂。

在森林中有許多動物自然生長，我們不知牠們的位置及出現時間，所以極有可能意外地與之相遇。一般草食動物如梅花鹿或恆河猴、孔雀等沒有攻擊性的還好，但若遇到犀牛、熊或是老虎，則必須事前告知大家一些方法，心中有點概念以免臨時慌亂、措手不及釀成意外。

1.熊：一般與熊相遇時多是在牠們嚼樹根時，此時所有人必須保持安靜待其離去，若是一直不離去，又有攻擊的前兆時，則大家必須一起盡可能地大聲叫喊，或是頓足，用木棍敲打樹幹等將牠嚇走。

2.犀牛：犀牛平時並不會攻擊人類，但身旁有小犀牛的母犀則變得相當具有攻擊性，應付之道為：

　(1)躲在樹木之後，讓牠以為你是樹木的一部分（因犀牛是近視眼視力不佳）。

　(2)如果犀牛衝過來時，找棵較大的樹爬上去（樹木粗細以不易被犀牛撞斷為原則）。

　(3)如果身邊沒有樹木可供躲藏或攀爬時，則必須以 S 型迂迴逃跑（犀牛一般只會橫衝直撞，不太會轉彎）。

3.老虎：老虎屬夜行動物，一般在白天不易見其行蹤，若「有幸」相遇，只有一種方法：跪下來向上帝禱告，希望上帝來得及救你！

有一次我在尼泊爾奇旺地區展開一次午後森林徒步探

險，出發之前，大家也都依照巡獵員的規定穿著，並依規定前進，途中看到了孔雀、野鹿、犀鳥、恆河猴等動物，也看到了殺樹藤、舞草（一種會無風自舞的罕見植物）等植物。

在該看到的都已看到，而時間也差不多的情形下，巡獵員帶領大家打道回營。就在離營地只有二十分鐘的小徑上，大家正魚貫前行，突見為首的巡獵員高舉右手，示意隊伍停止前進，還表示前面不遠處有狀況發生。我趨前觀察，只見一隻相當巨大的公犀牛，正擋在小徑當中悠哉地吃著野草。

一般情形，犀牛不太會久留，所以商議，大家就靜靜地等牠自行離去，但等了十分鐘左右仍然沒有離去的跡象，巡獵員只好帶領隊伍繞道而行。不料我們繞到另一條小徑時，又見剛才那隻犀牛站在路當中吃草，於是我們只得再等，又等了十分鐘，牠還是沒有離去的意思，這時天色已漸暗，再不回營只有更加危險，所以巡獵員決定冒險「驅離」犀牛。

他們有的拿石頭、有的拿樹塊，躡手躡腳向前潛行接近目標，然後，一起將手中之物丟向犀牛，不料犀牛不但沒被嚇跑，反而被石塊等激怒，憤而轉身對我們衝了過來，這時大夥仍不明就裡地在後面等待，只見三位巡獵員沒命地往回跑，後方十公尺處緊跟著一隻龐大的犀牛，巡獵員一面跑，一面大聲叫喊："RUN！RUN！"大夥一看此情景，驚嚇之餘拔腳就跑，一時之間眾人向四面八方狂奔做鳥獸散，並不時傳來尖叫聲──沒有一人依照出發前說過的避險方式，包括三名巡獵員在內！

第七節 溫泉之禮儀

　　台灣位於火山帶，故火山地形相當多，地熱、溫泉可以說是處處可見，國人也早已對溫泉浴習以為常，有不少人甚至是從小洗溫泉洗到大的，溫泉養身保健之好處不待贅言，現僅將洗溫泉時之注意事項說明於下：

一、溫泉禁忌

1.空腹、飯後一小時以內、飲酒後，均不適合浸泡溫泉，可能會因此引發身體之不適應症。若有此情形應立即離開浴池休息。

2.心臟病、高血壓、氣喘病等突發性疾病患者必須遵從醫師之指示泡溫泉浴，最好與他人一同入浴，在身體不適時可有人協助處理。

▲日本著名之溫泉區──地獄海。

3.孕婦、年老體衰、重病後、手術過後者，也須先徵詢醫師之同意以及指示再行溫泉浴。

4.某些皮膚病患者、皮膚有較大傷口者也儘量不要泡溫泉，最好先問醫師，以免引起反效果，造成皮膚病之惡化。

二、泡溫泉注意事項

1.入池前必須先將身體沖洗乾淨，泡溫泉與洗澡是不一樣的，尤其是在公共浴池，身體若不洗乾淨就入池是會惹人厭惡的。

2.有些浴池禁止穿任何衣物，泳裝亦不例外，有些更嚴格到甚至毛巾都不准入池。

3.若屬全裸公共浴池，請以自然眼光以及動作沐浴，不要窺視他人身體或是忸怩作態，如此舉動反而會引起他人之側目，事實上，溫泉浴是一件極其自然又健康之事。

4.池內不可飲食，亦不可吸菸，國內某些同胞粗魯、不自愛的行為是不可帶到國外去的。

5.避免喧囂、嬉鬧、惹人反感，也不要在池中打水仗，干擾到其他泡泉者。

6.若有垃圾產生，請於浸泡完畢後一併帶離現場，或是投入垃圾桶中，若有浴場公共使用之用具，也請用完歸還原位，方便下一位使用者。

7.入池前先以手腳測試水溫，避免猛然入池，入池方式也以逐漸深入為妥，若覺壓力太大，可以減少身體浸泡部分。

8.首次浸泡以五分鐘以內為佳，讓身體調整適應後，再度入池可以延長至十五分鐘左右，如此反覆進行是最佳的浸泡方式，其間若覺身體不適應立即離池。

9.室內溫泉應注意通風是否良好，密閉空間內長時間泡溫泉常
　會造成休克等意外事件。

10.室外溫泉若屬小池型，一池最多能容納六、七人，因此若有
　他人在旁等待時，也請輪流使用，使人人都有機會享受。

11.室外溫泉必須穿衣，不要穿著T恤、休閒短褲等入池，泳裝
　是最合適的，拖鞋也以海灘鞋或戶外拖鞋為原則，室內之薄
　底拖鞋以及飛機上免費贈送的紙拖鞋是不宜穿去室外的。

12.女士之頭髮宜先綁紮整齊，以免在池中披頭散髮不太雅觀。

第八節　介紹展示場地之禮儀

在國外參觀某一觀光地區，如國家公園、太空中心、紀念館
等，在參觀開始前多會由主辦單位先安排一段簡短的影片和幻燈片
介紹，讓來自世界各地的遊客，能先對之後要參觀的事物有一些初
步瞭解，以便在參觀時得到更深刻及完整的印象，在聆聽簡報及觀
賞影片時，有些事必須遵守：

1.主持人在介紹時，請和大家一樣安靜地聽講解，就算聽不懂
　英文，也應禮貌地靜待其敘述完畢。

2.在某些國家如加拿大，是採用英法雙語制的，所以有不少場
　地耳機上會有英、法語不同之按鈕，如果是按在法語上的可
　以調回英語，當然若你的法語和英語一樣棒或是一樣爛，則
　可不必調。

3.有些比較先進的場地會用3D立體電影介紹，但須戴上特殊的
　3D眼鏡才看得到。看完影片在出口處會有集中回收處，請自
　動繳回，不要私自帶出場外。有些地方會提供專用耳機，可

▲對主持人應表注意及尊重。

以在參觀時自動以無線或有線方式解說你所看見的不同展示品，有如私人導遊一般，在出口處也請不要忘記主動繳回。

4.拍照、錄影在各地規定不一，有些規定許可拍照但禁用閃光燈，有些則根本禁止拍照，事前先詢問是最好的方式。

5.在一些非營利性的展覽地方，館方會希望遊客能夠惠賜一些贊助費，多寡不拘，以利該地之維護與管理。不要視而不見或假裝不識英文，多少捐一點，盡一份力吧！

6.座位一般不嚴格規定，但先入場者最好儘量集中坐在一起，以方便後進者之就座，可節省大家等待的時間。

7.如果是乘坐園區專車巡迴介紹者，請在每一站介紹完後回到自己首次坐車時之位置，最好不要任意換座位，否則客滿時會如「大風吹」一般，總是有人找不到座位的，在列車開動時，工作人員會先提醒大家這一點。

8.乘坐列車時注意手腳之放置，避免姿勢太大而影響他人。列車長在行進中會解說沿途景物，或和大家開開小玩笑。有時也會要求大家一起做動作，此時不妨從眾，放下身段同樂

一下也是滿愉快的，例如說在環球影城列車經過「摩西過紅海」時，列車長會故意滿臉憂愁地詢問大家：「前有大海，如何是好？OK！讓我們一起喊：Break the Waters!海水分開！」……經過「大金剛」區時會假裝害怕大金剛左右搖晃列車而驚叫連連，此時也不妨儘量裝恐懼吧！滿有趣的。

9.也有以一長列小型視窗來投影介紹的，一站接一站，旅客必須也依序一站一站地看，此時就算對某些站特別有興趣也請依序前進，不要一直站著不走，否則後面的人也會被堵住無法前進。

第九節　參觀博物館之禮儀

　　博物館、美術館、展覽館是在國外旅行時經常造訪的地方，除了可以提供我們精神上的享受、情感上的慰藉外，也豐富了我們許多相關的常識與知識。以下為一些約定俗成的規定：

一、禁菸、禁食、禁飲

　　全館禁菸、禁食、禁飲以保持參觀場地之整潔，一方面可以保護珍貴的收藏品，另一方面則提供參觀者一個舒適安寧的環境，得以盡情取其所好。

二、禁用閃光燈

　　幾乎所有博物館都禁用閃光燈，這是為了保護這些脆弱的藝術品以及古物。試想一件精彩的油畫在一天幾百甚至幾千次的強力閃光燈閃爍下，能夠保持原來的色澤多久？

有些館則是任何照相機或攝影機都禁用的，這是爲了防止複製品充斥市場，有些善於仿造的非法集團，專門設法取得原件資料後再仿製出售牟利，造成社會上許多混亂與爭執，而此種混亂，可能一直延續好幾十年甚至上百年還是紛紛擾擾，國內最近發生的名作眞僞官司就是這麼來的。

三、禁止觸摸

一般嚴禁以手觸摸藝術品或古物，其目的也是同出一轍，就是預防損毀。

除了少數落後地區國家如高棉、印度等外，展出的物品一定是保護完善、控管嚴密，深怕有任何意外發生。

巴黎羅浮宮名畫《蒙娜麗莎的微笑》就是非常出名的例子，肇因於多年以前曾被館內工人輕易偷出圖售，最後幾經波折方才完璧歸趙。又有一次有一名精神有問題之男子竟然宣稱將不利該名畫，擬以畫揚名，此一消息使得館方大爲緊張，不但立即加裝了防彈玻璃，而且派遣專任警衛立於其旁，目光炯炯、全神監控，有如竊賊環伺一般。其他著名的例子還有聖彼得大教堂內，米開朗基羅的雕塑品《聖母哀子像》，竟被一名精神病患者用鐵鎚打斷了手臂，這也是現在其四周防彈玻璃圍幕的由來。

四、歡迎動手

有些展覽館則以讓參觀者親自動手試用爲著名，如慕尼黑的「德意志科技博物館」，館內有許多儀器都歡迎遊客動手試試看，以讓人完全瞭解機械的運作過程，達到教育百姓、啓發心智之目的。

五、背包等物品

進場時，大型背包、雨傘等一律得留在館外，這是怕身上的東西在走動時有可能碰倒展覽物品，或是刮傷了藝術品，那就無從補救了。

六、禁止在館內解說

有些美術館爲了提供最佳的欣賞環境，是不准在館內解說畫作的，試想如果一群群、一隊隊川流不息的遊客，在導遊的高聲解說下，不把美術館變成菜市場才怪！所以如阿姆斯特丹的「梵谷美術館」就有上述的嚴格規定，以讓大家都能平心靜氣地凝神欣賞此一不世出的繪畫奇才震撼心靈的感人作品。

七、錄音機導覽

如果眞的需要聽導覽，很簡單，只要在入場時租一副導覽隨身聽即可。好處是聽得不清楚，可以再聽一遍、兩遍，直到完全瞭解爲止。幾乎在每一幅著名的作品前，均可以無線接收事先預錄好的說明，而且有英、法、西、德、日等國的語言選擇，只可惜還沒有中文的。

八、閉館

每日閉館前約一小時即停止售票，禁止參觀者入場，此時是只准出不准進，以利閉館作業，所以儘量早一點到場，以免趕了半天卻吃閉門羹。

九、休館日

每館之休館日不同，但大多數是每週一休館（也有週二休館的）。週日可能只開放半天，有些非常受歡迎的博物館則規定團體必須預約，否則不准入場，以控制每日的入場人數。

十、免排隊之類的特別待遇

殘障人士或身體虛弱者可以享受不用排隊的優惠，不但免排隊（有些地方一排就要排一至二個小時），館方更提供輪椅、電動車等之服務，對於社會上弱勢的一群可以說是禮遇並照顧有加。

有一次在羅浮宮看見古希臘室中有一位盲胞在警衛的指導下，用手撫摸展示的古希臘雕像，事後瞭解才知道這是館方對盲胞獨惠的方式。因為他們來此既然「視而不見」，以手代眼則是欣賞藝術品的唯一選擇了。

十一、聯營票

喜歡參觀博物館、美術館的人大概都知道，有不少館有所謂的聯營票，可能只需花三張門票加起來的費用就可以看遍六個不同的博物館或是美術館。比起每次到場都要排半天隊去買票，不但省錢而且省時，購買此票是一個很好的方法。

第十節　音樂劇院及歌劇院之禮儀

歐洲諸國與北美國家的日常生活中，百姓的文藝活動非常頻繁。而各式各樣的藝文活動中又以歌劇、音樂劇、舞台劇和芭蕾舞

劇表演最受大眾歡迎。有些戲劇由於深受喜愛，一演就是好幾年，甚至好幾十年，不但觀眾不斷更換，演員也是一代一代的交替，有些劇的前代演員早已作古多年，戲劇卻仍然在上演，而且還一票難求，西方世界對戲劇的深愛是我們不易瞭解的。

還有一些戲劇在停演多年之後，又復活了起來，重新編導、配舞、配樂，再度搬上舞台。1999年筆者曾在加拿大的維多利亞市皇家劇院內欣賞一齣音樂名劇《歌舞船》（*Show Boat*），內容敘述昔時美國密西西比河上一艘名叫「歌舞船」所發生的相關故事。一看該劇首映時間，竟然是1912年，距今已九十餘年了，但演出時一樣是座無虛席，一張票平均高達新台幣一千五百元。

觀劇者全家出動者有之，夫婦相伴者則占大部分，那時我心中曾有一種疑惑，爲何在我國就沒有出現過如此大眾化又能歷久不衰的藝文表演節目呢？

在西方世界觀劇，不但是前赴一場藝術的饗宴，而且也是社交上重要的一環，每當開演前或是中場休息時間，均可以看見觀眾頻頻探頭探腦地四處張望，試圖尋找親朋好友，以便等一會兒可閒話家常。

所以一到中場休息時間，只見眾人均不約而同走向休息大廳，或上洗手間，或喝一點飲料、吸根菸等，當然若能在大廳中發現友人，則是再棒不過的事了，不但顯示出自己的格調水準，也可以自然地展開社交活動。有一點必須說明的是，一般西洋人不興「串門子」這一套，沒事找人聊天、閒嗑牙是不太禮貌甚至會碰釘子的，所以必須利用大家都能接受的場合來社交一番。

一、服裝

既然是社交場合，服裝打扮自然不能馬虎，男士西裝領帶是標

準制服，外加擦得雪亮的皮鞋和梳理整潔的頭髮。

女士們則是豪華套裝、長裙、小禮服，外加披肩、皮包，再加上刻意搭配的高跟鞋，閃閃發光的項鍊、耳環、手鐲、戒指等，把人裝扮得燦爛耀眼。

二、戲票

戲票的購買也是一門學問，西洋人一向有提早購票的習慣。

一般戲劇，只要是還算知名的，大約在半年前即已賣得差不多了，剩下的只是位置較差的或是票價太貴的。而當紅當紫的戲劇早在一年前就給訂位一空，剩下少數的戲票是故意保留下來以備不時之需，例如說某些政府首長或是重要人物的臨時造訪，而若是在開演前確定沒有 VIP 會來時，劇院常會以平價賣出。

有一次筆者在雪梨欣賞韋伯的《貓》劇，趕到劇院時只剩十分鐘便要開演，待我衝到售票處時居然以中等價買到一張位置極佳的座位，領位人員帶我進場，坐定了之後，方才發現是在正中央近前排的位子，而且整排位子只有我獨坐，其他位子全是空著的，而整個劇院除了我這一排，全是座無虛席、高朋滿座的。

在購票時不論是在購票中心買還是到劇院買，售票員一定會出示座位分布圖，告訴你舞台、走道、柱子的位置，然後依據你的意願劃位付錢，登記姓名發給收據，在演出當日開演前一小時，可以到劇院櫃檯憑收據換取正式戲票，然後依照自己的座位入座。

三、退票

買票之後是可以退票的，不過有一定的限制。在演出前的日期是可以退票，但必須扣除若干手續費，如果是臨時有事，則只有自動放棄了。

不過還有一招可以不必損失金錢，說不定還可以賺一筆呢！那就是黃牛票。在較受歡迎的劇場外常可見有人一手執票一面攬客，這是一個想看戲卻買不到票的向隅者最後機會，如果位子還不錯是不難加價售出的，有些搶手的戲劇，甚至可以加碼到一倍以上。

四、黃牛票

購買黃牛票時必須注意是否是當日的票，以免不肖黃牛以過期票充數。另一點則是座位是否相鄰，有可能買了兩張票卻是天南地北的各據一方。

五、進場

演出前三十分鐘開放進場，此時應先將厚重衣物托寄、付費、拿取號碼牌。因為劇院的座位一般並不寬，若坐下後又拿著衣物，會妨礙其他觀眾通過你的座位。

進場後請將行動電話關機或改為振動式，以免震驚正凝神欣賞的全場觀眾，並影響台上演員的表演情緒，令人厭惡。

六、表演開始

表演開始大門立即關閉，以免影響場內觀眾欣賞表演，遲到者仍然還有一次機會入場，那就是在序曲演奏完畢而須換景之空檔。再遲來者就只有等中場休息了，所以看在鈔票的份上，不要遲到吧！

七、包廂

某些仍有皇室的國家，會保留一些座位或是包廂供皇室使用，即使沒有皇室的成員前來觀劇，也不會讓其他平民使用，這是對皇

室的一種尊重。當然也有些達人巨富會以包年的方式包下某一間視野較佳之包廂，以方便招待貴賓。來去自如且無需再買票。

如果有幸遇上皇室人員蒞臨，全場觀眾一定會起立致敬，鼓掌歡迎，樂隊也會適時奏出皇家崇戎樂以迎嘉賓。待皇家人員揮手答禮後，全場才會陸續坐定，表演也才會開始。不過據說等待皇室駕臨也常是表演延遲開始的主要原因。

而皇室除了有保留位外，還有專屬的中場休息室，以免和其他凡夫俗子混在一起，有失其皇家之身分。

八、鼓掌

較少看劇的人常會困惑，何時才可鼓掌，何時才應鼓掌？

一般來說，歌劇、音樂劇的規矩較嚴，通常是在每一景（scene）演完後才報以掌聲。因為在演出途中若是有人擊掌稱讚，一來會打斷表演之連續性，再來會影響其他現場之觀眾。但是也有例外，就是演員在唱完了某一名曲而又表現得唱作俱佳、餘音繞梁時，觀眾也會發乎至情地直接以熱烈的掌聲表達激賞。

舞台劇則限制比較少，這是因為由古希臘、古羅馬以至莎士比亞，舞台劇本以娛樂觀眾、感動觀眾為主，所以常常戲劇是與台下觀眾互動的，有些戲劇甚至把觀眾席也視為舞台之延伸，因此，演出時經常可見台上台下打成一片。

若是喜劇，更常有台上、台下互相對話的情形，而在這種時候掌聲是沒有什麼限制的。

九、謝幕

表演結束後，當最後一句台詞說完、最後一個動作演完，台幕會漸落，而後觀眾掌聲響起。沒有一會兒，全場燈光大放光明，台

幕又再升起，此時依照演員在劇中扮演的角色與戲分，由輕而重，由配角而至主角，逐一攜手出場接受觀眾的歡呼與熱烈的掌聲。最後出場的是男女主角，他們的戲分最重，整齣戲的演出成功與否，與他們的臨場表演水準關係至深，所以掌聲也是主要為其而響。

表演若是成功，不但觀眾如癡如醉，起立鼓掌久久無法停止，演員們出場接受歡呼時也個個神采奕奕，笑容甜美，向觀眾鞠躬答禮的姿態亦極為優雅好看，最後待女主角出場後會與全體演員在舞台上一字排開，再度向觀眾一起鞠躬致謝，然後一起伸手指向台下伴奏的樂團，而樂團指揮亦會向觀眾起身答禮，其他樂團團員則以敲打手中樂器的方式致意，場面溫馨且熱烈。

謝幕有時不只一次，若表演很成功時，有時會謝幕兩次、三次甚至五次。當第一次幕落時若掌聲已稀，則不再謝幕，但若掌聲仍熾，則幕剛剛落地而又升起，男女主角與眾演員此時仍然站在台上再次向觀眾鞠躬答禮，如此一而再、再而三。而謝幕次數的多寡也是演出成功程度的指標，如電影影評人評論電影時用一星級、兩星級相同意義。

十、觀劇望遠鏡

座位旁有些設有觀劇望遠鏡，一般只要投幣即可取下使用。

這是因為舞台距離較遠時，觀眾想要看仔細演員的表情所用。用完後放在座椅上即可，但是不可帶回家中當紀念品，因為那是劇院的財產。

十一、錄音和錄影

幾乎所有劇院都有明文規定，場內嚴禁拍照、錄音、錄影，若是違反規定，其後果非常嚴重。這項禁令肇因於避免干擾演員之現

場演出情緒，與智慧財產權之維護，要知道編排一齣劇必須耗費許多人的心力方可成其事，所以防範極嚴，深怕有人翻錄、抄襲，或是看過影片後就不願再花錢去現場看表演，影響劇院之收益。

十二、帶位員

遇有工作人員帶位時，一般會給一點小費表達謝意，若座位在中間，必須經過他人時，也一律側身背對舞台方式通過才是禮貌，經過時必須不斷喃喃："Excuse me!" 以示歉意。

第十一節　夜總會、舞會之禮儀

一、夜總會之禮儀

歐美人在工作之餘，常利用晚上的時光好好放鬆自己享受一下，除了在酒吧小酌、迪斯可舞廳狂舞、偶爾看場電影外，遇有特別的日子則喜歡前往夜總會逍遙一晚，喝喝香檳、跳跳舞、欣賞欣賞精彩的歌舞表演等。

(一)夜總會服裝

男士仍應是西裝革履，但是可以搭配較花俏的領帶和絲質襯衫等，讓自己看來比上班時亮麗、時髦些。

女士則盛裝打扮，有人說「夜晚是屬於女人的」，沒錯，一般上班族婦女，在晚上的打扮可以和白天上班時的裝扮判若兩人，不但彩妝濃了，香水也更具誘惑力了，髮型做了很大的變化，搭配的首飾、皮包也完全不一樣，再加上艷麗的華服，足以讓人眼睛為之一亮。

不但如此，夜晚的女士，連說話的聲調、舉手投足之間、言談謔笑之際，也顯得嬌媚了許多，變化之大，常讓熟識的男士也為之驚訝而神往。

(二)夜總會的位置

一般來說，愈靠近舞台的位子愈是價昂，除了跳舞時進出舞池較方便外，當藝人表演時，也可以因較佳之視野而仔細欣賞、盡興。

有些夜總會其座位的遠近是以價位區分外，進場時小費給的多寡也可能具有影響力，畢竟，服務人員常視小費為他們重要的收入，出手大方的客人總是能獲得較佳的服務。

(三)服務

有些不明就裡的客人，在座位上苦等服務人員開酒、加冰加水時，就是等不到人；聰明一點的，只要把手中的小費伸手一揚，眼尖的服務生保證馬上趕到，笑臉迎賓立刻服務，別說他們現實，歡樂場所本來就是一個小費的世界。

(四)禁止拍照、錄影、錄音

夜總會一般不准拍照、錄影、錄音，拍照必須由場內專門人員替你拍（拍立得），拍完後當場銀貨兩訖，但是照得不好可以不買。

販賣部多有販售製作好的錄影帶和音樂錄音帶、CD等，可以供客人買回當紀念品。在購買錄影帶時務必購買標有NTSC標記者，或印有美國國旗者，否則返台將無法直接播放，必須再請人翻錄，所費不貲，划不來的。

(五)視線被擋住時

欣賞表演時，若前面之人擋住視線，可在開始表演後移動座

椅，以取得較佳之欣賞角度，但是要注意不要擋住走道，妨礙他人通過。

若前桌確定不會有人使用時，也可以移往前座，但須讓本桌服務生知道，以免他們弄錯帳單。

(六)衣帽間

夜總會內多附設有衣帽間，但是仍然要收費，而且費用相當高，有些洗手間則有人待命服務，提供擦手毛巾等物，說穿了也是希望能拿點小費，不過這和衣帽間不同，是不勉強的。

二、舞會之禮儀

社交場合中舞會向來是不可或缺的一項活動，雖然目前社交上活動種類已經比以前多了許多，但是在國外社交中舞會仍是十分流行且受歡迎的。

參加舞會如屬用餐與跳舞一起者稱為Dinner Party。Dinner Party一般比較正式，無論是場合、服裝、舞步等都需相當注意。在聚會中也可以跳舞者稱為Dancing Party，此種舞會比較不拘形式，規模較小且人數較少，多半是私下好友相約聚會，順便跳舞歡娛一番，另外比較正式一點的就是Ball了，此為正式社交之一種，集酒會、餐會、舞會於一起，所有與會人員一律著正式禮服，珠光寶氣，極盡打扮與炫耀之能事，而且均是極早通知，準備周全的。

下列是有關正式舞會中之一些禮儀：

1.開舞。原則上是女主人與男主賓，男主人與女主賓一起共同開舞，一曲舞畢其他賓客才會陸續入場。如果沒有男主賓，則女主人可邀請年紀最大或是社會地位最高的男賓一起開舞，要不然就是男女主人一同開舞亦可。

2. 舞伴。一般女士前往正式舞會多會有舞伴同行，也就是護花使者，而舞伴的責任就是接送女伴，照顧女伴，與女伴共舞，至少在第一支與最後一支舞時必須與自己的女伴共舞，其他如陪同女伴聊天，幫忙拿取冷飲等均是舞伴的責任。若男方未攜伴時可以邀請在場之女士共舞，但是首先必須取得女方舞伴或是父母親之同意才可邀請。女士在男士邀請時禮貌上不應拒絕，如果感覺不好，則在下一次邀舞可以藉故如累了、要去洗手間等委婉拒絕之。

3. 有些舞會在途中會安排團體舞，如鴨子舞等以帶動氣氛增加歡娛，此時之燈光會大亮，音樂會轉換，負責示範帶動者也會登台。如果有此情形必須從眾共舞，不可以不加搭理自己仍然與舞伴共舞，如此將格格不入相當讓人側目。

4. 攜伴入舞池時，男伴應以手勢指引女伴前行入池，女先男後，待女士選定位置後再相擁共舞，不可以如國內男士帶領女士入場之情形。一支（或兩支）舞畢，除非女方有表示，否則男士應護送女伴返回原座位，並向其及其舞伴或父母親表示謝意。

5. 跳舞途中，在國外會有男子要求中途與自己女伴共舞之情形，男士此時應保持風度，把機會讓給別人，不可以強行護花不讓，使對方尷尬。也不可以稍後再上前將女伴搶回來，要知道這是社交場合，風度至為重要。

6. 如果主人宣布交換舞伴，這是社交場合中常使用之半強迫之方式達到社交目的之手段，自當從眾交換，不可堅持不換，讓主人不好安排。當然舞會之種類繁多，如生日舞會、結婚舞會、畢業舞會、家庭舞會等，應視其情穿著適當之服裝前往。

7. 如果有樂隊伴奏者，在每一階段演奏完後，無論男女應面向

樂隊鼓掌表示謝意。

第十二節　成人秀場、紅燈區之禮儀

一、成人秀場之禮儀

許多人擁有的共同經驗就是到國外的成人秀場看表演，這種秀場在國內是屬於非法的，所以不准在公開場合表演，但是據說在某些地方已轉入地下化經營。

成人秀場在國外大部分是合法的，不但是場地合法、演員合法，政府視之為稅收項目之一，秀場一樣要繳稅並接受政府的檢查管理，其限制大都是在場地方面而非在於表演項目。

(一)場地

場地之安全與清潔是第一要務，是否安全可以由其安全門之指示、消防器材數量等觀察之，現場之空氣與環境的清潔度也是指標，在購票之前有權可以先行進場觀察，再決定是否購票欣賞。

(二)入場後

入場後，國人有些會忸怩作態，訕訕竊笑，其實最好是落落大方，既來之則安之，試想如果有一群人一直指指點點、掩口竊笑，不是反而很奇怪嗎？

(三)禁止拍照、攝影

和其他地方一樣，這裡都是不准拍照、攝影的。不但是怕影響演員的表演情緒，恐怕也是擔心有人別有用心地把照片拿去賣給《花花公子》、《閣樓》之流吧？

(四)節目內容

　　表演節目內容各國不一，例如說美國只准單性表演而不准男女同台演出，其內容多是裸女表演鋼管舞或是在桌上表演煽情裸舞者，若有人手執小費，舞者也會前來特別表演一段以收小費。但是其規定是：只准舞者騷擾客人，不准客人騷擾舞者，若是動手動腳則必遭工作人員制止。歐洲國家如荷蘭、德國、丹麥等則開放得多了，除了男女均可同台表演外，內容也是真刀真槍讓有些人不敢直視，但有些場所會在大門口有明文告示，有些則會事先說明，尤其是女權高漲的國家更是謹慎小心。

(五)節目進行時

　　表演時鼓掌叫好、吹口哨、怪聲尖叫均無妨，就是不可以用手接觸演員，否則會被警告，甚至逐出場外。

　　有一次筆者在阿姆斯特丹的成人秀場陪同友人欣賞成人秀，有四名外國船員正坐在台前的第一排，其中一人不斷用手觸摸正在台上表演裸舞的女演員，立刻就有工作人員前去制止，可是那名船員似乎已有醉意，不太理會，仍然不時伸手戲弄。

　　中場休息時，只見一名身高超過二百公分的巨漢走向舞台，左手執一大木棍，右手把那名鬧事者由後衣領用力一提就提了起來，然後拖著他就往門外走，到了門口順手一扔就把他扔下了台階，其他三名同伴嚇得是噤若寒蟬，夾著尾巴扶起摔在地上的同伴，頭也不回地快步消失在人群中。

　　我出於好奇，向經理打探巨漢之來歷，方知他本是職業摔角選手，退休後才來此任安全人員，不過其工作不僅是保全，因為下一場開場時，我竟然看見方才這位天生神力者一絲不掛地在台上賣力地當起男主角了。

(六)年齡

成人秀場一樣有最低年齡限制，一般是以投票年齡作為分際，有投票權的人也就有進場權。

(七)台下表演

有些場地，演員會走下台來向觀眾做煽情表演，有些甚至會坐在觀眾的身上，如果怕被騷擾，可以儘量坐在後排就比較不會尷尬。有的國家如日本、泰國等，甚至會邀請台下觀眾上台同樂，以我國的道德標準來看，實在是太「禽獸」了一點。

二、紅燈區之禮儀

妓女，人類有史以來最古老的行業，似乎從來沒有消失過，國內、國外都是一樣，古代、現代沒有分別，形式或許不同，交易性質則同一模式。

既然是無法禁止的事情，與其讓它淪為地下化，四處為害、侵擾居民，倒不如劃地設限，既便於集中管理，也避免良家婦女走在街上還要無端地受到騷擾。

有些旅行團會入境隨俗，到紅燈區純觀光一番，有些事項宜先有心理準備：

1. 紅燈區原則上是不准對妓女攝影，這倒不是法律的規定，而是出於妓女們的反對，她們可不願觀光客把她們當成動物園裡的動物般肆意拍照，有損其尊嚴。
2. 特種女郎不准裸露身體，最少也得穿一件比基尼泳裝，但有時女郎見警察不在場時，亦有偷偷露點以攬客的情形發生。
3. 觀光客至歐洲大都在晚上會集體「參觀」紅燈區，但是不要指指點點、掩口竊笑，不太禮貌。有些區域是不准女性進入

的，女士最好別硬闖，以免遭到羞辱，而且是來自妓女的羞辱，更是令人十分不堪。

4.紅燈區之名來自各個妓女戶門口均有一盞紅燈，紅燈亮起，窗簾拉上，表示正有尋芳客在尋歡作樂，否則可見女郎頻向過往男客送秋波，希望能吸引顧客上門。也有些舞步輕盈不斷隨著音樂的節拍擺動身體，也有的淺吟低唱顧盼自得。

5.紅燈區一般是龍蛇雜處之地，毒販、扒手、吉普賽人充斥，有些還有酒鬼加上乞丐，直如電影上所見場景，甚至還更加精彩，所以注意自己的荷包以免遭殃。還有人前來兜售非法物品，應即離去，避免因好奇而不易脫身。另外在此地換黑市美金也是相當危險的，最好莫為之。

6.紅燈區附近可能有不少的情趣商店，販賣成人用的情趣商品，可以入內參觀無妨，增長一點見聞，但是依我國法律，其中商品大多數是違法的，若購返國內，可能會遭海關沒收，最好考慮清楚。

7.若遇阻街女郎搭訕，最好是謝謝她的好意即離去，若心存吃豆腐或好奇心，亦可能遭其無禮之回應，甚至在無警覺心的情況下慘遭設計洗劫。

8.在拉斯維加斯常可見女郎開著敞篷跑車沿路攬客，如雙方合意，則上女郎之香車奔向他方，不過經常傳出豔遇不成反遭乾洗之事，夏威夷著名的威基基海灘在傍晚時，類似的傳聞也是屢聞不鮮。

第十三節　賭場之禮儀

自人類有歷史以來，似乎就與賭脫不了關係，低層社會有低層

的賭法，高級人士有所謂的文明賭規，呼盧喝雉奮力一博，有的人奢望能一夕致富，或是至少發點小財，有些則純粹是喜歡沉浸在刺激、興奮的氣氛當中，與眾人一同沉醉一下紙醉金迷的感覺，至於結果，贏了最好，輸了也無所謂，真正所謂調劑調劑生活罷了。

一、年齡限制

所有賭場均有嚴格的年齡限制，保全人員有所懷疑時，會要求客人提出身分證明，無法提出或是低於法定年齡者，一律請出場外毫不通融。因為這是法律所規定，必須嚴格執行。

東方女性外貌看起來遠比西方女士來得年輕，所以大部分都有被懷疑未足齡的經驗，雖然心中樂滋滋，但是若忘了帶護照，仍然是會吃閉門羹的，所以護照要隨身攜帶才是。

二、服裝整齊

賭場一般不准服裝不整、嗑藥、酒醉者進入。歐洲賭場規定嚴格，必須著襯衫、領帶才算合格，若沒有帶也可以用租的，不過租金一般都不便宜。美洲賭場則規定較鬆，如拉斯維加斯和加拿大的賭場，但是拖鞋、背心、短褲以及太暴露者，還是會被要求更衣或是以外套遮掩，方得以進入。

三、會員制

有些賭場採會員制，只有會員才可以進場，但是為了方便觀光客，所以有一種「一日會員」的折衷方法出現，既符合賭場之規定，又可多收一點入場費，一舉兩得，皆大歡喜。

四、保全

賭場保全措施非常嚴密，不但四處都是鏡子，連屋頂上也是反光鏡外加對準各個角落的錄影機，讓郎中、老千之流無所遁形。

五、發牌員

除了每桌的發牌員都是經過相當時日的嚴格訓練外，每幾桌就有一位責任主管，一旦發現在任何一桌的莊家、發牌員手氣不佳時，會立刻走馬換將，一方面倒倒客人的運，另一方面防止發牌員與客人串通詐財，因此可以說，賭場內所有人的一舉一動都在賭場的嚴密監控之中。

若有某人的賭運奇佳，沒多久一定會有幹部級以上的人物前來觀察瞭解，看看是否有任何問題，是不是有人動手腳或是出老千等。

六、玩牌時的規矩

客人在玩牌時也有一定的規矩，例如說玩二十一點時只能以一

▲賭場規矩多，勿明知故犯引起誤會。

手握牌（以免偷換牌）；輪盤下注時有下好離手之規定時間；玩吃角子老虎時不准拍打機器等，這些規定都是為了防止某些以賭為生之徒，藉機訛詐賭場的金錢。

小 檔 案

賭博奇聞

多年以前，我國曾經不斷地以農業技術團協助各開發中國家，一方面可幫助該國食糧方面自給自足，另一方面亦可促進彼此之邦交，一舉兩得，深得各受惠國之歡迎。

有一天，一位農技團團員在閒暇之餘，到市集閒逛，見到一群土人蹲在地上圍成一個圈圈不知在做什麼，受到好奇心的驅使，他自然上前一探究竟。

只見七、八個土人圍成一圈，每人面前的地上擺了一張鈔票，看起來似乎在賭博，但是每個人只是聚精會神地瞪大眼睛看著自己的鈔票，沒有任何動作，也沒有一個人說話，不知誰是莊家，也不知如何賭法。

過了一會兒，其中一人十分興奮地伸手拿起了所有的錢，其他人則一副懊惱的樣子，心不甘情不願地再掏出鈔票，重新擺在地上，仍不言不語，毫無動作，過了一會，又有其中一人「通吃」。

如此一連好幾次，這位團員怎麼看也看不出個道理來。最後實在忍不住，只好操著生硬的法語向其他圍觀的土人詢問，土人睜大眼睛看著他，很不解地說道：「這實在很簡單啊！只要看蒼蠅先停在誰的鈔票上面誰就通贏啊！」

七、賭場穩贏

事實上，如果依概率計算，賭場只要稍微占一點上風，其所獲之收益就足以令人震驚了。以拉斯維加斯為例，其賭場總收益當中，竟然是以兩毛五的吃角子老虎占其所有收入的最大宗，高達百分之七十以上，沒想到吧？小小兩毛五的角子，竟帶來天文數目的收入。其實原因很簡單，小錢人人都花得起，吃角子老虎又是最簡單的賭具，只要機器贏面稍大於賭客，一天二十四小時不斷喀喀作響的機器，自然賺進了令人難以相信的財富了。

八、小費

賭場中賭客的飲料一般多是免費供應的，有些甚至僱用衣著清涼的妙齡女郎提供服務。酒是免費供應沒錯，但是小費可不能少，給現金、籌碼均可，只要放在她拿的托盤中就是了。

工作人員在賭客贏錢時也希望客人能賞賜幾個籌碼，雖然他們是為賭場工作，但工作時一律公開而且公正，所以只能算是服務人員，不宜以賭博的對手視之。

第十四節 觀光洞穴及騎大象、駱駝、馬之禮儀

一、觀光洞穴之禮儀

洞穴內參觀活動多與奇岩怪石、特殊生態、風俗、藝術等相關。比較知名的如鐘乳石洞穴，在琉球、韓國、南非、美國華盛頓特區及桂林等都有，也多是一般遊客必至之地；其他如紐西蘭北島

之螢火蟲洞、印尼蘇拉威西之穴葬墓地等，也是名聞遐邇、不可錯過之地。

在洞穴中由於地形封閉，空間狹小，所以規定十分嚴格，一來可以保障入內參觀之安全與健康，另外也可以維持洞內之原來面貌，不致因過多的遊客破壞其面貌與生態。

(一)入內人數

多數洞穴都有人數管制規定，除了嚴格規定其內人數最高限制之外，有些另規定必須由受過訓練瞭解洞內地形之導遊人員來導覽，一方面安全無虞，另一方面可即時制止遊客的違規行為，如用閃光燈、動手觸摸等。

另有一些則規定一天參觀人數的上限，除了必須事先預約外，若是名額已滿則只能往隔日順延，這是為了怕太多的人製造了過多的二氧化碳以及廢氣，對洞內生態有不良之影響。

(二)禁制

洞穴內禁飲、禁食、禁菸是眾所皆知的規定事項，有些則禁止大聲說話，交談時用低音、耳語，連導遊在說明時也是盡可能放低音量，將驚擾程度降至最低，此外不可用手觸摸任何特殊的禁觸物，如鐘乳石、螢火蟲群聚地、壁畫、雕刻等，以免造成不可彌補的結果。當然，閃光燈也是完全禁止使用的。

(三)照明設備

洞穴內照明設備都是以維持最低照明要求而規劃的，若是視力不佳者則以自備手電筒幫助照明尋路為佳。洞穴內經常溼滑，所以除了宜穿平底休閒鞋外，移動步伐也要小心謹慎，以免滑倒。畫有紅色警戒線或是安全柵欄以外地區，千萬不可越過，否則後果難料。

(四)洗手間

　　洞穴內一般多無洗手間設備，所以若參觀時間較長，不妨在入內前於等候時就先行解決。例如攀爬埃及金字塔內時，由於塔內之走道當初的設計只是為了把法老王之棺木送往金字塔中央之用，而非提供後世觀光客參觀，所以不但坡度陡峭，而且都是單行道，既已攀登就不容回頭，必須要一直爬到放置棺木的石室內時方得迴身。往下爬回地表時也是一人接著一人，非常辛苦，洞中氣味五味雜陳，有熏人的汗臭味、體味，以及千年封閉產生的霉味，當然在其中是又溼又悶熱，所以不論任何人在爬完金字塔，站在洞穴口面對攝氏四十度的室外高溫時，都會如釋重負地嘆道：「真是清涼舒適啊！」

(五)通道狹窄

　　有些洞穴內的通道非常狹窄，穿越時除了須考慮個人之體型身材不可硬闖外，在穿越時要注意頭部以免碰壁。若是動作較緩慢之人，則請禮讓身手矯健之人先行。還有一些分支洞穴並無導遊率領導覽，可視時間、情況自由前訪，但是務必讓導遊知情，而且不要單獨前往。

(六)特殊疾病者不宜進入

　　有高血壓、心臟病、氣喘病等特殊疾病者，是可以進入某些洞穴內參觀的，但不宜深入，應視自己的身體狀況量力而為，否則萬一出問題，急救人員是不太容易迅速抵達的。

二、騎大象、駱駝、馬之禮儀

　　在野生動物保護區，由於並無正常道路，所以經常需用大象當作交通工具，而像沙漠、草原地區則有時會安排騎駱駝或馬，其中

該注意事項如下：

(一)騎大象

1.騎象時由於高度高，上下象背必須小心避免踩空、絆倒，也不可在象背上換座位。

2.不論男女均以雙腿分開卡住木柱方式乘坐最安全，否則在大象奔跑時有可能會由座位上溜下象背摔下地來。

3.相機、望遠鏡、帽子等必須繫掛好，若不慎掉落可請象夫命大象用象鼻撿起。

4.女士避搽香水以免招蜂引蝶揮趕不去，一路尾隨到底，十分討厭。

5.上下大象時較不方便，女性最好穿長褲，不但可以保護腿部，也比較方便，不宜穿著裙裝。

6.若有象架時，則上下比較沒問題，但沒有此設備時則必須用象頭上、象尾上等方式騎大象了，技術不好者，還需他人協助方可上得去。

7.象背上最好不要換座位，若真的要換也要通知象夫，先將大

▲騎大象時若有象架則方便許多。

象暫停，換好位置後再繼續前進。

(二)騎駱駝

1.騎駱駝時，蹲臥的駱駝起身時，會先向後傾斜然後再向前傾，所以上去以後先抓住駝鞍比較穩當。

2.駱駝會欺生，站在原地不走，此時最好通知駝夫威脅其就範，不要自己用韁繩驅趕之，否則可能招致駱駝的轉頭惡意地噴口沫對付。

3.駱駝奔走時比大象更不穩，所以相機、背包、太陽眼鏡都得保管好以免滑落。

4.騎完駱駝後，駝夫都會要求小費，此時可以告知下了駱駝後再給他，免得在駱駝上給過後嫌少，若不再給，駝夫又會故意不命令駱駝蹲下，以致無法下駝來。

(三)騎馬

1.騎馬比較簡單，但是避免上馬時還沒坐穩馬就走動，如此可

▲騎馬遊覽是一種十分特殊的旅遊經驗，但可別大意摔下馬來。

能摔下馬來。坐在馬上時須保持身體平衡，並不時調整重心以取得最佳騎乘姿勢。

2. 一般提供旅客騎的馬多是非常馴服的馬匹，只要學會幾個基本的口令和動作，如停止、前進，再學會用韁繩控制其左右轉等即已夠用，簡單易學，又可享受駕馭的快感。

第十五節　觀光旅行團之禮儀

由於國人的旅遊習慣、外語能力的限制，以及經費方面的考慮，觀光旅行團從開放觀光至今均是出國旅遊最普遍的方式。

既然參加的是旅行「團」，就有不少團隊行動的限制，也有團體生活的基本規定，其作用是在於讓團體中的每一分子都能相處得更和諧更融洽，以使旅程成為大家共同的美好回憶。

一、切勿遲到

遲到往往是團體氣氛不佳的一項重要因素，只要是一人遲到，必造成眾人陪著罰站的情形，如果領隊本身再無法處理解決，今天甲遲到，明天乙忘了集合時間，如此保證怨懟橫生，團中的氣氛一定好不起來。

原則上在集合前五分鐘最好就已在集合點附近了，而不是時間到了再猛向集合點衝鋒，如此不但易發生危險，而且也保證會遲到。大家都知道，遲到是有習慣性以及感染性的，所以只要團體中一有人有此惡習，必須立即要求其改進，否則為了眾人著想，必須訂下罰則以儆效尤。

二、尊重宣布者及導遊

無論在車上、船上、飛機上，只要有人在廣播說話，所有在場的人都必須暫停進行中之交談與動作，待說話完畢後再繼續暫停之活動。

在國外參觀時，若有當地導遊之導覽解說時，也必須比照遵循，若導遊人員口沫橫飛地盡力講解，團員卻在各說各話，各行其是，則導遊必定心生挫折，最後可能只是稍微解說就敷衍完事，如此不但對導遊是一種不尊重，對團員而言也是一種損失。所以必須養成習慣，只要有人開口，立刻停止手邊的活動，面向聲音來源處，側耳傾聽，表現出適度的尊重吧！

三、基本禮貌

不論是團員之間彼此相處，或是對服務人員，如駕駛員、行李員、房間服務人員，甚至對陌生人，都最好表現出友善與基本之禮貌，「請」、「謝謝」、「對不起」等用語常掛嘴邊，如此只會贏得他人之尊重與相對的禮貌回應。

四、財物

團員來自四面八方，背景各異，品性難測，因此個人之財物最好自行保管妥當，謹記財不露白，一方面不讓人有可乘之機，另一方面也避免誘人犯罪。

五、尊重私生活

我國已是一個非常開放的社會，所以個人行為只要不影響他人，都最好予以適度尊重，尤其是個人之私德。例如常有已婚男士攜女

友共同度假，或是未婚男女朋友同旅共遊時，都不宜投以異樣眼神，更不可話中帶刺或以言語暗諷，否則豈不成了三姑六婆之流？

六、個人清潔

由於是團體生活，所以必須注意個人之服裝儀容以及清潔衛生。服裝搭配、化妝打扮固然屬個人之習慣與水準不可強求，但是基本之整潔卻是可以也是必須做到的，每日淋浴更衣自不在話下，頭髮、鬍鬚等更是不可輕忽，若是不修邊幅，邋邋遢遢，是會令人避而遠之的，無形中也孤立了自己，受人厭惡而不自知。

七、從眾合群

既是團體，自會有團體一起的活動與行動，除非有特別原因，最好能與大家一致行動，如此不僅可享團體活動樂趣，也不致變成掃興之人。

八、休戚與共，息息相關

若在團體中有任何人發生事情都必須發揮人溺己溺的精神加以援助，不可一副事不關己狀，袖手旁觀。

九、個人言行

注意個人之言行舉止，說話最好看場合，例如說，有女士、幼童在場時就應避免黃色笑話，說話的音量與手勢也不宜誇張，予人不良之印象。

十、座位

有些團體用輪流方式，公平是公平，只是實在是蠻麻煩的，不妨發揮我國敬老尊賢之傳統美德，禮讓年紀大、行動不便之團員坐在前排，以利其上下車。

小　檔　案

迷信迷信何其多

只要有人的地方就有迷信，此話誠然不假，甚至科學昌明的今日，我們到國外旅遊時，稍加注意即可發現迷信是無處無之，有些甚至彼此流傳，分不清到底是哪一國的迷信了。

西洋婦女在烤麵包時會先對著麵糰畫十字，以免其中的精靈作祟讓麵包發不起來；切麵包時也只能由一端切開，如果兩端都切開，裡面的精靈會飛出來弄得家中天下大亂。

餐桌上絕對不可同時坐十三人，否則必有災禍降臨。這是源自耶穌的最後晚餐，餐後他就被猶大出賣，最後被釘上十字架，而猶大事後懊悔不已，也自殺身亡。

在路上行走不可穿越梯子底下，必須繞梯而行，否則必遭厄運，據信此迷信與古代的絞刑架有關，犯人都是先由梯子爬上絞刑台，再被推下來絞死的。馬爾他島的教堂上都有兩個時鐘，一個時間是對的，另一個是錯的，錯的那一個是用來欺騙魔鬼的，以讓他們搞不清楚到底教堂幾點才做禮拜。日本人拿梳子時，絕不把梳齒對著自己，以免不吉利；早上如果殺死一隻蜘蛛，則等於殺了一個人的靈魂。

其他的迷信還有不可在室內撐傘、不可向背後撒鹽、不可用有裂痕的玻璃杯飲酒等。

迷信總是有人信，有人不信，每當有人不屑地譏笑他人迷信時，迷信者多會振振有辭地回道：「那麼請問你，阿波羅十三號太空船升空時的意外事件又怎麼說呢？」

第十六節　拍照、攝影與小費之禮儀

一、拍照與攝影之禮儀

出國旅遊或是洽公，總會攜帶照相機、攝影機等器材，以為自己及所到之處的景點留下個人紀錄。雖然我們可以在每一個吸引人的觀光景點的到處拍照留念，但是有一些相關禮節不可不知，下列就是我們經常容易忽略的地方。

(一)勿逕自穿越攝影者與被拍攝者之間

當我們看見有人手執照相機或攝影機擬拍攝人物或是景物時，最好是在其拍攝範圍外稍事等候，待其拍攝完成後再行通過，如果該攝影者仍在取景中或是動作實在太慢時，則可以先用口頭致歉，如 "Excuse me!" 再行快速通過，千萬不要一聲不吭的直接走過，如果此時攝影者剛好按下快門豈不懊惱？這一基本禮貌人盡皆知，可是仍然有一些國家的人民在這種情況下仍會大剌剌的穿來穿去粗魯無禮令人厭惡。

(二)安全第一

在車上拍照或攝影時，應該儘量保持坐姿，以免車子突然剎車而發生危險，在歐美國家多有規定，如果有乘客在車行途中站立而不聽制止時，司機是有權可以將車停下拒絕繼續開車的，此外，在司機與第一排乘客中間有些會劃有一條白線，註明在車行當中任何乘客都不可以超過這條禁止線，所以就算要搶鏡頭也必須遵守規定，以免發生危險。

在某些有危險性的觀光景點，如海岸邊、水庫邊、峽谷邊、溪流邊、吊橋邊等，為了顧及旅客可能會因取景而忽略了自身的安全，因此也會有明顯的欄杆或障礙物加以限制，此時就算沒有工作人員在場維持秩序，也應自我控制，不可擅自闖過欄杆，因為除了表示尊重規定，避免危險才是旅途中最重要的事啊！有一句廣告詞說得很好：「安全才是回家最快的路。」

(三)特殊場所

1. 教堂內：一般都可以拍照，但是若見有信徒在沉思、禱告時，則應儘量避免打擾，尤其須注意保持安靜，教堂是一個非常莊嚴的場所。

2. 清真寺：規定不一，如果正逢其每日朝拜時間是不准入內的，其餘時間只要依規定洗手脫襪保持安靜是可以入內並拍照的，但是也應如教堂內之禮節，一般避免打擾其他人。

3. 佛廟：每個地區規定不一，有些全面禁止拍照，有些則規定某些佛像不可拍攝，有些則可以，如果要拍攝僧侶時必須徵求其同意再拍。

4. 印度廟：一般規定較鬆，但是列為主要廟宇者異教徒是不得入內的，因為異教徒多有食牛肉，有些印度廟則規定只要把皮鞋（牛皮做的）脫在廟門外即可入內。在印度廟內常有印

度僧在內,照相前最好先徵求同意,如果對方要求收費也宜先詢問清楚,以免橫生糾紛。

5.夜總會:著名的夜總會如巴黎的麗都、紅磨坊等多不准顧客拍照,一方面是怕其布景、服裝、擺設、節目內容被他人抄襲,另一方面是怕閃光燈影響演員演出,甚至造成危險,但是為了滿足顧客需要,現場多有CD、VCD以及劇照等出售。

6.劇院:無論是歌劇院、音樂劇院、舞台劇院,大多是嚴禁拍照、攝影以及錄音的。這是為了一方面保證演出品質外,另一方面則是為了著作權之保護。

7.觀光景點:博物館、美術館與皇宮內,原則上是不准用閃光燈拍照以免造成藝術品之損害,但是有些則規定可以用高感度底片拍照、攝影,但是可能要收一些費用,如照相機十元美金、攝影機五十元美金等不一而足。

8.紅燈區:可能是雖然身為特種營業的女郎,但是羞恥之心人皆有之,所以在大多數紅燈區都不准拍攝妓女本人的,如果要拍一些外觀,招牌則是可以的,至於成人秀現場當然也是不准拍照的,以免影響演出者之情緒。

9.動物園及野生動物保護區:可以拍照、攝影,但是在晚上是不准用閃光燈的,以免野生動物受到驚嚇。

以上所舉不過是犖犖大者,當我們在別人的地方旅行參觀時必須依其規定而行,若無明確之規定,那就先問問管理人員吧!

(四)商業拍照

在展覽會、產品交流會與發表會等商業場所時,主辦單位多會安排拍照與攝影人員之座位與區域以方便其拍攝,此時應注意避免拍攝時搶鏡頭而影響其他人拍攝,一般多會有足夠時間供拍照用,所以不必急於搶拍,先拍完者也應將較佳之拍攝點讓出給其他拍攝

人員，曾經發生過因為搶拍鏡頭而引發肢體衝突者，讓主辦單位十分難堪，此點尤應注意避免。

拍攝產品，尤其是新產品時，一定要徵求相關人員之同意後方才為之，以免有商業間諜的嫌疑。筆者曾經率團前往德國某一化學公司訪問、參觀一些最新的污水環保機具，該公司規定嚴禁拍照、攝照、素描，甚至連有人以心算方式記錄其水流與機器轉速表時都遭禁止，其嚴格可見一般。

(五)其他禁制

1. 中東國家：嚴禁拍攝女子照片，曾經有一個團體在遊覽車行途中，由車內之窗口向外拍攝車旁之蒙面女子，結果遭人檢舉，不一會兒就遭警車攔阻整車被帶往警察局盤詰，最後在九名團員交出底片，團長具結保證不再犯後才得以離去。
2. 軍事管制：如機場、碼頭、陣地、軍營等一律嚴禁攝影，如果有人擅自拍攝，那可能就不是交出底片可以了事的，有可能被懷疑是敵方間諜人員事情就麻煩了。
3. 機場、碼頭安全檢查區：當我們在機場搭機前多會有X光檢查旅客隨身物品以及身體，查察是否攜有違禁品，如槍枝彈藥、毒品等，這是非常重要的安全檢查，所以都令嚴禁拍照，以免其流程、使用之X光機型等被有心人所記錄並設法破解，造成安全上一大漏洞。

二、小費之禮儀

自從國人開始大量出國後，已經慢慢瞭解國外付給小費之習慣，由於我國一向無小費文化，所以經過了多年的學習與實際經歷後，已能大致掌握付小費之時機與付小費多寡之學問了。

所謂小費就是付給服務人員之額外金額，主要是為了表達對服

務人員服務之感謝的實質回饋，因爲衆所周知，一般服務人員服務之薪資多不會很高，其另一項重要收入就是來自客人的小費收入。而接受服務的人也深深知道這一點，只要服務有基本的水準，一般多會付給適度之小費表達謝意，如果有些服務人員的服務特別好，那理論上他可獲得的小費應當也是較多的，而服務如果真的不好，那小費就有可能較正常爲低，甚至有掛零的可能，服務人員自知理虧，也心裡有數不會吭聲。

有一次筆者在荷蘭大城阿姆斯特丹參加當地非常著名的「玻璃船」遊河之旅，由於河道狹窄，駕駛小心翼翼的駕船巡弋，但是就在快要返回出發點時，因爲船隻轉彎角度過大而突然撞上岸邊之廢輪胎護欄，一時間衆人東倒西歪亂成一團，還好因爲大家都坐在座位上，所以並無人受傷，可是已經讓衆人飽受驚嚇了，下船時我走在最後，看了一看放在駕駛座旁之小費籃，裡面自然空空如也，駕駛面有慚色獨自佇立在碼頭一再向下船的乘客表達歉意。

還有一次我在法國與瑞士邊度假小鎮夏夢妮度假，有一天晚上在餐廳用餐，發現裡面鬧哄哄的非常熱鬧。原來是來了一群美國觀光客，其中有一位老太太當天剛好過生日，餐廳服務人員知道後，不但贈送一個小蛋糕，而且大廳服務生全體繞著她，用法語唱生日歌爲其祝賀，之後又由四位男生共同執一塊大型方巾平鋪在老太太頭上，然後四個人各自手執方巾之一角，繞著老太太唱著祝賀的民謠，不但壽星本人樂不可支，其他團員以及正在用餐者也都共同沉浸在歡樂的氣氛當中。我想這位美國太太大概一輩子也忘不了這一次生日吧？當然她一樂之下出手就是一百美金的小費。

由以上兩個例子可以說明，小費的付給是一種禮貌沒錯，但是也因服務之品質而加分或是扣分。當然如果正常服務，一般人都會心甘情願照付不誤的。以下是有關小費的一些相關事項：

(一)付給之金額

　　一般來說都是付給消費金額的百分之十五左右，如果剛好沒有零錢，多一點或少一些都是沒有關係的。

(二)付給之方式

　　當你消費完畢後，如果使用信用卡，可以在其卡單上註明小費若干即可。如果付現，則待找回零錢後可以再由其中取出若干當作小費付給服務人員，一般在餐廳或是酒吧消費時，多是將小費留在桌面上由負責服務之人員自行取走的。

　　在歐美國家小費行之有年，人人習以爲常，即便是餐廳招待旅行團之司機、領隊免費用餐，但是他們用餐完畢後也多會在桌上留下小費，因爲他們本身身爲服務人員，瞭解小費禮儀，深知這是餐廳服務人員之應得收入，而不是給餐廳的。

(三)該付給誰

　　只要是對客人直接服務的人理應付給小費表達謝意，如遊覽車司機、導遊、行李服務生、房間清潔人員、計程車司機、餐廳服務生、美容、美髮師、高爾夫桿弟、按摩師、飯店大廳服務生（如果有服務，如代爲叫計程車等）、電影院或劇院帶位人員、酒吧酒保、網球及高爾夫球陪打人員、俱樂部樂隊（如果有點歌的話）、洗手間以及特種營業女郎。

(四)其他

　　如果在餐廳用餐時有點酒類或其他飲料時，小費是可以減少甚至不付的，這是因爲細心的顧客會發現服務人員在收費時，餐費是餐廳會計人員收，而飲料費則是服務人員收的，因爲這是給該服務人員之個人收入的。

　　付給服務人員小費可以留在桌面，也可以直接交到服務人員手

中，也可以放在服務人員身旁之碟子裡或是籃子裡。在飯店房間內則一般是放在床鋪上，不要放在床邊之斗櫃或是桌子上，如此服務人員可能會誤以為是客人不小心忘在桌子上的零錢而不敢拿。

(五)不必付小費的情形

有些人員雖然對你有服務，但是由於他們是針對不特定人士服務的，所以無需付給小費，如大眾運輸駕駛人員、警察、飛機空服員、服務台人員、餐廳之廚師、郵局服務人員等，雖有服務但只需稱謝即可，不需要付任何小費的。

小 檔 案

公共場所讓人厭惡的動作

我們在公共場所以及聚會時，會不知不覺犯了社交時之忌諱動作，這些動作會在不知不覺中出現，做的人似乎並未察覺，其他在場人士卻已對此人之印象大打折扣，這對於增進個人的人際關係是有非常不良之影響。避免犯這些不雅習慣之方法就是隨時注意，當然最佳的方法還是養成良好習慣，不管是個人獨處或是與人相聚時。以下就是在公共場所常常可見令人厭惡的動作：

- ·剔牙不掩口
- ·挖耳朵、鼻孔、指甲
- ·抓頭髮、抓癢
- ·坐時腳不停抖動甚至造成桌椅震動
- ·神情憂愁、沒事唉聲嘆氣、皺眉
- ·打呵欠不掩口甚至發出怪聲

- 旁若無人地剪指甲
- 口中發出吸牙齒聲或嘖嘖聲
- 高聲談笑、打行動電話
- 說黃色笑話、諷刺其他民族之笑話
- 擅自使用他人之用具而未經徵詢
- 走路拖泥帶水、鞋跟踢踏作響
- 搶他人話題、粗魯轉變他人話題
- 自以為是，極度自我主義，他人論點均非
- 當眾指責他人之謬誤，讓人難堪
- 太過注視女性身體某些部位
- 打嗝、放屁
- 無事轉動頭、扭動身軀、指壓身體旁若無人
- 以方言或少數人瞭解之語言逕行對話
- 太過謙卑，凡事唯唯諾諾，完全無主見
- 阿諛式的附和他人言論
- 東西用畢不歸位，隨手放置
- 亂打名人牌（Name Dropper），說到名人有意無意間都會表示跟自己非常熟
- 炫耀財富、名牌、名車、豪宅
- 炫耀專業知識、強轉話題入自己擅長之領域
- 粗話、髒話、性暗示之話語應避免使用
- 以餐巾擦拭口紅、皮包、皮鞋等
- 發出不當聲響，如拉椅子、桌子、碰倒物品等
- 整個身體全靠在椅子、沙發上，所謂坐沒坐像，站沒站像
- 目光游移不定，四處搜尋目標，尤其是與人交談時

- 詢問私人事情，如身材、傷疤、氣色、白髮
- 詢問他人職業、住所、職位、薪資、婚姻
- 交談時不待他人回答完畢即轉入下一問題
- 彎腰駝背、侷促不安
- 扳手指關節喀喀作響
- 談話速度太急促、表情太誇張、無事大驚小怪
- 忌言語內容太空泛，只是辭藻之堆砌、毫無意義或是使用大量專有名詞使他人難意會
- 無事皺眉、不屑、眨眼、擠眉弄眼
- 無事摸耳、摸鼻、摸東摸西，十分不莊重
- 服裝不清潔或皺痕太多
- 身體有異味加以處理遮掩
- 交談時以手碰觸他人身體，如拍肩、拉手等
- 交談時未保持最基本之距離
- 避免一直直視對方眼睛
- 表情厭煩、冷漠、蔑視不屑、應付之態度

第七章

購物及意外事件之防範與處理

第一節　百貨公司

　　在國外旅行購物也是一種樂趣，在高級精品店及百貨公司中瀏覽，欣賞精美的貨品固然有其樂趣，但在路旁之地攤挑挑撿撿，盡情殺價，你來我往的，也是蠻愉快的經驗。當然在此時也有一些必須注意的事項，與不可不知的基本常識。

一、退稅

　　一般簡稱VAT（Value Added Tax）也就是貨物的附加稅。例如說一條領帶價格十美元，外加15％之附加稅就變成總價11.5美元了。但由於旅客是外國籍，依法可以優惠不必納稅，所以可以憑護照以及加蓋店章且填妥之退稅單，退回附加在貨物上之稅。但是原則上必須超過一定金額才可優惠，總金額大約在新台幣二、三千元以上，且必須在同一家商店購買者方可據以退稅。

　　至於退稅的方式則是五花八門，如歐盟國家在結盟國區域之最後一國離境時辦理，退稅時必須出示護照、退稅單、所購之所有物品等，這一點各國之海關寬鬆不一。嚴格如德國者會仔細核對每一項物品，並確定是由一人購買而不是大家七拼八湊，才會核准蓋章，再至旁邊的銀行退稅。

　　退稅時可以要求退回歐盟之任一貨幣，當然也可以要求退回美金。比較鬆的國家可能只會象徵性的抽檢當中一兩樣就過關了，可能海關官員心想反正退的又不只是自己所屬國的稅，所以也就相對地大方了。

　　由於有可能被要求檢查所有貨物，所以在購買時最好三思，太大件、太笨重者都會讓你吃足苦頭。

有些國家則是規定必須在離境後，再依規定逐項塡妥退稅表格，並附上所有的收據，再由國外寄回去，然後經過仔細審核無誤後，該國政府會寄還旅客一張退稅支票，曠日費時，一來一去最少要花幾個月的時間。而有些國家則根本不退稅。

二、退稅項目

並非所有的項目都可以退稅，基本上購買物品才可享退稅優惠，其他如租車、用餐、車票、加油等，一般是在退稅範圍之外的。

三、免稅店

千萬不要被「免稅店」這幾個字表面的字義所迷惑，所謂的免稅，也不過是菸、酒、化妝品等，有些連化妝品也不是，可說是打著免稅店的招牌吸引無數直愣愣的旅客進入消費，菸酒雖然免稅但每一個國家都有嚴格的限制，想要多帶入境都不可能。

至於其他的商品，雖然品質不錯但價格也相當高，可是不少人心想，既然是免稅店，應該怎麼都不會吃虧吧？事實上只要看一看免稅店中有幾個在地人，應可以瞭然於心了。

所以，不論是巴黎的香水店、泰國的精品店，還是韓國的專賣店，擠來擠去的也只是日本人、韓國人、大陸人以及台灣同胞而已。

至於機場的免稅店那更是不知何以名之了，雖然稱爲免稅店，且購物時還要檢查登機證，但是商品價位昂貴，如果再加上稅將會成爲天價了。更有意思的是，同一件物品，在兩三個店中就可能有兩三個不同的免稅價。

四、竊物

有不少商店及百貨公司由於監視人手不足，都會在貨品內暗

藏會引發警鈴的金屬條，有些順手牽羊之徒自以為神不知鬼不覺，偷偷藏在包包中夾帶離去，結果一到大門口立刻警鈴大作，人贓俱獲，結果不只是被罰物品好幾倍的罰金，說不定還得上警察局走一遭，可以說是丟人又丟財。

據悉有一位立法委員的夫人去美西旅遊時，也發生了上述這種尷尬的場面，美國人可不管妳先生是何等人物，仔細搜查下竟然搜出了十幾件未付款的商品，如化妝品、口紅、香水、乳液等，最後還是領隊出面，偽稱該女士是「忘記」付帳才發生此憾事，這個搪塞的理由也被店家所接受，不過錢還是照罰。

五、收據

先進國家幾乎所有物品均會開收據，儘管有些只是幾排簡單的阿拉伯數字，這些收據非常重要，不要隨手亂丟，因為一來可以當作已付費的憑證；再者萬一貨品有瑕疵也可持此收據要求更換；還有就是有些國家必須憑收據辦理退稅，若是遺失就只有自認損失了。

 第二節　水果攤、超級市場、地攤

一、水果攤

西洋有句諺語：「不要讓我捉到你在捏我的桃子。」這是因為桃子被捏過後會傷痕累累，賣不出去而報銷，所以雖未遭竊但與被盜無異，由此可見水果販是多麼痛恨這種客人。當然不只是桃子，只要是柔軟一點的水果都一樣，所以在國外，尤其是歐美諸國，買水果時只可以告知要買若干，而由販售者代為選擇秤重，然後付帳。

▲在水果攤選水果千萬不要東捏西敲的。

如以國內購買水果的習慣，拿起來又摸又敲、又拋又嗅，保證會遭白眼的，甚至會被當場喝止，嚴重一點的還會被趕走，不賣給你了。

二、超級市場

超市在我國也是非常普遍，所販售的物品大同小異，差不了多少。必須注意的是：

(一)禮讓

在排隊付帳時，若遇有孕婦、殘障人士、身體看起來虛弱者，以及手上只拿了少數幾件物品者，應當很有風度地主動示意請其優先，他感激的眼神就是你最好的回饋。

(二)推車

推車時要注意控制，不要撞倒貨品使其散落一地，增加服務人員的麻煩，也不要撞到別人以免受傷。推車使用完後，就算沒有押硬幣，也要歸還在規定的區域內，並與其他推車保持同一方向。

三、地攤

地攤購物可以說是樂趣十足，但是要注意拿物品時須小心，有不少物品相當脆弱，若有損壞就得照價購買。不過地攤可沒有標價，多是用議價的，即使心不甘情不願，錢還是得照付。

地攤貨物有瑕疵者不少，購買前最好仔細看清楚，例如說木雕品上有裂痕、骨製品上有缺角，或是刀鞘並非原來之刀鞘等，仔細瞧、慢慢看才可以選到理想的東西。

在百貨公司、超市、商店中一般是照標價買賣，頂多是打一些折扣，若把國內凡物均殺價的習慣帶到國外，則常會有意想不到的結果。有一次一名我國旅客在德國欲購買著名的雙人牌剪刀，東挑西選的拿了一大包，在櫃台付帳時老毛病不知不覺就犯了，開口向店員殺價，店員聽了，先是大吃一驚，繼而馬上拿起一堆東西逐一放回原處，不賣了。旅客十分尷尬的走出商店，心想不殺價就不殺價，也不需要弄得這麼難堪嘛！殊不知，國外標價就表示是售價，若是硬要殺價則暗示店內的商品有標價過高之嫌疑，這是不誠實的

▲地攤購物趣味盎然，但小心瑕疵品和調包技倆。

行為，店員自然會一臉忿然了。

地攤貨可就不一樣了，尤其在落後地方，如尼泊爾、印度等，由於一般旅客根本弄不清楚物品的底價，所以殺價也就沒有底線。原則上是漫天開價，就地還錢，七折八折不嫌少、二折三折也成交。所以許多人是一面殺價一面注意小販臉部的表情，就怕一出價小販會很爽快地成交，貨物還沒到手就已吃虧了。還有些人則以個人之好惡來判斷價值，也就是我願意出多少代價來換取此一物品，既然買了也不用再去比價，更無需後悔。

印度北部喀什米爾以及尼泊爾等地至今仍可以物易物，行情最高的是當地最缺乏的東西，如手電筒、計算機、口紅、香水、原子筆等，這些物品在國內都是非常便宜的，如果在出國前可以事先買一些，拿去換當地的特產，實在是既划算又有趣的交易。

有一次筆者在喀什米爾的船上，身旁的一位船夫堅持要用一件貂皮大衣跟我換手上的自動手錶，不過我心想貂皮大衣雖好，可是在國內完全無用，手錶不貴但卻是不可或缺的良伴，於是婉拒了他，船離開時仍可見他一副悵然失望的表情。

第三節　購物陷阱

一、錄影帶

在風景區或名勝地區，有些已拍好的錄影帶提供遊客作為紀念品，但選購時其盒上必須印有NTSC字樣或是美國國旗圖案方才可以購買，因為我國之放映系統走美規，若是買到其他規格如PAL等，則返國後無法立刻欣賞，必須再送交錄影帶店轉換，不但很浪費時間，且轉換費極高，可能超過錄影帶本身金額。

在購買錄影帶時不宜貪小便宜，買到一些劣質磁帶錄製的影片，看影帶時效果可能差不了多少，但錄影機之磁頭可能因而受損，而且看不了兩三次就報銷了。

歐美地區之錄影帶均價格不菲，但品質良好，有些商店並有樣品帶試看服務，如果沒有把握不知如何挑選，則不妨請教店員，他們一般都樂於提供建議。

二、價格

在標示明確的地方購物可以放心，在某些地方，如峇里島之特產店、泰國之珠寶店等，其價格則高出一般商店的數倍，這些商店均有一定的特色，就是店內只有觀光客，不見當地遊人，賣場相當大，但當旅遊團一走之後就空蕩蕩的，似乎只專做觀光客的生意。

三、假貨劣品

價格稍高，若物品貨真價實也就罷了，但是若買到贋品或劣質品時可就嘔人了，曾經發生過的例子不勝枚舉，珠寶、古玉、錢幣、名牌用品、中藥、手錶、字畫等，無一不可假、不可偽，故選購時務必謹慎，若無十分把握最好別買，否則就當作買了一件紀念品吧！

四、珠寶

東南亞有不少珠寶店，財勢龐大，有些甚至擁有自己的車隊，以來回免費載運旅客，店內裝潢豪華美觀，店員笑臉迎賓，又有免費茶水、飲料提供。提到價格也令人覺得還能接受，但是往往問題出在珠寶的品質上，雖不至於以合成製品矇混，但是珠寶本身之價值差距極大，就連專家評鑑時也可能有不同之評價，一般百姓就更

難看出端倪了。

曾經有位旅客在珠寶店買了一塊「古玉」，返國後請人鑑定，發覺是假玉，他認為是在包裝時被調包了，店家可能以假換真，於是託人要求換回真的那一塊。知情者莫不莞爾，因為那一家店中所有的古玉都是假的，店員實在沒有必要去為了一塊假玉而偷天換日。

五、錢幣及古董

在古文明地區如中國大陸、印度、中南地區，常可見古錢幣等物品待價而沽。千萬小心，大多數所謂年代久遠的古物多是贋品，因為幾乎所有國家為了保護本國古文物，都有明文規定，任何古董只要超過一百年以上的歷史就禁止出境。

為了避免在離境時遭遇麻煩，看起來有點歷史的物品都必須請店家開立證明，證明該物並非違禁物品，否則輕者被沒收了事，重者則可能因走私古董出境而觸法，被科以鉅額罰款或被起訴。

六、名牌用品

當你在外旅行時，若看見歐洲的名牌皮包，T恤、襯衫等大批地堆在商店拍賣時，你會相信那些是正牌貨嗎？一看價位更是低得離譜，你仍然相信嗎？

幾乎所有的名牌物品都有其一定的價位，當然可能會因每個國家之生活水準不同而略有高低，但不至於離譜，如果買到仿造品，有的是掉色、縮水、用沒兩次就必須拋棄，有些則是拉鍊卡住、開線、龜裂不一而足，如果不想有上述情形，就放棄貪小便宜的念頭吧！

七、中藥

以中國大陸、香港最爲出名，有些是低價高賣，哄騙旅客說什麼「龍頭鳳尾草」，毛澤東吃了可以在長江游泳、鄧小平得享高齡等，更令人痛恨的是待藥草磨成粉末後，原本告知一斤若干的售價，立刻變成了「一兩」若干，必須忍痛以換來一堆無用的粉末。

曾經有一位良心不安的當地導遊對我說，每當磨粉機嘎嘎作響時，他的內心也有如刀割，但是因爲公司規定，不做也不行。大陸開放探親時，有不少老兵的辛勞積蓄就是如此被訛詐掉的。

在大陸內地，則以免費把脈、看診的方式引人入室，把脈看診均是免費，並且看診大夫均是北大中醫系退休教授、某名醫的第×代傳人等，名聲顯赫，看得準不準是另一回事，待拿了處方去抓藥時驚訝地會發現：大陸的中藥怎麼比國內還貴了好幾倍呢！

八、字畫

書法與繪畫更是五花八門了，每一家商店均自稱與該位名畫家是關係如何親近，特地邀約了多久才獲首肯作畫，畫作上除了有畫家之題字、蓋印外，還有曾經欣賞過該畫的某某名人之用印。有了這些鐵證，畫還會假得了嗎？同時也會善意地小聲忠告顧客，市場上仿冒品極多，務必小心，以免買到贋品，吃虧上當又生氣。

也許當場你很願意相信其所言俱爲屬實，但是走了幾家店後發現每家都各有說詞，也各有鐵證，這時可就很難相信誰才是眞的，還是全部都是假的？

九、調包

有些不肖商人在與顧客談妥價格後，會趁人不注意時將眞品代

以偽品或是次級貨，有時則換上有瑕疵者，也有偷斤減兩者，不是重量不足就是數量減少，等顧客離開商店門口或是攤位後，來個一概否認，完全不認帳，顧客只有啞巴吃黃蓮，苦在心中口難開。

　　防範之道就是在物品包裝時不要離開視線，店員發現有人瞪大眼睛在監視，也就不敢動手腳了，或者根本就要求不要包裝，放入購物袋中即可。

十、違禁品

　　在國外合法買的一些物品，如果帶回國內可能就會有問題了，除了大家已知曉的農產品、毒品、機械、某些藥品外，如裝飾的手槍、刀劍也是需要費工夫向海關解釋，例如尼泊爾最有名的庫庫里彎刀向來深受遊客喜愛，說它是紀念品沒有錯，但因為具有殺傷力，認定是刀械也正確，這就要碰碰運氣了。多年以前就曾發生一名竊賊深夜潛入民宅行竊，但遇屋主反抗，於是就用擺在櫃子中當作裝飾的庫庫里彎刀將主人給殺害了，眾人皆知真正的庫庫里彎刀可以如美工刀般輕易地削紙，也可以輕易地削去一般刀背的稜角而不會捲口，非常鋒利。

　　另外，常被海關攔截的就屬成人玩具和色情書刊了，在歐洲這些物品是可以在某些特區公開陳列並合法販售的。但是在國內則尚屬違法，所以這些奇奇怪怪的玩具、用品以及雜誌、錄影帶、撲克牌等也得碰運氣，被查到就只有被沒收一途了。

 # 第四節　重要物品之收藏

　　出門在外最怕發生意外事件，不論是財物證件乃至身體髮膚，若有意外，輕則影響情緒、損失錢財，重則有可能終身遺憾。事實

上，絕大部分的意外都是可以預先防範，或是可以小心避免的，莫待事情發生之後，後悔怨嘆已爲之晚矣！

護照、機票與簽證這三樣文件可以說是最重要的東西，缺一不可，務必隨身攜帶（也可以鎖在飯店的保險箱內，但於旅館check-out時可別忘了取出）。最好在出發前把每一有效頁加以影印留底，並且另外與正本分開放置，萬一正本遺失，則這些影本就可能變成救命符，至少可以讓旅客繼續後段行程，平安返國。

護照上的簽名欄務必本人親自簽名，簽名以最簡單、最容易者較佳，也就是說你可以在極短的時間內輕易簽出一模一樣的簽名。

如果護照上簽名已經被人代簽，則只有委曲你去依樣模仿其筆跡，否則真正的護照持有者會被當成冒名頂替者，而且入境單、海關申報等也一律必須模仿該簽名，以求與護照上的簽名相同。

另外，護照不可有撕破內頁或弄污等情形，否則也有可能被視爲無效。

隨身攜帶幾張證照用的照片，說不定什麼時候用得上。

機票影印另外收妥，萬一不幸機票遺失時可以依該影本登機或過移民關，當然機票還是得另外花錢購買，等到一段時日（一般是三個月）仍未被人冒用時，才可依據機票存根聯向航空公司申請補償，當然是要扣除手續費的。

若是機票、護照、簽證等重要證件同時遺失時，一定要先前往警察局報案，這並不是盼望能找回失物，而是在完成報案手續後可以取得一張遺失證明，最好能請警員在前述事先準備好的證照影本上蓋章，如此就等於取得了臨時身分證，接下來的行程則可以順利完成無虞。

第五節　旅行支票、信用卡及藥品

一、旅行支票

最安全的鈔票非旅行支票莫屬了，購買旅行支票後立即在上端簽名，如此就算是遺失了也不用擔心被人冒領。在兌換成鈔票時，必須當著行員的面親筆簽下下款的簽名（必須與上款一模一樣），行員在檢查支票、簽名、護照等之後才會兌換成現鈔。

有些人喜歡上下款均空白不簽，或是兌換時上下均已簽好名字，這都有可能被拒絕兌換。

養成大額旅行支票先登記號碼或是影印的方法，兌換時依序號逐一兌換，用一張畫一張，如此雖然比較麻煩，但若是支票遺失時可以立即止付，而且不會殃及無辜之店家。

遺失支票時，立即用收據上所列之緊急電話掛失，然後憑購買收據、護照等去代理中心申請補發新的支票。一般來說，很快就可以當場領到新的支票，這也是支票之所以最保險的緣故了。

因此，切記在購買旅行支票時，支票與收據務必要分開存放，以免一起弄丟時就麻煩了。

若是攜帶現金出國，則一定要收藏妥當，原則上是口袋中放點零鈔備用，大鈔則謹慎收藏。如有人藏在特製的皮帶中；有人使用貼身鈔票袋；有人藏在衣服暗袋之中；據說還有些女性竟然藏在胸罩中，雖然保險，但是每次取錢時就必須先去洗手間，蠻不方便的。

筆者出國從不藏錢，但也從未遺失過，其實只要自己小心，警覺性夠，是不會有事的，發生事情的人，不是自己太迷糊，就是警

覺心不夠。

二、信用卡

信用卡的使用愈來愈普及,可以說是目前全球最方便的付款工具,惟常有偽造信用卡的集團,伺機盜刷空白卡單再圖謀非法利益,因此有其潛在的風險,故使用信用卡時必須注意下列事情:

(一)簽名

使用信用卡付帳時應先仔細核對金額,正確無誤後再簽名認帳,簽名之形式必須與信用卡上一致,否則會被要求重簽,這個問題與護照等重要證件上簽名是同樣重要,所以必須練就一種制式化的簽名。

為了避免簽名被他人冒簽,有些人會故意使用極為複雜的簽名,使他人不易仿效,不過不要忘記,愈是筆畫簡單的簽名才是愈難模仿的,不信的話不妨試試看。還有另一招就是中、英文並簽,這是個不錯的防盜刷方法,畢竟外國人想要模仿中文簽字並不是件容易的事。

一般刷卡金額不高時,只需要核對卡片及帳單上之姓名即可,但是當刷卡金額過高時,店家也可能要求顧客出示護照等身分證明,再次核對簽名,若均無誤才接受刷卡。

多年以前有一團台灣的旅客在維也納以信用卡購買勞力士手錶等價值高昂的物品,結果被要求出示護照時,發現信用卡上之簽名與護照上之簽名差異極大,於是店員暗中報了警,全團被帶進警察局,扣留偵訊了許久才被釋放。當然在這個事件中發卡公司也犯了若干錯誤,而在奧地利當時正有一個偽卡集團大肆作案,而正巧也專門刷卡購買貴重手錶、珠寶等物品,才會陰錯陽差地造成全團被補的重大事件。不過如果簽名完全一致的話,可能事情也不會鬧得

這麼大了。

刷卡時卡片千萬不要離開自己的視線，有不少盜刷事件都是利用短短的幾十秒內完成的。別有用心者利用刷卡之機會先盜刷一些空白卡單，事後再模仿簽名，伺機詐財騙錢，所以若是怕不保險，最好是付現或至櫃檯當場刷卡簽名較為妥當。

(二)小費

以信用卡付帳時，可以把小費填在附加欄位內，如餐費七十五元，再附加小費十五元，共計九十元正，但也可以直接以現金支付小費，比較直接且簡單。

(三)存放方式

信用卡放在皮夾內最好與其他的金融卡、電話卡等磁性卡分開放，以免互相磨損而無法讀取、辨識，而遭到拒絕。不妨於出國前在國內以信用卡刷一些小額的消費，試試看是否有問題。

(四)額度

出國時若擔心信用額度不夠，可以事先通知發卡公司告知即將出國，要求增加授信金額，一般來說放寬一倍是沒有問題的，免得出國大肆地採購後，付帳時對方告知額度不夠，這將會是一件令人尷尬的事。

(五)遺失

信用卡若是確定遺失時，應立即向發卡銀行掛失，不可稍有延遲，以免被人盜用。所以出國時宜先在記事本上記下卡片之卡號、發卡截止日期等重要項目，發卡公司的全球免費掛失電話號碼也請一併記下。

刷卡付帳有不少附加益處，如搭乘大眾運輸交通工具可以有額外的保險、租車可享折扣、住宿有優惠、行李破損也有理賠，林

林總總，讓人眼花撩亂。最好在申請信用卡時詢問清楚，出國前再加以詢問，瞭解在國外旅遊時的優惠項目，看看有哪些是適合自己的，以及是否需要先在國內就提出申請報備或登記。

俗語說：「一分錢一分貨」，卡友付了多少的卡費以及商家付了多少的佣金給刷卡銀行，所獲得的優惠和邊際效益都是相對的。據說在國外用VISA或Master卡都是受歡迎的，但是若使用AE（American Express）卡，則商家不是皺起眉頭委婉地詢問你是否有另外一張卡，就是心不甘情不願地勉強讓你刷，有些甚至不接受AE卡，這是因為AE所收取的手續費較高，一般店家不願被扣那麼多的費用，所以才會拒收，因此最好事先問明白，或是在進入商店之前先看一看門上是否貼有AE標記，以免尷尬。

反過來說，據說AE等卡相對可以提供較高的保險及較多的優惠，因此，依據各人之需要加以選擇適合之信用卡才是最佳之道。

要注意的是有些卡宣稱有高額的意外保險，因此必須確認是出國第一天至返國為止的全部意外險，還是指搭飛機、火車、輪船等大眾運輸工具才有保險，而自己開車或其他工具就不適用。若是弄不清楚，最好再花點小錢購買足夠的意外險及醫療險，這樣比較妥當。

三、藥品

出門在外最怕身體不適，如果是突發疾病，自然須立即送醫急診，但若只是一些平常的小毛病，如感冒、胃痛等，最好自己隨身攜帶一些藥品，以備不時之用。有些人本身有特殊疾病如心臟病、高血壓、哮喘病等，就必須帶有足夠的藥量，否則會有非常嚴重的後果，尤其是前往落後地區、山區野外等地旅遊時。

在國外就醫費用非常昂貴，這是因為我們是外國人，所以並未享有該國醫療險之故。例如在美國患了重感冒時，若請醫生至飯店

出診（Doctor-an-call），則一次費用可以高達二百美金，這還不含藥品費用，因美國是醫藥分業制。所以在國外時最好是不要生病，否則會令人吃不消，一般不是很嚴重者，自行服藥是比較經濟的。

國外有不少地方買藥一定要有醫師之處方箋，否則不得販售，當然一般的阿斯匹靈等常用藥是不受制限的，所以生病時得先去看醫生，取得處方箋後，再至藥局憑箋拿藥，非常的辛苦。

常用而且最好帶足的藥品有：感冒藥、止痛藥、腸胃藥、外傷藥、暈機藥、OK繃等。女性的生理用品也要帶足夠，有些落後地區並無販售，而有些歐美地區女性則只習慣用棉條，國內女性同胞是非常不習慣的。

前往特別地區，如高海拔地區時就必須帶防高山症的特效藥；前往熱帶地區則必須攜帶防瘧疾、霍亂等藥品，並在出發前施打預防針以策安全。

如果是花花公子型的人則最好自備足夠的保險套，以免一時興起找不到安全保障就容易一失足成千古恨了，有些落後地方的產品可是非常不保險的。

醫療保險甚為重要，所謂「不怕一萬，只怕萬一」，因為一旦嚴重到要入院治療時，那必須支付的金額是非常可觀的。沒有保險或是沒有足夠保險的人，將會面對鉅額的住院費用，等你回國時再慢慢付。出門在外，生病住院已經是夠倒楣的了，若再揹負一大筆債那就得痛苦許久了。所以花點小錢，買一個心安吧！

第六節　防扒、搶、竊與騙術大觀

一、扒、搶、竊等各式花招

在世界各地的大都會地區、人潮密集之處，都難免有扒手混跡其中，有些是跑單幫性質屬於個人伺機作案，但有更多的是扒手集團，互相支援、製造機會以及掩護脫逃，至於其方法可以說是五花八門令人防不勝防，自保之道唯有謹慎一途。

(一)售物招

在歐洲地區常見一群少年團團圍住某一觀光客，一方面假裝售物，另一方面用手查出對方錢財放置處，然後由其中一人下手扒竊，若被發現則立即變扒為搶，而且搶了就跑，四散奔逃，讓人不知要追哪一個。由於成員多是吉普賽人，並無國籍，且長年在各地流浪，警察也不易處理。這種情形在歐洲各國甚為普遍，當地人若遇見，常以拳腳相向，毫不留情；而觀光客若遇上了扒竊集團，最好是以背貼牆壁或小組活動的方式來對付他們，為較佳選擇。

(二)冰淇淋招

當有人拍你肩膀，滿懷歉意地告訴你，他不小心用冰淇淋弄髒了你的西裝外套時，千萬別把外套交給他清理，尤其當對方是一位妙齡女郎時更須小心，否則衣服清理完，口袋的鈔票也不見了。

(三)掉銅板招

當你一個人在公共場合，如坐在飯店大廳等人或寫信時，有一妙齡女郎走到你身邊「不小心」掉了一地的銅板，若是你，你會怎

麼做？你應該坐在原地別理她，因為在你幫她撿拾滿地的銅板時，身旁的皮包可能就不翼而飛了。

(四)搶奪皮包

在南歐地區常有機車黨，由婦女身後騎機車悄然而至，搶走皮包後快速離去。防範之道是將皮包背靠牆內側，但是最好不要將皮包如小學生背書包一般斜背，十分難看，我國觀光團為了防盜，常見婦女斜背皮包戒慎恐懼而行，常引起外國人驚訝的眼光並嘖嘖稱奇。

(五)割行李

在機場或飯店大廳常會發生旅客行李被利刃割開，其中財務被竊之情事，防預之道無他，一是至少留下一人看管行李，若是大家都必須離開時，可請飯店服務人員暫時看管；二是儘量使用塑鋼硬殼皮箱，讓歹徒較無下手的機會。

(六)假美鈔

國外使用美鈔機會極多，但必須小心避免拿到假美鈔，一般來說十美元、二十美元的美鈔很少有假的，但一百元的則有不少，下列為簡單方便的辨識方法：

1. 檢視紙質：以手指輕彈紙幣，聲音清脆悅耳則應為真品，否則須再進一步檢視。
2. 檢視鈔面上是否有紅藍細纖維，若無纖維者肯定為假鈔，若有纖維但無法以針尖挑起者也是假鈔。
3. 正面綠色圓章可用力摩擦在白紙上留痕，而圓章本身顏色不會擦掉者為真品。

(七)跑檯子招

在銀行、機場或是其他公共場所的櫃檯旁，經常有歹徒三、四人一組，在不遠處尋找粗心大意的旅客下手，他們西裝筆挺，穿著打扮也如一般旅客，看見有人在櫃檯上填寫單據或是詢問事情，而把手提箱放在櫃檯下腳旁邊時，就是他們準備下手的良機了。

他們會先由早已準備好的各式各樣手提箱中拿出一個與對方相似的皮箱，然後兩三人伺機擠在目標對象身旁，假裝也是要填些單據什麼的，手中的提箱自然地放在目標提箱旁邊，但是沒一會兒又很自然地提了提箱走開，當然手中的箱子早已調包了。有不少迷迷糊糊的旅客在著了道後許久，還不知道自己手中之提箱早已非原來之物。

防制之道就是手提箱永遠不離開自己的身旁以及視線之外，若有陌生人靠近時必須提高警覺，如果發覺情況有異時，最好立刻離開櫃檯，假裝去上洗手間之類，回來時若仍見到那些人，就可以確定彼非善類了。

(八)機場乾洗

轉機前往第三地時，也常有行李被人「乾洗」的情形發生，尤其是在落後地區之機場更是常有所聞。據瞭解，這些不法分子都是在機場工作的地勤人員，在航警的包庇甚至掩護下，利用行李轉運的機會下手，軟皮箱就用工具把鎖撬開，硬殼箱則用起子等強力扳開縫隙，再伸手入內盜取物品，無論是底片、電池、相機、項鍊等，只要是稍微有點價值的東西都難逃魔掌。

有時東西丟了也就算了，但是由於他們的盜物手法拙劣，常常把皮箱都弄壞了，令人感到相當氣憤卻也無可奈何。據聞最為惡名昭彰之地是在曼谷機場。

防制之道在於出國時儘量選擇堅固之皮箱，其外若能再加上

兩條帆布皮帶加強那就更理想了。歹徒一見如此麻煩,可能就會放棄,另尋目標,當然箱內不放任何值錢物品則是消極的防制之道。

(九)當街搶劫

搶劫之事以南非以及南美洲最為知名,以南非為例,多是數名黑人大漢集體行搶,其實他們並不需要拿刀拿槍的,只要幾個人把你團團圍住,你自然知道他們想幹什麼了,由於黑人十分窮困,所以項鍊、手錶、戒指、鈔票當然跑不掉,有時連帽子、皮帶,甚至手中剛由超市買回的食物也通通不放過。

(十)打悶棍

有些歹徒喜歡用打悶棍的方式劫財,就是趁人不注意時由後方對著腦袋狠狠敲上一記悶棍,然後搶了皮包就跑。曾經有一名台灣的領隊站在遊覽車旁等待客人上車時著了道,客人見領隊一直靠在車廂旁不上車覺得不解,待下車查看時才發現領隊早已昏倒靠在車旁了。

至於白人他們是不敢搶的,因為白人一向比黑人來得兇悍,而且身上大都攜帶槍械,他們是惹不起的。

防搶之道是避免單獨行動,最好人越多越佳,而且不要離開旅館太遠,只要離開飯店警衛之視線以外就有可能被搶,還有就是白天和晚上一樣危險,鬧區與郊區同樣沒有保障。

二、防範之道

瞭解了上述各種扒竊、搶劫、騙術之方式及其相應的防制之道外,以下各項亦須留心注意:

(一)門窗確實關好

住宿飯店時,若有人敲門,不可冒然開門,必須先詢問,並由

窺孔內察看無誤後，再開門察看，但此時安全鐵鍊仍應扣上，待確定沒問題後再行開門。

晚上睡覺前務必檢查門窗是否確實關好，門上之安全鐵鍊是否閂上。曾經有旅客在第二天清晨起床時發現自己的衣物都已被放在浴室了，當然財務也均消失無蹤，其原因就是忘了閂上安全鐵鍊。

(二)相機不可隨便放置

在風景區照相時，照完相後相機不可隨便順手一放，因為當你一轉身或是在幫他人照相時，很可能一眨眼你的相機就不見了。

(三)皮包不要掛在椅背上

在餐廳用餐時，有些女士會把皮包掛在椅背上，如果有人看著當然無妨，但就是有歹徒假裝是客人，混進餐廳後伺機拿了皮包就走。經驗豐富的餐廳人員看得出這些人，會加以監視甚至驅離，但若是剛好在忙時就給他們可趁之機了。

(四) 洗手間也是經常出事的地方

在旅遊區的公用洗手間旁也是經常出事的地方，由於此區人潮擁擠，洗手間也總是人滿為患，歐洲等國家又有洗手間付清潔費的習慣，有心人在旁觀察遊人之錢由何處取出後，伺機下手之成功率就更提高了許多。

(五)異色酒吧的陷阱

紅燈區附近總會有一些異色的酒吧，其中多有美女坐檯陪酒，客人進去後，會有女郎前來搭訕攀談，之後會要求客人請喝一杯葡萄酒之類的飲料，喝沒多久就會有人要求先付帳，一看帳單保證心臟病發作，可能是八百、一千美金，若找服務人員質問，前來的可能是四、五名所謂安全人員的彪形大漢，一副凶神惡煞狀，外加滿臉橫肉。得到的答案往往是該女郎點的酒是多少年份的名酒，如此

收費已相當低廉，難道想喝霸王酒不成？乖乖付錢當然沒事，聰明一點的也可以討價還價，打個折扣，若是真的差太遠，則少不得被搜身，乾洗一番再放人。

有人問，難道報警無效嗎？要知道警察多與紅燈區業者相互勾結牟利，本國人都討不回公道更何況是外國人呢！最有名之地當屬法國巴黎的蒙瑪特紅燈區以及倫敦的蘇活區了。

(六) 最好在合法的地方兌換外幣

兌換外幣時千萬小心，尤其在外匯管制的國家，私自兌換外幣均屬非法，可能在剛剛兌換完成時或快要完成時，假裝說好像有警察來了，於是匆匆散去，旅客怕惹麻煩，也慌了手腳，待鎮定下來一看，不是少了好幾張，就是有偽鈔混在其中，這就是標準的因小失大。

最好在合法的地方兌換，雖然匯率可能較差，但安全無慮，且用不完還可以憑收據換回美金。若真的想換黑市，也應先以少額鈔票兌換方式行之，若換了幾次都沒問題，可以相信對方時，再多換一些比較保險。

合法兌換外幣之地若以最划算的排名來看，依序應是：市內銀行→兌換中心→機場銀行→飯店櫃檯。甚至有些兌換中心的匯率若扣掉手續費會比市內銀行還來得好，有些還不收手續費，判斷之道可由其外排隊人數多寡來印證，否則不妨先換一些試試看、算算看，再決定去哪裡兌換才不吃虧，不過要注意的是，每一家銀行、兌換中心的匯率和手續費都是不相同的。

另外，有些落後國家的外匯管制極嚴，又有高額的外加政府稅，最好事先問清楚，例如尼泊爾的兌換稅高達80％，也就是在旅客離境時，身上所餘之尼泊爾盧比只可換回等值美金之20％，也就是說，其中的80％捐給了尼國政府。

在這些落後國家，由於極缺美金現金，所以若以美金購物多可以得到優惠，因為店家可以轉手賣給黑市。

(七) 小心購物時的詐騙

購物時詐騙之事也極多，尤其是東南亞地區最著，例如珠寶金飾店，其內之珠寶多屬贋品或是劣質品，旅客看在七折八扣外加送禮物之誘因下，有不少用鉅款買了一大堆垃圾回來，可能還沾沾自喜呢！

玉器店更是離譜，有良心一點的只是提高售價或是將次級品當高級品銷售，有些則是以雷射、染色方式矇混客人，根本是假貨卻還裝出一副謹慎小心狀，讓客人誤以為價值不菲，而心動地以低價（其實是高價）買下，還以為占了便宜。

峇里島等地會引誘客人買銀器，這些銀器看似銀光閃閃，光彩奪目，價格也算合理，但是高興不了多久，原本閃閃發光的銀器全都變黑了，不是空氣接觸的氧化現象，而是根本就是鍍銀而非純銀的。

這些例子不勝枚舉，出門在外，購買一些紀念品當然很好，但是若沾上貪念就很容易花了錢還得懊惱許久。

某些地方購物後必須親眼見其包裝比較保險，否則會趁人不注意時另以瑕疵品代替之。當然若是能不包裝則更為妥當。

第七節　行李遺失

在國外旅行時，行李若遺失不僅相當不方便，而且影響旅遊情緒至大，預防方式為兩件變一件，集小包成大包，以不會退色的油性筆在行李上以中英文清楚註明所有人相關資料，且最好也註明國

外聯絡人之姓名，以便即時聯絡。當然，一個或一個以上結實的行李牌也是不可或缺的。如果在轉機時不幸遺失，則請依照下列程序申請找尋及理賠：

1. 憑機票及登機證至行李找尋處填單申報。
2. 行李描述必須確實詳細，而內含物品則可酌情報高，因為一般航空公司理賠的原則是報多少賠多少，但最多理賠四百美金。
3. 行李尋找期尚可要求部分賠償金，以便購買每日必需的衣物，若不爭取航空公司是不予理會的。

辦理登機手續時，必須仔細確認行李上之航空公司行李貼條的班機以及轉機班機是否正確，城市機場代號是否與機票上所示吻合，如果有任何地方錯誤都須立即提出要求更正，否則行李一定會遺失。

托運行李之收據一定要妥為收好，因為有些機場出海關時會核對收據之號碼是否與行李上之號碼一致，若遺失收據又得費一番脣舌解釋，而萬一行李遺失，則收據更是旅客求償的最重要文件了。

遺失行李時，必須憑護照、機票、行李收據等前往航空公司機場服務站填寫申請單，註明型式、顏色以及其中所裝之物件，航空公司會循站搜尋，一有結果會專人送到旅客的住處（觀光客則送至飯店）。

萬一真的遺失時，航空公司會依法賠償旅客之損失，目前規定至多是美金四百元，如果超過也是只賠四百元，但是如果申報時只報二百五十元，那也只賠二百五十元，所以在申報時自己要斟酌。

在尋找行李的期間，由於旅客無換洗衣物可用，所以可以向航空公司據理力爭一些日常用品補償金，費用則依各地生活物價指數不同而有差異，而且每家航空公司也有不同額度。不過要注意的

是，如果旅客不積極爭取，航空公司也就裝做不知，沒有一家航空公司會主動提出補償金的。

行李破損時也和遺失時類似，先至航空公司填表申請理賠，公司職員會視破損之情形而有不同之處理方式。

1. 完全破裂而無法繼續使用時，旅客首先會被要求在一堆不同型式的行李箱中挑選一個與破裂行李箱類似的以為代替。如果沒有，則可以要求賠一個全新的，旅客也可以憑購買新行李箱之收據要求理賠，有時航空公司會買一個相似甚至更好的箱子賠給旅客。

2. 部分破損時，航空公司會請旅客自行送修，修理費之單據也可以申請理賠，而有些公司有自己特約修理商店，在修理完成後會送還給旅客。如果破損的是硬殼箱，則不妨力爭其已無法修補，要求更換一個類似的或全新的，因為硬殼箱的裂縫會愈來愈大，終至無法使用。

有一次筆者前往南非參加國際旅展時，下了飛機竟然發現買了沒有多久的硬殼行李箱已有一道深深的裂痕，心想可能是由於箱子的品質不佳再加上被壓艙底所造成的，於是依照程序申報，要求賠償。

第二天我參觀完展覽回到飯店時，一個全新的漂亮皮箱已經在櫃檯等我了，一看牌子居然是以堅強耐摔著稱的Samsonite品牌，市價是原來的那一個三倍以上。從此它陪我東征西討逾十載，仍然完好如初，雖然表面上多了不少歲月的刮痕，至今我還是對南非航空心存感念，並深深覺得一個堅固耐用的皮箱真是十分重要。

避免行李破損除了使用較堅固者之外，在托運時把伸縮手把收好，拖行李的皮帶取下（以免被轉盤扭斷），若怕不保險，可以在皮箱外再加一至兩條固定綁帶加以強化，這樣就萬無一失了。

第八節　飲食安全

　　美加地區、中歐、西歐、北歐等地，自來水因為已消毒完全均可生飲，但是熱水則僅供洗滌使用。其他地區則最好飲用礦泉水，甚至在某些落後地區連礦泉水在使用前也須檢查是否密封，否則十之八九會有腹瀉的情形發生。食物則忌生食，落後地區包括生菜沙拉、冰塊在內均避免食用。印度、尼泊爾地區避食咖哩等辛辣食物，東南亞地區則勿食路邊攤及瓶裝椰子汁。

　　熱帶地方由於氣溫高，食物容易腐敗，所以儘量避免帶餐盒食用，否則其中只要有一、兩樣食物有問題，就會引起腹瀉甚至食物中毒。

　　如果有些時候非得用餐食時，也必須注意食物的選擇，最好選擇一些油炸過的或確實炸熟的食物，海鮮魚蝦等務必放棄。

　　有些飲料少許飲用沒關係，但是喝得太多問題就來了，如東南亞的椰子水，喝太多就會腹瀉不止，榴槤等水果也不可過量，否則會火氣大產生嘴角破裂、口瘡等。

　　中國大陸的麻辣火鍋、串串香等也是十分辛辣，不宜多食。

　　中東地區如土耳其的街頭櫻桃汁，小販造型特殊非常吸引人，但是使用的是萬年杯，櫻桃汁的內容也不清楚，所以與其合影即可，果汁則千萬別碰。

　　埃及的紅茶很著名，如果是熱紅茶當然沒問題，但是冰紅茶就少碰為妙，茶本身沒事，問題就出在冰塊上。

　　印尼、馬來西亞的旅遊區之海鮮頗富盛名，每當夜幕降臨總是遊人不斷，但是烹煮海鮮時若是用火烤則必須小心，因為火烤的海鮮太大塊時不易熟透，往往是外表已熟內部仍生，吃下去可能生

病,最好是要求餐廳切小塊來烤,大塊的則以水煮、清蒸方式比較容易熟,也比較安全。

隨身攜帶一些胃腸藥以備不時之需,如腹瀉、胃痛等,若真的遇上腸胃出問題,在旅途中是非常麻煩的事,尤其是在一些廁所很少的旅遊區。

有些「地方酒」味香質佳,價格又便宜,使人不知不覺就喝過量了頭,醉到隔日無法繼續旅程,頭痛欲裂,遊興全無。例如希臘的歐莓酒就是一例,純透明的歐莓酒倒入杯中少許,加入冰水後立刻變成牛奶色,芳香、冰涼,又帶一點甜味,深受希臘百姓歡迎。尤其是女性一般不善飲,但是歐莓酒卻頗受青睞,也因此常聽說有女性醉於歐莓酒,就是因為它喝起來不像酒,香甜可口,於是有不少人就像電影《女人四十一枝花》中的女主角一般,在毫無戒心的情形下一飲再飲,醉到不自覺地與男主角發生了一夜情,事後懊悔不已但也惘然。

 ## 第九節　市區迷途與野外迷途

一、市區迷途

在市區迷途,不用緊張,在市區至少不會有立即的性命危險,冷靜下來,先弄清楚自己身在何處,可以詢問身旁之路人,如果手上有一張市區地圖則更棒了。之後找尋比較明顯的目標,以正確知道東西南北的方向,如此再找目的地就不會那麼困難了。

若是與同伴走丟時,最好的方式就是站在比較醒目的地方靜待同伴回頭尋找,不要一時心急自顧自地到處亂闖去找同伴,如此你找我,我找你,可能就會變成大海撈針了。

二、野外迷途

野外迷途與市區完全不同，因為身處在杳無人煙之處，除了可能會遭遇毒蛇、野獸之侵襲外，食物、飲水、保暖、體力都是陸續會碰到的難題。茲將野外迷途時之注意事項簡述如下：

1. 首先是冷靜下來，愈是慌亂則獲救率愈低。儘量站在明顯的地方，如河床上、山崗上、曠野中，以儘量讓自己目標明顯為原則，以利搜救人員搜尋。

2. 如果須離開原地時，必須不時做出明顯的人為記號。可以用石頭排列成箭頭方向，指出自己前進的路線，方便救援人員的追尋；也可以用刮樹皮、堆石頭的方式不斷指示自己前進的方向。

3. 野外求生首重保暖，人的體溫一下降問題就嚴重了。如果發現夜晚即將來臨，最好先做夜宿的打算，荒野的夜晚尤其危險，不但行走容易受傷，許多獵食性的動物多是在夜間活動的。

4. 可以利用凹地稍加遮蓋即可成容身之地，地方不用太大但安全第一，最好能預做防雨措施，以防夜雨降臨。

5. 使用洞穴亦是不錯的選擇，但必須小心的是不少動物也是以穴為居，可能正在其中，或是正巧外出覓食，待返回洞穴時就可能會有危險了。

6. 讓身上乾燥是保暖的最有效方式，若是身上有火種，在適當距離生一堆火則更理想，但是注意不要太接近身體以免樹枝迸出的火花造成燙傷。

7. 一個人幾天不吃飯是不會有生命危險的，但是只要有一段時間不補充水分，就會有極大的危險，所以一定要找出乾淨飲

水的方式，乾淨的湖水、溪流看起來很乾淨，但是其中可能就會有足夠使你腹瀉不止的細菌。飲用樹汁、葉汁或是葉上之雨水、露水，相對的就安全多了。

8. 避免太消耗體力的活動也是保存體力的方法，與其自己在野外尋找救援，倒不如待在固定的地方等待救援來得更易獲救。

9. 吸引救援人員的方式有：以會反光的物體，如破罐頭敲平、將較潔白的石頭排成方塊等，都是有效的方式。如果有火種則可以燃燒木材，待火夠旺時上覆溼樹枝、雜草等，就會產生白色的濃煙，在野外縷縷的白煙是非常醒目的。

10. 行走攀爬都要格外小心，避免受傷，如果野外迷途再加上受傷的話，可能等不到救援來時就已升天了。

第十節　疾病與受傷

一、疾病預防

(一)一般原則

1. 疫區莫入，眾人皆知，但若屬流行感冒等病，則須小心避免。

2. 衣物宜保暖透氣，最好每日一顆維他命C，並飲用足夠水分。

3. 於沙漠地區或是盛夏出遊，必須避開正午，陽傘或帽子必備，縮短走路路程，加長蔭涼休憩時間，以免中暑。

4. 寒冬時節或是在高山、雪地，則應預防凍傷，可以用手套、圍巾等物保暖，在雪地不可逗留太久，若遇變天或是身體不

適，應立即返回室內，並可以熱茶、糖果等增加熱量，但不可飲酒。

(二)中毒

在山林野外有一些有毒的植物，只要是身體不小心與之接觸，就有可能會有程度不同的中毒現象。

輕微的中毒反應有如皮膚過敏一般，會有紅腫、刺痛的感覺，此時必須儘速用肥皂與清水不斷地沖洗患部，一直到症狀大部分消除為止，還有千萬不可使患部（如手）與眼睛、口鼻等敏感部位接觸，以免引發二度中毒。

若有衣物疑似遭感染，則要立即清洗乾淨。患者如情況嚴重，可能會產生痙攣、休克等現象，此時一定要立刻送醫不可延誤。

(三)壞血病

早期的船員，由於長期航行於海中，無法取得新鮮之蔬菜與水果，於是常有壞血病發生，其症狀為牙齦出血、牙齒脫落，皮膚很容易瘀傷等，情形嚴重者亦可能致命。

在外旅行時多攝取自然食物中的維他命C即可解決，如果是前往特別地區，如山中健行等，天然維他命C攝取不足時，可以每天服用一片維他命C先代替，效果一樣良好；尤其是在無法預知當日食物內容時，若是在早上出發時即先服用一片維他命C是較保險之道。

(四)霍亂

台灣早年亦被列為霍亂疫區，在疫情發生時，不但人人聞霍亂色變，而且在台灣造成極大的生命與財產損失，經過政府徹底防治後，台灣早已為聯合國劃為非疫區了。我們前往一些熱帶國家，尤其是衛生條件較差的地方，如菲律賓、泰國、印尼等，是有可能

染上霍亂的，所以最好是避免生食食物，飲水一定喝煮沸過的。有些觀光地區之衛生環境尚可，但是服務人員可能來自衛生條件差之地區而帶來病源，所以飲食時，水果務必削皮；不要用手直接接觸食物；餐前用肥皂洗手；洗澡或用水漱口時，務必將生水完全吐淨等，成了防止感染的不二法門。

霍亂的症狀為上吐下瀉、脈博微弱、皮膚溫度低、肌肉產生痙攣等。若有人不幸疑似患了霍亂，則其嘔吐物及排泄物務必切實加以隔離處理，以免再傳染給其他人。一有霍亂情形，立刻送醫救治不可稍緩。

(五)阿米巴痢疾

傳染途徑為生水和生食，在亞熱帶、熱帶地方十分普遍，患者會有發高燒（因人而異）、身體疲倦、四肢無力等症狀，而排泄物會有惡臭和帶血黏液。

治療方式為多休息、多喝開水，並服用藥劑。

(六)瘧疾

瘧疾俗稱「打擺子」，這是因為患了瘧疾後會感到忽冷忽熱，身體感覺會有極大的差異，雖然身上發著高燒，但是患者卻會感到非常寒冷；有些人一天發燒一次，有的則是每兩天或三天才會發一次，有些人病發時是來得快去得也快，有些人則會一直斷斷續續地發燒不退。

大家都知道，瘧疾之媒介是蚊子，也就是瘧蚊，所以在野外時，尤其在疫區，儘量避免被蚊子叮咬是最佳的防疫之道。如果不幸染上了瘧疾，應依醫生指示服用奎寧等藥品，服用一段時間後自然會痊癒。

(七)登革熱

前幾年台灣曾經遭登革熱肆虐,使得不少幼童失去了生命,做父母的無不聞疫色變,甚至不讓孩童去上學,驚慌之情可見一斑。

登革熱的媒介也是蚊子,得病後會產生頭痛、關節痛,並且出現紅疹等症狀,成人遭叮咬後,一般一週後可自然痊癒,但幼童則可能因此喪命。

(八)黃熱病

在非洲以及南美洲均可能染上此病,會有頭痛、四肢酸痛、發高燒、臉部浮腫、眼睛充血等症狀,另外也會有嘔吐、便祕之情形發生,但在發病時皮膚會出現泛黃的現象。

黃熱病也是由蚊子傳染,曾經是歷史上最為駭人的瘟疫,最有名的例子就是巴拿馬運河的開鑿。當初第一次開鑿失敗就是因為疫蚊肆虐,待先清理蚊子寄居之地如草叢、沼澤後,運河才得以順利完成。

黃熱病並無特效藥,唯一要注意的就是設法降低發高燒的體溫,不用多久自然會痊癒,而且得病之後終生免疫。

(九)高山症

前往高地國家如西藏、尼泊爾、安地斯山脈等地旅遊,或是攀登高山時,常有此病症發生,尤其是超過三千五百公尺以上(因人而異),即有可能罹病。海拔愈高則病情愈嚴重,如果有高山症(Mountain Sickness)的症狀出現,必須立即停止活動予以治療,若病情嚴重者須立即送下山由醫院治療。防預之道為切忌急行、運動過量。千萬不要逞能,否則當時可能沒事,但是過一陣子就會出現症狀,痛苦難受。

高山上一般空氣較稀薄、乾燥,所以自然會有口渴、皮膚龜

裂、嘴脣破裂的情形，所以礦泉水、潤膚乳液儘量多帶一些。

高山症通常在海拔三千五百公尺以上就有可能出現，這與每個人的體質有關，而無法以性別、年齡或身體強健度來預測，有些身強力壯的年青人反而高山症的症狀比老弱婦孺還來得嚴重。不過若有心臟以及呼吸系統方面毛病的人前往高地旅行時，務必先請教醫生比較妥當。

抵達高地的第一天，無論是搭飛機、乘巴士，最好儘量放慢動作並減少活動量以讓身體充分調適，還有多補充水分，有些人初抵時未覺任何不安，輕忽之下仍然照正常活動，還沾沾自喜以爲勝人一籌，結果幾個小時後，可能就已躺在床上動彈不得了。

高山症之正常症狀是：頭暈、呼吸不順、想嘔吐、噁心、食慾不振、失眠等，處處顯得力不從心、有氣無力的，通常這些症狀一兩天就會自然消失，至多不過三、四天，此時應減少劇烈活動及太消耗體力之活動，並避免菸酒等物。

由於高山症非常普遍，所以市面上早有不少預服藥可以預防或減輕其症狀，例如甚爲知名的Deainnrox就是一種，在抵達前兩天就先服用，抵達後再繼續服用兩日，應該可以確保症狀不致太嚴重。

至於嚴重高山症（Acute Mountain Sickness, AMS）就是另外一回事，似乎直到目前爲止還沒有解藥。AMS通常發生在海拔相當高的地方，可能只有登山隊伍才會遇的上，同樣也是因各人體質而異，出現的症狀與高山症相同但嚴重得多，可能會致命。治療之道只有迅速降低所處高度一途，若是還不行就只有再降直到症狀緩和爲止。若情形實在嚴重就必須以無線電呼叫直昇機前來救援，不過費用必須自付，而且非常昂貴。

曾經有一個自助旅遊小組前往青康藏高原旅遊，結果越嶺的第一天就發現情況相當嚴重，由於知道其威力，所以毫不猶豫，連夜拔營返回平地，待症狀稍緩後，再由另一條海拔較低的路翻山而

過。

(十)中暑

在熱帶地方或是炎熱的地區如沙漠區、低地區等，如果長時間在戶外活動就有可能會中暑。所以如果在暑假期間去印度、埃及、約旦等地區時，儘量避免在中午十二點至下午三點之時段出外旅遊，否則就有可能會中暑。

中暑的症狀是全身發熱、感到燥熱、體溫上升，但是卻不會流汗、心跳加速、頭暈眼花、有一點想嘔吐。治療方法則是迅速移到陰涼、通風之地，平躺，以自然風或搧扇子讓患者慢慢恢復正常。

但若是症狀很嚴重的，可以用冷水淋在患者衣服上以漸降體溫，並給予適量飲水，待症狀轉輕時再換上乾的衣物，以保持正常體溫，避免在身體虛弱的情形下急降體溫。

(十一)凍傷

在寒帶地方如阿拉斯加、北歐等地，或是在冬季前往韓國、日本、大陸的東北等高緯度地區，都要注意氣候的嚴寒，零下十幾二十度的酷寒是我們很難想像的，更別說是身在其中了。

在寒冷地方當然首重保暖，所以除了我們所熟知的帽子、圍巾、手套等外，如果去一些真正寒冷之地旅遊，如加拿大育空地區的北極光之旅、雪地遊獵之旅等，由於有較長時間暴露在曠野，所以最好能租用當地的防風雪裝備，如皮裘、皮帽、皮靴等，將大有助益，自備的禦寒裝備是不夠的。

能夠縮短在戶外的活動時間那是最好的，在外嬉雪約二十分鐘、半個小時後，就返回室內讓身體回暖一下，然後再繼續出去玩是比較妥當的做法。

雪地常見的狀況就是車輛發不動以及雪地輪胎打滑，車子發不動可以通知有關公司前來協助，而寒帶地方每當冬季來臨時所有車

子自然都會去更換輪胎為冬季雪地輪胎，以方便雪地行車，同時也更安全。

在雪地中另一項令人不便的就是凍瘡，凍瘡一般都是在不知不覺中產生的，初時會覺得皮膚紅癢難受，接下來又會覺得皮膚有紅腫現象，並感到患部似乎有點麻木，再嚴重就會皮膚變硬、更腫脹、變紅，然後就開始壞死。

一旦發現有凍瘡時必須立刻加以處理，最簡單的方法就是加強保暖，由於凍傷發生部位都是血液循環比較差的地方，如手、腳、臉部等，以自己體溫加溫是最理想的，或以比體溫稍高的溫水來熱敷也可以，但是不要用火直接加以熱烤，或是用力摩擦患部，如此做對皮膚都會有不良的影響。

在寒冷地方露營時也要注意禦寒與保暖，若真是保暖衣物不夠時，可以用共同體溫方式互助，千萬不可飲酒取暖，因為酒精會使血液循環加速，再加上保暖不夠時，體溫會迅速下降，極為危險，吃一些食物，或是糖果、巧克力等以增加熱量，倒是個不錯的方法。

二、避免受傷

(一) 礁石區

在海濱礁石區行走，或是在珊瑚礁區浮潛時，最好穿上海灘鞋或是防滑礁石鞋，以免被銳利的牡蠣殼、海膽等給割傷，有時礁石由於受到海水沖刷，變得非常滑，容易使人滑倒受傷，有經驗的人通常寧可多繞一點遠路，以避開這些危險的地段。

(二) 動物園、牧場、野生動物保護區

在動物園、牧場或是野生動物保護區內，常有機會與各式各樣的動物近距離接觸，除非確定動物沒有失控的可能，否則最好是保

持距離，以策安全。雖然所見是一些溫馴的小動物，如小猴子、小狐狸、無尾熊等，可愛又喜歡親近人，但是牠們亦可能在轉瞬間就獸性大發，雖不至於有生命的威脅，但其銳利的爪子與尖齒，都可能讓人皮肉受傷、流血不止，更糟的是，還有可能受到破傷風、狂犬病等的感染，畢竟，動物還是動物啊！

第十一節　水上活動

　　所有水上活動除了潛水、游泳外，應穿著救生衣，以免遭遇不測。若救生衣為充氣式則須檢查是否有破露之處，若有應立即更換再行出發。浮潛或是潛水時除了應裝備齊全外，還須遵守教練規定，千萬不可私自行動。若有溺水或抽筋等狀況發生，必須立即求救，不可因害羞而隱忍，受害的將會是自己，但不可假裝溺水求救。乘坐汽艇時避免在船上換座位，若要照相時必須握穩相機，以免落入海中。所謂水火無情，所以事前要做好萬全的準備工作。

一、游泳池

　　國外有不少飯店是沒有救生員坐鎮的，所以安全必須自行負責，而且出了事飯店可以免責，所以前往這種游泳池戲水就得格外小心了。

　　首先就是不單獨前往，若出了事會連找救兵的人都沒有，幼童更是必須在大人陪同下才可進入池畔附近，否則小朋友多愛戲水，玩著玩著就有可能跌入池中了。

　　下水前務必確定泳池之深水、淺水的區域分布，以避免誤入深水池，一腳踩不到底，嗆了兩口水就可能會出事。另外，要有足夠

的泳前熱身活動，入水前先試一試水溫也是必要的。

二、海灘

若是飯店附屬海灘或是公共的海濱浴場，如夏威夷的威基基海灘等，基本上是比較安全的，因為海水之深度均呈緩降型。有深有淺最容易發生意外，例如有些地方看似不深其實在附近可能有幾個深水陷阱，一腳踩空可就麻煩了。

另外要注意的就是海浪，海中瞬息萬變，所以有不少巨浪是不可預測的，最保險的方式就是不要離岸太遠，以策安全。

三、浮潛

前幾年有若干台灣旅客在國外浮潛時不幸溺斃，究其因都是未穿上救生衣。有些人覺得救生衣影響游泳動作，再加上自認游泳技術佳所以不需要穿，意外就是這樣發生的。有些人體力不支游不上岸，有些人則在浮潛時頭部撞上礁石，有些人於下潛時被海流衝擊卡在礁石縫中。

人在出事時才會發現救生衣的重要，至少它可讓你輕輕鬆鬆地待在海面上，即使你已經身受重創，也可靜待救援的到來。

四、潛水

國內喜愛潛水的人口愈來愈多，不但是因為潛入較深的海底可以看到更絢麗多彩的海景，而且可以站在海底欣賞海中活潑的水族生態，不像浮潛時只能由海面往下看，視覺效果差異頗大。

潛水之前必須仔細檢查裝備，面罩、氧氣瓶、指示器、鉛塊等附帶裝備也不可忽略，最後確定與教練聯絡之手勢暗語──水中無法交談，只能靠手勢傳達訊息，例如身體不適、氧氣瓶出狀況等。

下海後務必遵守教練之手勢行事、前進、暫停等，否則就有可能發生危險。若真的覺得有問題，一定要立刻以手勢緊急提出，請教練代為察看解決，否則就應迅速浮上水面，以免問題更嚴重。

事實上，潛水活動刺激有趣，即使不會游泳，在教練帶領下仍然可以下海一窺海底奇景，所以吸引了相當多的人參與，但是身體若有一些特殊的疾病是不可以潛水的，因為只要潛個五、六公尺深，其壓力就比在水面上大許多，也因此有不少症狀就會突發出來，所以在下水前填身體狀況問卷時，絕對必須照實填寫，不可稍有隱瞞以免悔之晚矣。

五、泛舟

泛舟在許多地方也是非常受歡迎的野外活動，一般是以河水流動速度以及沿途之激流和操舟難易程度來分級，級數愈高困難度也相對提高，但其刺激性也就大增。

救生衣、安全帽等裝備不可少，這些可是翻船時或落水時救命的要件。另外，更換的備用衣物、太陽眼鏡、防曬油、遮陽帽、長袖上衣等也最好帶全，因為長時間的曝曬，很可能會把皮膚曬傷。

出發前均會有安全講解，應確實遵守規定，如操槳方式與口令、騎舟方式、落水後應如何自保等，事關眾人安全不可輕忽。

泛舟時必須保持舟身之平衡，在遇急流時才不致輕易翻覆，所以在登舟之前一定會先行分配位置，位置分配好後在行進時不可中途換位置，以免重心不穩而落入水中。

舟行沿岸一般並無洗手間，故登舟前最好先去解決一下，途中若有休息處則可能有臨時廁所，大多數是以大自然為廁。

有些是在平靜的湖泊泛舟，這種小木舟有船夫搖槳、載客遊湖，此時除了要注意舟身平衡外，在船隻集中時要注意手不要放在

船舷外側，以免被其他的小舟給擠壓受傷。若是自行划船而船隻不幸翻覆時，不要驚慌棄船游向他處登岸，最好是以覆舟為救生物，然後高聲呼救靜待救援的到來。

六、汽艇

海上或湖面上常有飛馳的汽艇載著遊客遊湖或兜風，水花四濺，風馳電掣非常刺激過癮，但是有些事也不可不知。

有些汽艇速度極快，如紐西蘭的噴射艇等，即會在水上表演一些汽艇特技，如三百六十度旋轉、逆切波浪前進等，以博取乘客的歡笑，此時救生衣、安全帶是兩樣最重要的配件。

若有特殊身體狀況，如骨質疏鬆症與心臟病、高血壓等，也必須在出發前先詢問清楚是否適合參加，以免興奮過度以致樂極生悲。

七、海釣

海釣可分為兩種，一種是以快艇出海，其後以長線釣竿放長線釣大魚方式來海釣，不過由於費用相當高，每船又至多只能載四名乘客，再加上不一定釣得到魚，所以我國釣客並無太大的興趣。

另一種則是以漁船或交通船進行海釣，每船依船大小可載二十至三十人，船上人員會分發釣餌和釣線給乘客，乘客裝上魚餌後就在船舷各處開始海釣，此時船是停在海上不動的，大夥可以一面釣魚一面聊天，比較不會枯燥無聊。

要注意的是由於海流的關係，所以就算是每人有一定的間隔，釣線還是有可能會糾纏在一起，剛開始可能會令對方欣喜，以為大魚上鉤了，此時千萬不要用力硬拉，最好是先找出是哪兩條線互纏，再同時慢慢收線，待線頭出了水面就比較容易解決了。

海釣時只有一樣事情最令人害怕，不是怕釣到大鯊魚，而是洋

流。洋流有兩種，一種是每天定時會發生的可預測洋流，由於知道它發生於何處，大約何時起、何時停，所以只要是避開前後的一段時間，基本上都不會有麻煩。另一種是不定時、不同地方出現的，那就可怕得多了，因為遇上它時沒人知道到底波浪有多洶湧、何時才會停止，此時除了心中默禱之外，可說是無計可施。

洋流的產生是由於海洋中每片海域的含鹽量並不相同，因此會產生對流的作用，再加上地球自轉以及海潮變化的影響而發生。洋流來臨時最貼切的形容詞就是「無風起浪」，近在咫尺的岸上可能仍然陽光普照、風和日麗，而其旁之大海則早已是濁浪排天、波濤洶湧了。

沒有親身經歷過洋流的人是無法瞭解大自然力量的偉大，本來行駛平穩的船傾刻之間就在開始浮動的海面中被拋來拋去，有如坐雲霄飛車一般。此時只能順著洋流流動的方向前進再伺機趁洋流空檔調整方向，若是冒然逆向而行，船隻將遭無情的重擊，如此是撐不了多久的。

平常一小時的船程，此時可能花上三、四小時，待平安登岸後，不是謝天謝地、慶幸重生、恍如隔世，就是在海灘上大吐特吐，直到無物可吐為止。

第八章

世界各主要宗教禮俗

- 基督教
- 天主教
- 東正教
- 猶太教
- 回教
- 印度教

第一節　基督教

西元1517年的萬聖節，威登堡（Wittenberg）大學教授馬丁‧路德（Martin Luther, 1483-1546）公開宣布了他著名的「95條論綱」（Ninety-Five Theses），以反駁羅馬天主教為了斂財所推行的贖罪券，「95條論網」歸納起來共分三大項。

1. 羅馬教皇不但不解民間疾苦，還濫用權力推銷贖罪券，搜刮民脂民膏以興建聖彼得大教堂。
2. 教皇所掌理者為人世間之事，並無權力使已逝亡靈由煉獄中脫離苦海，就算教皇真有此神力也不應以贖罪券方式來向教徒收費。
3. 教會真正的寶藏在於聖經上的福音，而並非在於聖徒以聖行累積的聖徒功德庫（所謂的聖徒功德庫就是假藉往日諸聖徒所累積之聖功，經由教會名義賣給犯了罪的信徒以及信徒已逝去的親友，而聖功據稱可以累積可以儲存，十分類似發行貨幣的中央銀行其印製鈔票的準備基金）。

馬丁‧路德並宣稱，只相信聖德是信仰之唯一依賴，完全否定教皇和宗教會議之權威。此言一出，立即獲得許多人的支持，但當時正逢神聖羅馬帝國選舉，羅馬教皇正擬借重日耳曼的腓特烈國王，他也是路德的保護者，因此將處分路德之事擱延了近三年。

西元1520年6月，羅馬教皇才發出令諭，命令路德在六十天內公開認罪，路德也因此被捕，並在同年冬季被押至沃斯審判。他在宗教會議上再度公開宣稱：「除非是聖經和我的理性可以證明我的謬誤，否則我不會放棄我的信仰，我的良心只相信上帝的話語，我

反對教皇以及宗教會議之權威，因為他們彼此互相矛盾，求上帝幫助我，阿們！」

於是羅馬教皇下達絕罰令，拘押路德。但是腓特烈國王卻派人秘密劫走路德並藏匿起來，不久路德又化裝成貴族的隨扈人員，進入瓦特堡藏了一年。此時他利用時間把新約聖經的希臘文本譯為德文版本，此版本通俗流暢，立刻贏得德語系國家之極大歡迎，也為基督教之推展奠下了重要的基礎。

馬丁·路德反抗教皇斂財事一出，宗教革命也於焉正式展開，但是卻又因為政治因素使其變得複雜化，因為有些國家之國王可能是羅馬教皇的擁護者，卻又與日耳曼結盟交好，所以並不認真依教皇之令圍剿路德；有些領主或貴族雖然心中支持宗教改革，但是為了自身的政治和經濟考慮，又不得不表面支持教皇之詔令。

時光荏苒，路德學說影響也日漸普及全德境內，更經由西元1522年之武士戰爭（Knight's War）與西元1524年之農民暴亂（Peasant's Rebellion），使其信徒更為大增，地位也日益穩固。當時神聖羅馬帝國對於路德教派之法律地位故意含混帶過，以免發生事端。直至查理五世才採取了比較嚴厲的措施，因此也造成了路德派選帝侯之激烈抗議（Protest），從此以後，新教徒就被冠以Protestant（抗議者）之稱了。

日後基督教之演變由於各地風俗民情不一，而解釋聖經之內容也有差異，所以分枝出了許多教派，雖統稱基督教徒，但其禮拜方式與中心思想差異頗大，現僅舉其中較知名者陳述於後。

一、喀爾文教派

西元1509年，法國人喀爾文出生，及長，他先在巴黎、葉耳良等地研讀哲學、法律以及人文主義，1533年宣稱突然「頓悟」

（sudden confession）而放棄信仰天主教，並開始著作《基督教要義》一書，幾經修訂之後此書成爲喀爾文教派日後之神學理論基礎。

1536年他抵達瑞士的日內瓦，想要宣揚自己的神學思想，建立自己的神權統治，但是卻爲當地之舊勢力所不容，1538年終被迫離去。1541年喀爾文再度返回日內瓦擔任首席牧師之神職，從此完全控制了全區，一直到1564年去世爲止。

喀爾文教派有以下之特點：

1. 人生之目的在於榮耀上帝而非爲了拯救自己。
2. 恪遵安息日，依舊約聖經之規定，安息日不准工作、也不准有任何娛樂。
3. 不承認主教制度，宗教事務應自治，由信徒與牧師共同組成長老會以主持教務。
4. 敬拜上帝時必須非常嚴肅，嚴禁一切色彩、燭光、音樂、薰香、鐘聲等，只有證道與誦經聲。
5. 日常生活也十分嚴肅，不准跳舞、玩牌、觀劇，任何有姦淫、巫術、異端色彩之事一律禁絕，甚至連旅客在旅館用餐時，旅館主人都必須監視其客人——必得先謝飯後才准飲食。

喀爾文教派因有指標的作用，許多其他地區的改革者均前往朝聖、學習，因此其教派發展迅速，例如約翰·諾克斯傳往蘇格蘭後就成了「長老會」（Presbyterian）；傳入英格蘭，被稱爲清教徒（Puritans），後不見容於當地，最後部分人搭乘「五月花號」帆船前往美國東部，即成爲美國名義上之共同始祖；在法國西南部稱爲胡格諾教派（Huguenots）。

二、英國聖公會

聖公會的出現是源自政治問題而非宗教，而聖公會之組織與敬神禮拜則是一種妥協而非創新。

英國國王亨利八世在1509年與西班牙公主凱撒琳結婚後生下五個子女，但均夭折，只餘一女瑪莉（即日後成為女王的血腥瑪莉女王），亨利急欲再婚以得一男繼承王位，但是羅馬天主教向來反對離婚，又不願得罪西班牙皇室，所以採拖延方式擱置，亨利八世請人催促卻一直不得要領，因此與羅馬教廷漸行漸遠，終於導致決裂。

1533年亨利八世任命克蘭姆為英國教會中地位最崇高的坎特伯里大主教，之後克蘭姆於五月宣布亨利國王之原有婚姻無效，六月就主持了亨利八世與宮女寶琳之婚禮，七月羅馬教廷終於開除了亨利八世之了天主教會籍。

亨利八世一不做二不休，宣布英國國王才是教會唯一的最高統領，所有臣民一律只能服從他而必須反對羅馬教皇，違者一律處死刑，其大臣湯瑪·士摩爾即因此而被斬首，電影《良相佐國》敘述的就是此一歷史。此外他又沒收原來教會及教士的土地及財產，轉分配給其部下、貴族們，他們當然也因此全力支持亨利八世之教會政策。

從此以後，雖經「血腥瑪莉」之焚殺新教徒（她以異端罪名焚燒新教二百八十八人，因此得惡名「血腥瑪莉」，諷其雙手沾滿了鮮血），但是在伊麗莎白一世繼位之後，英國國教之地位已是完全穩固了，因為她正是亨利八世與宮女寶琳所生之女，若依羅馬教廷之認定，她即是無效婚姻之私生女，所以無論如何，她是絕對不可能重新回到天主教去的。

英國國教之特點如下：

1.以英語代替拉丁語祈禱禮神。

2.教士可以結婚，如新教徒之牧師一般，反對崇拜古聖徒。

3.組織上類似路德教派，沒有大主教及主教。

4.設有教會法庭，主管教徒婚姻以及遺囑，並保有十一捐，只是把修道院制度取消。

三、再洗禮派

再洗禮派（Anabaptists）源自德國南部，初始流行於農民、工人以及窮人之中，他們認為天主教在嬰兒時所給予的洗禮是荒謬且無效的，因為幼小的嬰兒根本不解世事，洗禮是沒有意義的。因此，在其成人後必須要再度接受洗禮才正確，後來演變成只要成年時洗禮一次即可，實無必要再洗一次。

他們主張聖經之舊約及啟示錄之教誨，反對教士，應服膺個人良心之判斷，信徒應追隨內在之光的指引，以敬拜上帝。

其敬神方式非常特別，如高聲叫喊、手舞足蹈、高歌、神情語氣激動的講道等，非常激烈的肢體語言，所以一向為天主教、路德教派等所厭惡與排斥，甚至頻遭迫害。

他們認為教會應是一神聖之共享，共有的社團，個人不應有私人財產，反對政府，反對服兵役，反對宣誓，不准說謊、貪婪、姦淫、飲酒。

四、門諾教派

門諾教派（Mennonites）由荷蘭人門諾‧賽門所創建，為比較保守的再洗禮派與瑞士的兄弟會，主張新生活，不注重神學學問以及教條之研究。

所謂新生活即是一切衣食住行均由所有信徒一起合力完成，否則不享也不用，所以其每日飲食、身著之服、所居之屋以至馬車一律自給自足，有些嚴守教義者至今仍然是布衣粗食，不用汽車，而是乘馬車，不用電器（包括電燈），而用油澄，可以說是現代社會中的古代人民，非常特殊。電影《證人》中男主角被迫逃亡之後就是藏身於門諾教派中之一支艾密許教派（Amish），其族人黑衣、黑帽，嚴謹而樸素的生活可謂異數。

門諾教派傳至美國東部而有了艾密許教派，再傳至加拿大之多倫多附近之聖約伯，而又成一獨立之社區；週末時他們向慕名前來之遊客出售自製麵包、果汁以及手工藝品以貼補家用，值得一遊。

門諾教派反對戰爭、反對宣誓、反對洗禮等，但只是消極的不參與，可以說是典型的不抵抗主義者。

五、會衆派

會衆派（Congregation）為英國國教教士羅伯‧布朗所創建，日後的獨立教派以及公理會（Congregationalists）均受其影響而成立，影響可謂非常深遠。

由於布朗反對善惡的妥協情事，所以與信徒合組會衆派，彼此互訂盟約以避免與邪惡之人往來，教會之主權應在各地之教會手上，而非由教宗或主教主導，並應由各地教會經由民主方式選出牧師以傳達並掌管教務。

新教雖說教派林立各有一套神學理論，但是一般來說均有以下特點：

1.拒絕承認羅馬教廷之權威性。

2.不承認神職人員之神聖性與超自然之說，教士也是凡人，所以可以享有凡人之一切正常生活，包括婚姻；沒有修士、修

女以及苦行僧等。

3.以各教派之母語代替羅馬教廷之拉丁文，用以祈禱、禮神。

4.簡化繁複之聖禮，只保留洗禮以及聖餐禮，不再崇拜聖徒也不用再往聖地朝聖。

5.聖經為各教派之唯一信仰來源，可自行解釋聖經內容。

6.反對煉獄之說，更反對贖罪券之價值。

小檔案

西洋婚禮習俗考

婚禮時，我們常看見一對新人互相把戒指套在對方的手指上，以示白頭偕白終生不渝。這種習俗其實源自古埃及時代，因為當時的人相信中指的血管直接連接到心臟，所以可以藉由中指的控制，達到使對方永不變心之功效，但是戒指千萬不能斷裂，否則就會大禍臨頭。

新娘的面紗源自古希臘羅馬時期，並不是為了替新娘遮羞，而是避免讓新郎的情敵看見了不甘心而半途去搶親，橫生枝節，所以直到神父宣布新人已是合法的夫妻後，方才掀開面紗，謎底也同時揭曉，就算情敵看到了也為時晚矣！

至於切婚禮蛋糕的習俗也是源自古羅馬，賓客們在新娘的頭頂上方撕開麵包，然後讓他們把麵包碎塊帶回家去，以求新人的子孫興旺，瓜瓞綿綿。

還有就是婚禮中可以看見親友們向新人頭上撒米粒和五彩紙，祈以求新人一輩子衣食無虞、順利平安，這也是沿自古希臘時代，不過那時候他們不是用米也不是用紙，而是用甜的碎肉屑！

第二節　天主教

　　天主教，又稱舊教、羅馬公會（Raman Catholic）是世界上信仰基督者人數最多、歷史也最悠久之教派，目前共有約六億之信徒。天主教以嚴密的組織、一致的禮儀、教義，以及重視教育之傳統而著稱。

　　天主教起源自耶穌時代，以中東地區中下階層之百姓為主要成員，耶穌被釘十字架死後，其信徒雖有短暫的挫折與潰散，但不久之後，為了逃避羅馬帝國之迫害而遷徙至歐洲各地，反而迅速地擴散了傳教之地區，信徒前仆後繼、視死如歸的宣教精神，使得許多人（包含羅馬帝國的富人甚至官員）都接受了基督教。西元313年時，羅馬帝國之君士坦丁大帝頒布「米蘭赦令」，公開宣布基督教為合法之宗教，而至該世紀末，基督教已變成了羅馬帝國之國教。

　　天主教於十六世紀時雖受馬丁‧路德宗教改革之影響，而使其在歐洲之力量大減，現在只有法國、西班牙、義大利等國以及東歐部分國家為天主教國家，但是由於許多歐洲人移民至中南美洲，而使得天主教得以在大西洋之彼端開花結果，成為最大的信仰人口，至今不衰。

　　天主教自認為其創教者為耶穌基督，耶穌任命弟子彼得為教會領袖，而後世的教宗就是彼得之指定繼承人，再由教宗任命各地之天主教領袖為樞機主教，樞機主教為當地之最高位領導者，並有選舉教宗之權力，在中古時期的歐洲，其地位等於教宗分封各地的宗教國王，權勢之大連真正的國王也對其敬畏三分，在如此絕對權威之下，造成了天主教內部之墮落與腐化是必然的，有些教宗及樞機主教之行為極其低劣，甚至與魔鬼相去不遠，酒氣財色無一不興，

也因此造成了信徒大量流失，但經過改革運動後，其階級體制已趨合理化，教宗及其他領導者也多潔身自愛，重新贏得信徒之敬仰。

天主教之特點是有七項聖禮（Holy Sacraments）制度，即洗禮、堅振、領聖體、告解、膏油禮、受聖職以及婚禮，均有一定之程序、儀式和經文。新教認爲太過繁雜，所以只保留洗禮及聖體，其餘均廢除，而天主教則堅持這七項聖禮，並稱這是起自耶穌基督本人，不可言廢。

由於宗教權力極大，於是常與各國之君王發生衝突，衝突之起因有時是因政治，有時則爲經濟因素。例如十三世紀英法正處激戰之時，雙方國王乃不約而同地宣布教士也必須向國王納稅以充實國庫。但是教宗龐尼菲斯卻發給法國國王菲力普四世最後通牒，籲其取消教士納稅命令，法王一怒之下竟派人遠赴義大利逮捕教宗，後雖被信徒救出，但遭此奇恥大辱，不到一個月就蒙主寵召了。

還有自從十四世紀初年出現了法國籍的教皇後，在總數二十八名的樞機主教中，竟然任命了二十五個人是法國籍者，也因此可說是呼風喚雨，無所不能。不但如此，他又率眾由羅馬遷往法國隆河下游的亞威農，而且接連選出之教宗每個都是法國人，一直到西元1377年返回羅馬爲止，共待了六十八年之久，教會史稱之爲「巴比倫幽居」。

巴比倫幽居後不久又發生了「大分裂」，原因是義大利人相當不滿歷屆教宗均爲法國人所把持，激烈要求新任教宗必須是義

▲天主教之聖壇。

大利人。法國籍之樞機主教因而倉卒間選出了義大利人烏爾六世，但旋即發現其不願為傀儡，於是悍然反悔，宣稱是在暴民脅迫下所為，當屬無效，又另選了一個法國人克萊門七世為教宗，並再度返回亞威農，於是世界上同時有了兩個教宗以及兩個主教團，這便是大分裂。

大分裂還不夠離譜，精彩的還在後面。西元1409年，比薩會議為了解決大分裂的問題，於是同時罷免了羅馬與亞威農之兩位教宗，另又立了一位新的教宗，但是兩位前任教宗均拒絕退位，於是雙胞案又變成了三胞案；神聖羅馬帝國之國王不得已，只有再召開君士坦丁大會，宣布三位教宗均屬非法，必須同時引退，另外再選出馬丁五世為新任教宗，大分裂至此方告落幕。

但是馬丁五世當選後竟然宣布解散君士坦丁大會並否決其所有決議，以免大會因權力大過教宗而可以決定教宗的人選，從此以後又開始了漫長的教皇與大會的鬥爭史。

此外，教會常以異端來虐殺宗教改革者，例如布拉畢大學教授約翰·胡斯案就是一例。原因僅是他主張聖經才是信徒最高信仰之依據與根本，反對教會在世俗的權力，結果被教會判為異端而逮捕下獄，最後施以火刑而死。

異端影響所及又產生了巫術，凡與巫術沾上一點邊的人都必須處以火刑，例如聖女貞德，就被誣控為女巫而處火刑焚死。其間有多少誣告、構陷，實在不可勝數，無數的善良百姓就在土豪劣紳與教會的勾結下成為犧牲品，家破人亡之百姓對於教會當然是恨之入骨，這也是為何新教一出就有許多人立刻唾棄天主教的緣故了。

天主教徒有下列特有聖物：

1. 念珠：為一串珠子以細繩串成，末端附有十字架，有些十字架上有基督像，念珠主要是用在念經文時計算念經次數。

2. 十字架：天主教徒聖化十字架，一般十字架必置於教堂最明

顯之處，其上多有耶穌釘十字架之像，以示耶穌為了救世人而犧牲自己之事蹟永誌不渝。

3. 聖母瑪利亞：只有天主教徒才拜瑪利亞，他們認為瑪利亞對耶穌一生之事蹟貢獻良多，所有信徒都堅信瑪利亞在懷孕以及生產時，甚至至死均是處子之身，她在天主教中享有極高之地位。

4. 聖物：可能是一個小聖徒像，也可能是耶穌畫像墜子，教徒認為這是上帝之祝福，有些人配戴以後就終身不取下來，甚至帶進了墳墓。每遇祈禱時或是人生大事時均會執之，虔誠祈禱以求神庇護，並得到好運。

西元1962年以前，婦女在望彌撒時必須以頭巾覆首，但目前已放寬了。神職人員一律穿戴特殊之聖袍及配件以舉行宗教之儀式，並可由其顏色以及式樣分辨出其在教會中之地位高低。

天主教徒一般會在聖日以及耶穌受難日舉行禁食，有些人是完全禁食，只喝水，有些則只吃一餐。此外，有些教徒在每週五都不吃肉類食品，以紀念耶穌是在週五被釘在十字架上的。禁食之年齡都是由十四歲至五十九歲之間，之前或之後就無此禁忌了。

天主教徒一生中有幾件大事值得重視：

1. 出生：天主教認為嬰兒之洗禮是將其置於上帝之懷抱中，所以非常重要，洗禮可以是一名或是多名嬰兒一起受洗，父母親並宣誓會以教會之禮扶養其嬰兒。如果嬰兒未接受洗禮，死後會被置於「林波」（地獄之邊緣地帶）。

2. 婚姻：天主教非常重視婚姻，堅決反對離婚以及墮胎，因為生命乃上帝所賜，凡人是不得決定其生與死的。婚姻方面希望教徒能與教徒婚配，如果配偶是異教徒，則其子女也要設法使其成為天主教徒。

3. 葬禮：天主教徒認爲死並不是一件可怕的事，只不過是信徒又回到了上帝的身邊，因此不必哀傷。其埋葬方式依各地之風俗習慣各有所不同，一般都會有祝禱文、聖詩等，以祝福死者早日升天，而家屬也不用難過，因爲逝者會在天堂等待其家人。

4. 聖物崇拜：在天主教國家以及東正教國家，都會有相當普遍的聖人、聖物崇拜情節，雖說教徒相信唯一的上帝，但是似乎多幾位聖人與天使也是蠻好的事情。

除了受洗，每個人會有一位自己的保護神（Guardian Angel）外，每一個城市、國家也會各有主神以屏障保護之，這似乎是由希臘時代流傳下來的傳統，例如雅典城之保護神就是戰神雅典娜，今日如威尼斯之守護神就是聖馬可，其化身是一隻長有翅膀的獅子，羅馬之守護神自然是聖彼得了，他最容易認，因爲耶穌把進入天國的鑰匙親手交給了他，所以只有他手中執有一把大鑰匙，每年一到了守護神的聖日，全城會爲之瘋狂慶祝好幾天，日夜不停。

至於聖物崇拜就更有趣了，照道理說既是唯一眞神的信仰教派，本不應如此迷信才是，但也許是人類天生的本性吧，不管是眞的還是假的聖物，只要一出現必定引起百姓極大的注目，有人爲了得到聖物傾家蕩產甚至不顧個人性命，必得之而後已，郎吉努斯之矛以及布魯日之聖血教堂就是其中極有名的例子。

聖物之種類繁多，舉凡聖人之骨骸、遺物，都是很好的聖物，如屬與耶穌有關的十字架鐵釘、木塊，或是其所穿之衣袍、所流之聖血則更是身價萬倍，有人嘲笑說就目前世上所發現之聖十字架之木塊與鐵釘匯集在一起的話，已足夠蓋一間巨宅還綽綽有餘呢！

聖物除了可供信徒朝拜以及觸摸外，還可以顯靈爲人治病，甚至可以治百病，如盲人從此看得見、跛子立刻把拐杖給丟掉了、聾

子馬上可以與人交談等，不信嗎？不由你信不信，例如在加拿大蒙特婁就有一間教堂，其中「展示」了許多的拐杖，正是聖母顯靈時替信徒治癒之鐵證！

如果出土的聖物是其他地方也有的，就得爭取信徒，甚至還得互相指控等，其目的說穿了不過是來的信徒愈多，所捐之奉獻自然也就愈豐厚，所以在發現聖物時免不了要以聖徒托夢、顯靈等方式來增加自己的說服力以及信徒的信心。

小檔案

選教宗

天主教是一種世界性組織的宗教，不但歷史悠久，而且有許多的典章制度都是源自古代而流傳至今的，其中最具代表性的就是選教宗了。

教宗在天主教信徒的眼中就是上帝在塵世的代言人，其地位的崇高甚至超過了帝王，而且又屬終身職，所以想當教宗的人可以說是大有人在，也因此教宗的選舉就必須謹慎小心而且祕密，以防止有心人士的藉機運作。

教宗選舉的投票室內不准任何外人在場，也絕對沒有照相機、攝影之類的採訪設備，室內完全密閉，隔絕與外界所有的聯絡。

有資格的紅衣主教才可投票以產生新的教宗，但必須是在場人數的三分之二再加一票以上的票數才算當選，否則就得把選票和潮溼的麥稈混在一起於壁爐中燒掉，在外面的群眾一看到煙囪冒出黑煙，就知道選舉還沒有結果。但是如果有某一位候選人真正當選了，就會把所有選票混合乾的麥稈

一起焚燒，煙囪就會冒出白煙，這時在聖彼得大教堂外守候多日的信徒和媒體記者就會高聲歡呼：「白煙！白煙！教宗萬歲！教宗萬歲！」

教宗正式當選後，會得到極其權威的教宗指環，就憑著這一枚小小的戒指，成為全世界六億天主教徒新的精神領袖，並成為財富驚人的梵蒂岡國之大權在握者。

第三節　東正教

國人對於東正教（Orthodox）之認知可說是相當貧乏的，大多數的人可能弄不清楚什麼是東正教，與希臘正教、俄羅斯正教之間有何關係，又為何會有東正教的出現。

正教，指正統的教義，原來是用於任何教派團體堅持古訓、不修正、不妥協之稱，所以各種宗教或政治團體都會有正統派、修正派，而令人莞爾的是，無論是誰都堅稱自己才是正統派，其他人則是修正派。

所以猶太教派中也會有所謂正統派，即是至今之生活、飲食、禮拜等一切仍遵循古禮：嚴遵每日禮拜、飲食禁忌、教堂男女分開坐、禮拜時不用任何樂器伴奏，凡此種種均可稱為正統派。而多年以前中國大陸與前蘇聯發生齟齬時，雙方均自稱是正統派的共產主義者，蘇聯由於是共產黨的發源地，當然認為自己的所作所為才是正統；中國大陸則認為蘇聯已暗中做了許多基本與原則精神上的改變，所以稱蘇聯為「蘇修」（即蘇聯修正主義），言下充滿輕視之意。

　　正教自稱是淵遠流長，可追溯自聖徒保羅。他在希臘首創正教，聖彼得則在安提克創立安提阿正教，可見其古老的正統地位是無庸置疑的，而羅馬天主教則是在西元五世紀才被正式承認的，這期間足足晚了正教四百年！

　　正教有不少分支，如希臘正教、安提阿正教、俄羅斯正教、塞爾維亞正教、保加利亞正教、羅馬尼亞正教等，每一正教均設有一名大主教，而希臘正教與這些不同國家之正教合稱爲「東正教」，也就是東歐正教之統稱，所以在上述國家旅行時，不宜統稱其爲希臘正教、東正教等，應各自稱爲保加利亞正教等較爲妥當。

　　事實上，自從羅馬帝國一分爲東、西羅馬帝國，而各以君士坦丁堡（今之伊斯坦堡）與羅馬爲大本營後，雙方之爭執與衝突就沒有停止過，最有名的例子就是西元1204年，十字軍東征時，在羅馬教廷的授意下，十字軍竟然東征到君士坦丁堡去了，城破之後燒殺劫掠，全城珍寶被洗劫一空，很多人難以相信高舉收復聖地大旗向回教徒宣戰的神聖十字軍，竟然會對同信一神的東羅馬帝國下毒手！

　　以下是東正教地區一般日常生活民情不同而略有相異的儀式：

一、日常生活

1. 非教徒可以進入禮拜堂內參加儀式，但是不准接受聖餅以及聖酒禮。
2. 東正教聖職人員以及婦女在禮拜時必須以頭巾覆頭，男人則可免。
3. 神父大都蓄有長鬍鬚，頭髮也不得剪，可以盤在頭頂上，禮拜時會穿上極爲華麗之神袍。
4. 飲食並無禁忌，但在一年中的某些日子裡，多會自動禁食，

比較虔誠者幾乎是每週三、五都屬禁食日，凡肉類、魚類、酒、油以及乳類製品均完全戒絕。

5.所有女性均不准被任命爲神職人員。

6.幼童在洗禮之前並無名字，直到受洗日神父會親自命名，而告知其守護天使是誰，稍長可吃固體食物時即可參加聖體禮；大約七歲時就可以開始辦告解了。

7.家家戶戶都供有聖徒畫像，早晚膜拜與祈福、燒香、行禮，無日間斷。

8.幼兒在一、兩歲時洗禮，洗禮時神父會以聖油抹在嬰兒頭額、臉頰、手、腳上，洗禮日多選在星期六舉行。

二、婚禮

婚禮分爲三部分，在進入教堂舉行儀式前神父會祝福新人，並要其互換戒指，以誌終身不渝；在教堂內神父會依新郎、新娘順序爲其戴上婚冠，東歐國家的婚冠爲鮮花編成，俄國則用金屬冠；最後新人合飲一杯葡萄酒，象徵生命共同體的開始，攜手繞行一圈，象徵永遠的結合，至此，婚禮才算完成。

三、葬禮

逝者遺體一般都放在家中直到葬禮舉行的那一天，前一天之傍晚家人會舉行祭典，祝禱其早日升天，家人會逐一向逝者致祝辭以表思念。

葬禮包括聖歌、聖詩、聖祝等，死者會有聖畫陪葬，男人用耶穌像，女人用聖母瑪利亞像，葬禮儀式後參加儀式之親友可繞棺一周，獻上最後的祝福，如果願意也可以親吻死者之頭額。

最後神父宣布封棺並移棺入穴，此時神父會以聖爐之香灰撒

在棺木上，其他親友也會以泥土撒在其上，之後儀式結束，眾人離去。

第四節　猶太教

　　猶太人可以說是一支極富傳奇色彩的民族。

　　由西元70年的反抗羅馬帝國失敗起，猶太人就開始了長達近兩千年的亡國流民歲月。西元135年的第二次起義失敗後，羅馬帝國更宣布猶太人永遠不准返回耶路撒冷——所有猶太人心中的聖域。

　　近兩千年歲月的漂泊、流浪，使得猶太人被迫遷徙至世界各地，中歐、東歐、南歐、美國，甚至中國大陸，都可見其蹤影。雖然國破族散，又經過漫長的流浪年代，但是散居各地的猶太人其生活方式與基本敬神禮儀卻驚人地極為相似，且與兩千年前並無多大的差異，讓人不得不佩服猶太人之生命韌性與遵循古禮法堅定不移之決心。

　　猶太人認為只要雙親中有一人是猶太人，其子女即可被認定是猶太人，這種從寬認定的方式，使得猶太人得以以多種不同的面容在世界上出現，所以今日所見之猶太人，呈現之不同膚色面貌也就不足為奇了。因此，若是不表明身分，很難由一個人的外表看出其是否為猶太人，這也是為何希特勒在屠殺猶太人時，必須要用各種方法才可使隱藏在社會各角落的猶太人現身了。

　　現在讓我們來瞭解一下猶太人的風俗習慣：

1.猶太人的出生、死亡以及一生中的重大事件均依上帝之旨意進行，生命的目的不是為了自己，而是為了榮耀上帝，也就是為了上帝而活。因此，每天的日常生活，由睜開眼睛、

起床、穿衣、沐浴、走路等都有一定的敬神祈禱經文以及動作，若是違反了或是忘記了，都是屬於罪惡，必須立即祈求上帝之原諒，否則就得不到上帝的祝福。

2.男童出生後第八天必須行割禮，也就是割去代表不潔的男性包皮，同時舉行祝禱儀式並爲其命名。

3.男童在十三歲時必須當眾宣讀「律法書」中之祝禱詞，表示自己已是正式的教徒了。

4.結婚時先舉行訂婚儀式，由新郎宣讀婚約，並遞給新娘結婚戒指，並宣布：「妳戴上這枚戒指，就屬於我了」，之後才會舉行正式的婚禮。

5.葬禮簡單隆重，人去世後在最短的時間即完禮埋葬，壽衣樸實無華，而且遺體不用棺木而是直接埋葬。

6.宗教之領袖稱爲「拉比」，意思是我的老師，其角色類似社會上的傳教士或牧師之類，負責解釋律法並帶領眾人參與敬神儀式，以及解決族人中之糾紛等，拉比均爲男性。

7.猶太男子頭上戴一小圓帽表示敬神。因此在某些猶太教聖地，例如哭牆旁之聖地，就必須戴小圓帽方得入內，但一般旅客不可能隨身攜帶有小圓帽，因此在入口處猶太人會供應免費的紙製小圓帽，參觀完畢後再歸還即可。

8.每日至少禱告三次，晨禱、午禱以及晚禱，而且猶太人認爲集體禱告（至少十人以上）的力量比個人禱告效果大得多，所以常常可見一大群猶太人聚在一起同聲向上帝祈禱的畫面。

9.家畜食物中不可食用兔肉、豬肉、馬肉，因爲這不符合猶太律法可食家畜之規定。

10.家禽食物則只可食雞、鵝、鴨等，所有鳥類一律禁止食用。

11.海中生物則只食用有魚翅及魚鱗的魚類，因此如鰻魚、龍

蝦、螃蟹等海鮮一律禁食。

12. 乳類製品如牛奶、乳酪等是不可以與肉類一起食用的，就算想要吃這兩種食品也必須中間間隔六小時，也就是在同一餐內不可同時乳、肉食品上桌。有些家庭主婦甚至會用兩套不同的器皿來盛裝乳類以及肉類食品，以免兩者混在一起。

13. 禁食任何之昆蟲類，所以在清洗蔬菜水果時必須小心，以免「不小心」吃到藏匿其中的果菜蟲。

14. 猶太人的標記是「大衛之星」（Star of David），也就是現在以色列國旗上的那個六角形星型圖案，在國外只要見有人家中有此圖案者，即表示此人或此家爲猶太人，與之交往應對就必須加以注意，其聚會用餐時也最好加以留心，以免雙方尷尬。

15. 安息日（Sabbath），這是猶太人得以團結一致、延續不墜的最主要原因，所有的猶太人必遵安息日，也就是禮拜六，安息日是由禮拜五之日落起直至禮拜六的日落爲止，也就是聖經上所記載的上帝創造天地的六天，安息日爲猶太人的聖日以及休息日。

16. 安息日時不得工作，並明列三十九項活動均在禁止的範圍，例如娛樂、旅行等，甚至打仗也不可以，所以有人說偷襲以色列的最佳時機就是安息日，因爲這一天在所有猶太人的地方都是一片死寂，除了祈禱敬神外。事實上在西元二世紀時真的發生過敵人就選在安息日進攻，以色列人只有束手待斃，不敢反抗，後來因爲這血的教訓，才修改了不得作戰的這一項禁忌。

17. 安息日禁忌包括：耕田種地、開車、寫作、縫紉、烹調食物、買賣物品，以及所有有關金錢的往來和約定。因此若是去猶太人居住的地區旅遊時，若遇到安息日時最好有心理準

備，因爲所有商店、銀行、餐廳等是一律停止營業的。

18.猶太教徒只相信《舊約聖經》（*Old Testament*），要分辨基督教與猶太教最容易的方法就是看他讀哪一種聖經，猶太教一定只讀《舊約聖經》因爲他們根本不相信耶穌是基督，更別提以耶穌基督的事蹟與言行所編寫而成的《新約聖經》（*New Testament*）。

19.前往以色列旅行，於入關時必須注意不要把以國之移民關章蓋在護照上，以免日後前往其他阿拉伯國家旅行時，將因爲曾前往過以色列而被拒絕入境，在這種情形下，只有重新換一本新護照了。

20.以色列的安全檢查也是全世界最嚴格的，所有行李不論是隨身或是托運的，都會被一件一件的仔細檢查，或有疑問的還會被拿去用X光照射檢查，甚至連牙膏、肥皀、乳液等都會一一打開檢查，所以在以色列搭機離境時，至少會多耗一個小時，也就是說，旅客必須比正常再提早一小時抵達機場，否則就算是飛機要起飛了，若是安檢仍沒有完成的話，旅客也只有搭下一班飛機了。

21.與猶太人打招呼或是道別時，可說「Shalom！」，意思爲你好！祝福你等！

第五節　回教

　　回教亦名伊斯蘭教，爲西元七世紀時由先知穆罕默德所創，主張敬拜唯一的眞主阿拉。伊斯蘭教在阿拉伯語中的意思爲「順從」，也就是人類必須「順從」唯一眞主阿拉的意思。其標記爲一輪彎月旁加一顆星星，有不少回教國家都以此爲國旗之基本圖案。

回教徒一律遵行五功，也就是：

1.念功：宇宙中除阿拉外即再無眞神，穆罕默德是阿拉的使者。
2.拜功：每日拜阿拉五次，朝拜阿拉時必須停下手邊的所有工作，伏地朝向聖地麥加的方向朝拜。
3.課功：繳納天課，稱爲札卡特。
4.齋功：依規定每年遵行齋戒月。
5.朝聖功：每一名教徒每年都應至麥加朝聖一次，或至少一生要去麥加朝聖一次才夠資格稱爲穆斯林。

一、回教來源

穆罕默德出生於西元570年，原爲麥加一商人之子，及長娶了一名富有的寡婦爲妻，生活因此變得富裕闊綽起來。在他四十歲的那一年的某一天，忽然遇見阿拉由天上派至凡間的天使加百利（Gabriel），自稱奉命告知神論，並取出一張布帛上書神論內容，要穆罕默德背誦下來再轉告百姓，他立刻背了下來（雖然眾人皆知他是文盲，不認識任何字），此後不斷有使者向他傳遞神論，有時是鴿子飛在他肩頭向其耳語（有人稱看見他在肩上撒了麥粒），有時則是做夢升天面見阿拉受論，再返回人間傳達。

穆罕默德生性機智聰慧，以隨機應變能力強著稱。據說有一次有群眾懷疑他的神力，就說：「如果你能祈求阿拉把我們前面這座山給移過來，我們就相信你是阿拉的使者。」穆罕默德不得已只有照做，可是一直向神祈求了三次，山卻依然紋風不動，此時他不待懷疑的人繼續發言，立刻大聲宣布：「各位，這下可親眼看見阿拉的仁慈與偉大了吧？如果他眞的把山移了過來，那我們不是全部給壓死了嗎？現在讓我們大家一齊跪下來感謝阿拉吧！」一代宗師，

畢竟是不同凡響。

二、可蘭經

穆罕默德於西元632年去世後，徒眾依其生前之相關言行編成了《可蘭經》，從此成為全世界各地回教徒遵行的唯一法典，至今依然。

《可蘭經》在回教徒心中神聖無比，不但超過《聖經》在猶太教徒和基督教徒心中的地位，而且似乎還帶有神秘的色彩，例如出外旅行時會親吻《可蘭經》以求阿拉保佑；身體不乾淨或婦女生理期時也不可碰經書；此外，《可蘭經》必須放在家中最神聖的祈禱室中，不可隨意亂放置，其擺放高度也必須高過室內其他的任何物品。

回教徒在背誦《可蘭經》經文時無論任何理由都不可以被打斷，就算是生命遭受威脅時也是一樣，例如說誦經誦到一半突然發生火災時也必須誦完才能逃生，唯一可以打斷之時就是誦經者背錯經文而有更正之必要時。

三、清真寺

清真寺是回教徒最神聖的拜神之處，其規模與地位亦有大小高低之分，只要視其旁之「呼拜塔」即可一目了然，由鄉村地區的小清真寺的一座呼拜塔，到首都級宏偉壯觀清真寺的五座，甚至六座塔都可以見到。而地位最崇高的清真寺則非聖地麥加莫屬了。

進入清真寺必須先淨身，洗手洗足，再懷著一顆純潔虔敬之心，再進入寺中朝拜阿拉。

朝拜時也必須面朝聖地麥加的方向，這並不困難，因為每一座清真寺都在朝麥加方向建有神壇，而且每一張地毯上都會有圖案指

▲清眞寺內極其神聖莊嚴，不可嬉戲。

示方向，所以絕對不會弄錯。

　　朝拜時男人在最前面，中間是兒童，而婦女則是排在最後面，這是爲了避免男人在拜神時看見前面有女人，心中可能會有雜念，對阿拉不敬，所以就成了男前女後，而把兒童置於中間地帶則是讓他們無法調皮搗蛋，只有乖乖地跟著大人拜阿拉。

　　由於回教嚴禁任何豪華裝飾物與偶像，所以在清眞寺中只有可蘭經文和花草圖案當作裝飾，而教徒身上也不可有任何人像、動物圖案等有偶像崇拜嫌疑之物。

四、禁忌的食物

　　豬肉、動物之血、酒類、非經回教徒屠殺並放血之動物、病死或自然死亡之動物，或被其他動物殺死者，都在禁制之列。

　　每餐前必定禱告感謝阿拉，而由於食物乃阿拉所賜，因此不可浪費，也不可大吃大喝，否則阿拉必定不悅。

五、出生

嬰兒出生時所聽到的第一個字必須是阿拉，所以出生後其父親會在耳旁輕呼阿拉之名。在出生的七天之內會舉行慶生會，家人會在嬰兒嘴脣抹上蜂蜜、蘋果汁等甜汁，並把嬰兒輪流傳給諸親朋好友看，以表示嬰兒正式成為大家庭的一分子。

新生兒的父親通常會殺兩隻羊為新生男嬰慶生，而生女嬰的話則只殺一隻羊。

六、婚禮

回教男性可以娶猶太教或是基督教女子，因為畢竟大家信奉的是同一位上帝；而女性則不可以嫁給異教徒，因為他們認為新生兒會跟著父親去信教。

只要經濟許可，男人可以娶四個妻子，只要他的第一任妻子不反對的話。

男方娶妻時必須準備豐厚的聘禮給女方，包括了珠寶、禮物等，這些聘禮在婚禮上都會被逐一宣布。而女方家長在嫁女後的幾天內，會舉行盛大的喜筵以宴請諸親友。

七、葬禮

回教徒認為死亡只是生命的另一種形態，所以並不十分悲傷，臨終前最好能說出：「阿拉是宇宙的唯一真神，穆罕默德是他的使者」，而死者在被埋葬時臉部必須朝向麥加的方向，生時朝麥加拜，死時朝麥加埋。

逝者家人會以清水洗淨屍身，再以白色壽衣包裹然後抬入清真寺中舉行最後的祈禱，祈禱完後再送往基地，家人再度為死者祝

禱，最後以泥土撒在逝者身上，其他親友也依樣行之，直到葬禮結束。

回教徒不准火葬，就算意外死亡也不准解剖屍體。

第六節　印度教

一、印度教起源

西元三千多年前，也就是距今約五千多年前，居住在中亞帕米爾高原阿姆河流域的雅利安人開始了遷徙，其中一支向西北方，也就是歐洲的方向前進，日後產生了歐洲文化的一部分；另一支向東南前進，而其中之一支進入了伊朗產生了波斯文化；另一分支則越過喜瑪拉雅山脈之隘口而進入了印度，印度文化由是成焉。

根據學者專家之考證，代表該期印度文化象徵之《吠陀經》，其文學之表現與語法之成熟，均遠勝於晚期的希臘文學以及希伯來文學，吠陀（Veda）基本意為知識，也就是說其創作之本意在於追求知識與真理，其中包含了對諸神的禮讚、歷史的記載與階級制度之來源。

依據《吠陀經》的最後敘述，由天神口中出生之人是婆羅門，也就是祭司等神職人員；由肩膀生出者為剎帝利，也就是貴族武士階級；由腿部出生的是吠舍，是為庶民百姓；由最低處雙腳所生出者則是首陀羅——奴隸階級。而首陀羅是雅利安人入侵時被征服之印度原住民，膚色黧黑，身材矮小。以上四種階級再加上不能算得上是「人」的賤民，就構成了數千年來始終嚴密控制印度社會的種姓制度。

種姓制度事實上不僅僅將人民分為五等，因為就算是同屬某

一階級，又可以由於貧富不同、教育程度高低以及職業不一，再分成不同等次的階級，相當繁複，外人是難以完全理解的。不同階級之間是不相通婚、互不往來的，雖然今日印度城市由於工商社會發達，人與人接觸較以往農業社會時代來得頻繁許多，階級之分已不如以往嚴密，但在鄉下地區則依然奉行，而且就算是口中不說出，但是在各人心中的藩籬障礙仍難以完全根除。

在昔日不同階級之人不但彼此不接觸，甚至於高階之人不直接由低階者手中接物，不飲同一井之水，甚至在走路時若不幸被低階者之影子觸碰時都，要回家去沐浴更衣以除穢氣，其中以賤民所受之非人待遇最為明顯。

印度獨立後，雖然知識分子以及政府官員一再呼籲，仍然無法讓全民接納他們，就連聖雄甘地雖然親身擁抱賤民，收效也不卓著。時至今日，種姓制度雖已不是那麼明顯，但在印度旅行時，處處仍可見其痕跡與影響。

有一年筆者在印度、尼泊爾邊境之處旅行時，有一晚去欣賞鄉間村民之土風歌舞表演，由於當晚之客人並不是很多，所以到了節目近末了時，舞者顯得意興闌珊，意圖趕快結束。表演剛剛結束，突然見一身材高壯之印度人起身指著舞者破口大罵，只見所有表演者沒人敢作聲，只是默默拿起表演道具，把最後一支舞重頭到尾給重跳了一次，這一次可是精神抖擻，無一偷懶。事後我趨前探詢，印度人只輕描淡寫的表示：他們跳得不好，我叫他們重跳！為什麼要聽我的命令？因為他們只是首陀羅，我是剎帝利啊！

二、印度教特徵

印度教在現今世界上仍占有其特殊的地位，雖然說它已是一極為源遠流長的古老宗教，其特徵是：滿天神佛、神比人多。這是

因為印度教基本的三大天神——婆羅門、毗濕奴、濕婆神外，每位神又各有分身，分身又可再變分身，再加上充斥民間的各種迷信，所以套句聖經上的話，神是無所不在，處處都在，無論是屋舍、樹木、廟塔、山丘、湖泊、河流都各有其神，連門窗、汽車、甚至桌椅、石頭等也無一不可為神明。

因此在印度教文化區，我們可以看見的是宗教與迷信如何影響整個社會的活動與脈動。動物獻祭血流滿地、驅邪發咒、看手相、觀星象、卜卦，再加上吹笛弄蛇者、瑜伽僧、苦行僧，共織成了社會上每日熙來攘往之社會景象。

(一)聖牛

牛在印度的地位是非常神聖的，所以一般稱之為聖牛，不過這指的是黃牛，因為牠是大天神溼婆神之坐騎，所以也是天神之一，不得捕殺，在印度若有人殺了黃牛會被教徒以私刑虐殺的。就算是不小心開車撞死了聖牛，最重將被判無期徒刑。因此常見公路上聖牛群處處，悠哉漫步，就算阻礙了交通，最多也只能將之驅趕至路旁而已，絕對不可動手相向。

聖牛最後就算因病或自然因素而死亡，也無人會食其肉，就算飢荒時亦然。有些信徒甚至會捧杯子或是以雙手追隨聖牛之後，待其便溺時以杯盛接，立即趁熱一飲而盡，以達到「淨身」的目的，有些還用牛尿抹面或洗髮。

至於水牛則是惡魔的化身，所以食其肉、鞣其皮亦屬自然之事，在印度一般是不供應牛肉（Beef）的，但是到處都有水牛肉（Buffalo meat）供應，可以為牛肉之代替品。

(二)淨身

每當遇上不潔之事或物所污染時，印度教徒就必須淨身，不潔之物包括：不應食之食物、腐敗之肉、看見死屍、被賤民碰觸污

▲印度教勝地——恆河畔之沐浴場清晨即景。

染、婦女生理期等可達百種之多，再依污染情節之輕重不同而有不同的淨身方法，由最簡單的灑灑聖水，至聖河沐浴，以至喝下聖牛之五物混合物：牛油、尿液、牛奶、凝乳以及牛糞等，據說淨身效果最佳，有些更嚴重的甚至被逐離開家鄉。

(三)血祭

　　印度教諸神中有些嗜以鮮血為奉祭品，其中又以溼婆神之妻子卡力（Kali）女神最著名。卡力女神以神力廣大以及靈驗知名，信徒若是祈願如意，在回廟還願時多以活的犧牲獻祭，當場宰殺水牛、羊、雞等，再以其鮮血灑於神像前以為祭，場面血腥可怕。不但全廟腥風血雨，而且有些犧牲並未當場氣絕，仍會做垂死之掙扎，看了更令人不忍心。不過印度教徒並不以為意，下手屠宰前還會喃喃有辭說：「我現在就要釋放你的靈魂，祝你早日脫離苦海，下世投胎時能有更好之福報。」

　　獻祭完之犧牲血已放盡，再拿至廟宇旁附設的廚房加以烹調，然後將食物部分分給僧侶，其餘眾人分而食之。

(四)性廟

印度教的另一特色就是陽物崇拜。在尼泊爾之加德滿都、巴丹等地以及印度卡鳩拉合等地,皆有性之崇拜以及性愛圖雕於廟堂之上,外人會以淫教魔道視之,而信徒本身則以平常心視之,因為陽物為溼婆神的化身之一,叫做靈甘(Lingan),卡力女神則化做尤尼(Yoni),二者合而為一表示涅盤之一種型態,也代表繁衍與收穫豐富之象徵。這是由非常古老之時代流傳至今的一種象徵,和誨淫誨盜是沾不上邊的。聖雄甘地曾告訴外國友人:「是你們來此告訴我們敬拜靈甘是色情的,否則我們還真的很難將兩者相連呢!」

(五)拜神

既然神明是無所不在的,自然也應每日獻祭焚香,一小撮白飯,二朵小花就已足夠,也有的人再加一點清水。所以在門前、在樹下、在方向盤旁、在辦公桌上、櫃檯上等,均可以看見祭神之物品,不但如此,由每日起身、穿衣、穿鞋、出門、工作開始等都有一定的祭神手勢與經文,如果沒有執行,就會感到心中不安,惶惶不可終日,可見宗教已完全融入信徒的日常生活中了。

(六)節慶

印度教徒的節慶是喧囂而且狂烈的,不但極為耗費金錢以及時間,且極盡奢華之能事,並且常會有激烈的自殘行為發生,有些會以利器割傷肌膚,穿透臉頰,甚至當慶典達到高潮時,會有信徒情不自禁地躍入火中自焚,或是衝往神轎的巨輪下以自身獻祭天神,觸目驚心讓人領略印度教徒的宗教狂熱。

(七)印度教的三大天神

1.毗濕奴:他是宇宙的保護者,也是眾神之王,曾經十次變身下凡解救蒼生;例如第九次變成佛祖釋迦牟尼,第十次變

成聖雄甘地，他同時也是國王的保護者，其坐騎是神鳥加魯達，也是印尼航空公司之象徵。

2. 婆羅門：他是萬物之神，常以四面一身之型態出現，其坐騎是聖鼠。

3. 溼婆神：這是目前印度教最當紅的天神。在印度教文化區處處可見其廟宇，若有人向你詢問此為何神之廟而你又不確定時，儘管答溼婆廟，至少有百分之八十的機會答對，因為就算不是他的本身廟，也會是他化身以後的神廟。溼婆神主司毀滅與創造，也就是宇宙萬物生生不息之原始定律之執行者，其坐騎就是聖牛南迪，也就是印度教徒不吃牛肉的來由。

三、印度教的出生儀式

在嬰兒出生前，夫妻即會攜帶貢品前往廟中祈求生產平安順利，出生後母親與嬰兒一連十天都必須與外界隔絕以舉行淨身儀式，此時只有助產士和醫生才可以接觸他們。第十一天起至第四十天內的某一天，為嬰兒舉行慶生以及命名儀式並昭告諸親友。

四、印度教的婚禮

印度教徒仍然依媒妁之言成婚，均由雙方父母親做主，有不少新婚夫妻是在婚禮上才第一次見面的。現代情況已比較好，婚前已有數面之緣了。婦女在結婚後才被認定為一成熟之女性，婚前必須合婚，以確定這對新人之星象相合，否則便取消婚禮。

雙方家庭必須互換禮物以表示同意這一樁婚事，而女方家長更必須為女兒準備豐盛之嫁妝，因為嫁妝之厚薄直接影響其女在夫家中之家庭地位。

婚禮一般在十二月至七月間舉行，這樣便可以避開傾盆大雨不

斷的雨季以及主要的祭神慶典。

五、印度教的葬禮

死者去世時若能讓身體之一部分沾到聖河之水，則有助其靈魂之轉世投胎，若無聖河則用聖水代替亦可，人去世後二十四小時內必須火化（嬰兒只可土葬），火化後家人必須舉行淨身儀式，可長達十至三十天之久，之後以十顆飯團放置室外給鳥食，代表亡靈之離開家庭。在此之後家人才可以再度工作，婦女才可以再度烹調食物。

在有些地方仍留有刹帝（Sati）惡俗，也就是火葬時要求寡婦投火殉夫，有些迫於巨大家族壓力而從之，也有人則是心不甘情不願地被五花大綁地投入烈火中，變成含冤的亡魂。

小檔案

中國苦行僧

西元1999年，「吉祥金剛」年方二十，十五歲時由西藏離家出走跑到山西五台山落髮為僧，不久即發願為一名苦行僧，到處雲遊四海，逢人就偈說佛法，渡人脫離苦海。

苦行僧除了一身袈裟一只鐵缽外，身無長物，平日均以向人化緣為生，借廟為宿，若遇荒山野地則餐風宿露，隨遇而安，遇著危險也不驚慌，隨時有結束生命的打算。因為苦行僧信守的第一條就是：哪裡死了哪裡埋。

多年來吉祥金剛四處漂泊，半年前發願前來尼泊爾的四眼天神廟及博納佛塔二佛教聖地參佛。於是隻身由拉薩翻過

世界的屋脊喜馬拉雅山前往加德滿都。沿途僅著一身袈裟以及一件化緣來的毛衣，就展開翻山越嶺的探險之旅。

　　途中翻越世界屋脊喜馬拉雅山脈，飽經天寒地凍以及飢餓（山野無處化緣）之苦，曾經連續五天沒有吃過一餐，又曾遇巨蟒、犀牛、黑熊等山中猛獸，均能安然避過。最驚險的一次則是途中遇虎，老虎凝視著他低聲咆哮，吉祥金剛立刻就地打座，雙手合十口中不斷誦經，老虎慢慢趨前繞著他打量，見他沒有反應於是更上前用虎爪輕推他的背，他仍然坐定不斷地誦經，老虎最後終於離開，一面走還一面回頭看他，可能心想：這是什麼奇怪的動物啊？

小檔案

過火術

　　世界各地在進行宗教儀式時，有不少都以過火術使儀式達到最高潮，例如巴爾幹半島在每年五月二十一日的聖君士坦丁節日都一定要舉行蹈火儀式；斯里蘭卡的首都可倫坡每年也要舉行類似的儀式，教徒必須徒步走過五公尺長的火炭道；其他像印度的南部、台灣的某些地方，也都能看到相似的場景。

　　蹈火時一般使用焦炭或煤炭鋪成長數公尺、寬一公尺左右的火道，再引火焚燒至全燃狀態，此時火道的高溫連在附近的工作人員都無法忍受，蹈火之前多由高僧誦經稟告上蒼並為教徒祈福，有些會以酒、米之類祭品灑在火道上，酒類揚起的白煙以及穀類遇火燃燒的情形令人心中震驚，緊接著

就是神奇刺激的過火儀式了。只見眾人在高僧的帶領下或捧著神像或是口中法號不斷地赤腳走過燒得通紅的火炭道，完成過火儀式並且是毫髮無傷，神靈又再一次向眾人示範了不可思議的法力。

科學家的想法就不是如此了，他們認為物體的溫度是一回事，物體的本質又是一回事，正如你可以把手伸入烤箱中不會受傷，但是你用手摸箱內的鐵壁試試看，煤炭燒紅後會自然在外層形成一道質地鬆軟的煤灰，煤灰只有溫度卻無法灼傷人的腳底，為了證明這項發現，科學家一樣鋪設一條火炭道，面對炙熱火焰，不但科學家們均輕鬆過火，後面還跟了一千多名志願試驗者，結果也均毫髮無傷，不用念經，也不用祈神！

小檔案

印度教火葬記

依照印度教徒的習慣，人死了只是這一世的解脫，同時也是另一世輪迴的開始。所以一般人在即將歸西之時，必由家人以擔架抬至河邊的小屋中，待其斷氣之前，把人連同擔架頭上腳下地將雙腳浸泡在聖河中，若能如此自然死亡，則此人的下一世一定會更有福報，但若等了半天仍不肯棄世，則再抬回小屋中繼續等待，有時得反復地抬來抬去好幾回。

待其已確定死亡後，則由人將屍首平置在河旁的火葬檯（ghat）上。此時石檯上早已架好了井字形疊放的木柴，這時眾親友在長者或最親近之人的帶領下，繞行死者三周，祝

福死者早升天、早超生，而印度僧人則在一旁念經超渡，儀式完畢後則由長者將一小火種或蠟燭置死者口上，再引火焚屍。

火化過程中必須不時加油及翻動木柴以確定全身火化成灰，據說以男性的腹部和女性的胸部最難處理，必須反覆火燒才能成為灰燼。待火化差不多時，印度僧人會將死者之頭顱由火中取出，準備釋放死者的靈魂，只見他口中念念有詞，再以一鐵棍對準天靈蓋奮力敲下去，頭骨敲破之後，死者的靈魂也向天飛去，成了名副其實的在天之靈了，此時，又見親友一同祝禱，神情莊嚴肅穆，最後將未火化之部分再次燃燒，待全成白灰時將骨灰及柴燼一併掃入河中，儀式至此也告一段落。印度教徒並不忌諱他人旁觀，也可自由拍照攝影，但必須記住，必須尊重死者，保持安靜，千萬不可有嬉笑、喧譁等輕浮之舉。

第九章

社交場合篇

美國皇帝

眾人皆知美國是世界上第一個民主共和國，可是沒有幾個人知道美國曾經出過一位皇帝，而且深受其子民的愛戴，駕崩後有兩萬臣民前往弔喪致哀。

西元1859年的某一天，《舊金山日報》突然出現一位身著上校軍服的人士自稱是美國皇帝，要求總編輯把他的詔書登在報上昭告全國。從此美國皇帝諾頓開始君臨天下二十年。就在第一道詔書頒布的一週後，他又頒布第二道詔書：稱國會貪污腐敗，應予解散，由他躬親治國；不久又詔曰：「南北戰爭應該停止，命令林肯與戴維斯兩人即日前來舊金山，朕將予調停。」當然，兩個人都沒有來！

諾頓皇帝的皇宮位在一棟破舊的公寓內，牆上掛著維多利亞和拿破崙的肖像，每天下午出巡，身後跟著兩條髒兮兮的土狗，和他一起檢查水溝及道路的清潔，以及核對公車是否準時，遇見有人向他鞠躬時他亦威嚴地答禮。

舊金山所有的戲院均有一保留座，以備皇帝駕臨時使用，萬一諾頓皇帝真的來了，全場觀眾一定起立致敬。他又制定稅法，商店每週收稅五角，銀行收三元，而少數的人也照辦了。

有一天他被一位新來的菜鳥警察以遊民罪逮捕，結果輿論大譁，待警察局長親自向皇帝道歉才平息眾怒。諾頓去世後，報紙發出訃聞：諾頓皇帝不擾民不殺人、不橫征暴斂，僅此數端，就遠比其他國家的皇帝好得多了，也許這就是他為什麼深受人民愛戴的原因吧！

第一節　介紹之禮儀

　　有人說，人是社交動物（Social Animals），此話一點都沒錯，除了少數特立獨行的人士以及居住於海角天涯、離群索居者外，我們從小到大的生活中，有不計其數的機會（有時不管你願不願意），不斷地認識他人同時也被他人認識。有時是主動認識，有時是被動被介紹，重要的是，在某些場合如果主動與被動的方式弄錯的話，都是不妥當的，弄不好會使雙方面都感到尷尬，如此一來介紹彼此認識的美意也就喪失了。

　　一般而言，介紹彼此認識可分為社交場合與正式場合兩種，社交場合如親友的宴會、婚喪喜慶聚會、雞尾酒會、自助餐會、音樂會、歌劇、茶會等一般性較常見的輕鬆聚會。當然還有一般朋友自行邀約在PUB、餐廳等舉行的小型聚會，以及在某些場合不期而遇而互相介紹彼此同伴。

　　正式的場合則如重要慶典、會議、座談會、講演會、新產品發表會、商務會談等比較嚴肅而正式的場合。

　　下面是一些約定俗成的介紹方式，只要照著去做，大都錯不了。

一、女士優先（Lady First！）

　　西洋人非常重視女性的社會地位，例如有一位女士進入聚會場所時，在場的所有男士（小男孩例外）均必須起立表示尊重，待這位女士就座後，眾男士方可再復座，但這只限第一次進入時，她之後的進進出出男士則可以免起立。至於在場的其他女士則僅需點頭微笑即可，因為女性與女性是平等的，除非進來的是一位年齡明顯

高了許多的老太太，如果新來者只是一位比在場的諸女性大了幾歲者，則在場女士也不宜起身，否則會讓初來者感覺自己似乎已經有一大把年紀的尷尬。

二、VIP級的人物

另外一種情形就是當一位社會地位很重要的人士進場時，禮貌上在場所有人不論男女都須起身表示尊敬，例如說是主人的父親，或是議會議長、將軍、大學校長等社會上公認為VIP級的人物，都可算在內。

三、介紹之先後順序

記住，永遠把社會地位較低的人介紹給地位較高的人，當然這一點有時會不容易判斷，到底是誰地位比較重要？如果社會地位差不多時，則以年齡來決定總是不會錯的，若不，則以「女先男後」之性別來判別亦是可行的。

四、家中的成員

若是家庭一起出席的聚會，則一定要把自己家中的成員介紹給其他人認識，以示對對方之尊重。但是若對方是年輕人，則應當引薦他們給自己的長輩，如父母親、叔叔、伯伯、阿姨等，這是因為他們之間的年齡有較明顯的差距。

五、年齡之長幼

把年齡較輕的人介紹給年長者，正如前述，年齡在一般社交場合是一項介紹與被介紹的重要指標。

其實要弄清楚介紹的優先順序一點也不難，比較難堪的是怕你

一不小心說溜了嘴，例如你將一位較年輕或是一位男士當成主要人物，而要一位年紀較長者或是女士前來介紹，要避免這種尷尬情形發生的最佳方式就是：記住先稱呼重要者的頭銜以及姓氏。例如：「李教授，這是我的大學同學陳建國先生；這位是台大歷史系李正明教授」，如此就不會犯錯了，所以請記住：女士、重要人物、年紀長者的名字要先說出來。

六、交換名片

一樣依上述優先順序，被介紹者應先出示名片以與對方交換，交換名片不需用雙手，只用一手即可。一般西方人都是單手傳遞或交換小型物件，如信件、文件夾等，只要是一手就能完成的事就沒必要用兩隻手，因為兩隻手奉上名片在外國人眼中看起來是十分笨拙的。

國人以雙手表示尊敬，在國外時則可免矣。接過對方名片後，理應端詳一陣後再收入自己的名片匣內，千萬不要隨手放在褲子口袋一塞了事，這會讓對方有不被尊重的感覺。

如果名片剛好用完，一定要加以懇切解釋，言明實情，並表示第二天就會補上，敬請對方原諒等。不過這種情形在一般社交場合尚可原諒，但若是在正式場合則是非常失禮的，因為名片只可多帶備用，絕不可只帶幾張就前去赴會，若對方是客戶則會讓他覺得你似乎不太重視這次會面。

七、介紹時之稱謂

介紹時最好使用雙方全名，以示正式，否則至少也得用姓氏加上頭銜，譬如張經理、趙董事長等。不要只用名字，只用名字介紹的場合應是在非正式的餐會、酒吧等公共場所時，或同事、同學之

間的寒暄式介紹。

八、介紹時的口氣

介紹時不可用類似命令的口氣,應多用如:Excuse me, Mrs. Lee, May I introduce Mr. Paul Chou, my classmate in high school?或是Dr. Wang, this is my roommate……; Mr. Peter Lin my……等比較緩和及委婉的口吻較佳。

九、介紹已婚婦女時

以冠夫姓的方式介紹較為妥當,亦可再加上婦女自己的名字。夫妻一起被介紹時也須先介紹太太(女士優先!),之後才介紹其先生。

十、握手

握手必須基於雙方之自然意願,不可強求。原則上女士、長者、大人物應先伸出手表示友善,另外一方此時才可以伸手互握,時間則以一秒鐘為原則,不可一直握著對方的手不放,力量須適中,過重讓人不舒服、力量太輕則有應付對方之嫌疑。其實只要稍微注意別人怎麼握就可以很快明瞭。當然也不可以用雙手去握對方的單手,看起來也會讓人感覺十分怪異。

男士若戴手套也須先將要握手的那一隻手套取下,待握完手後再戴上方才合禮。女士則不在此限,儘管戴著手套和他人(不論是男人還是女人)握手均無妨。

十一、目光接觸之禮儀

目光應該接觸而不接觸時，或是不該接觸而接觸時都，是不禮貌的。

社交場合中在介紹、打招呼、共聚一堂、街頭偶遇等，只要是人與人近距離互動的場合，一定會有目光接觸的機會，不論相識與否情形都是一樣的。因此，我們必須瞭解一些兩人眼神交會時的基本禮儀，儘量避免給人粗魯、霸道、侵略、虛偽、鄙視等之感覺。

我們先從動物談起，當兩隻野獸在相遇時如果互相睜大眼睛瞪視著對方，這很明顯是一場爭鬥開始的前兆，接下來可能就是低聲咆哮，然後就是慘烈的惡鬥直到分出勝負，由此可知野生動物直覺上把直視當作挑釁的行為。一般在社會階級制度明顯的群體動物生活中，低階動物是不敢直視高階者的，否則必定換來一陣攻擊，這一點我們由著名的黑猩猩研究者珍古德的建議即可瞭解，她在設法與黑猩猩接近以便就近觀察其行為時，若遇有猩猩直視她時（可能覺得她長像有些奇特吧！），她一定避免與之對視，而且會立刻用手拔一些樹葉、青草等放入口中咀嚼，讓猩猩視她為同類而不會攻擊她。

由此可知，在人與人相遇時，不可以一直瞪著對方看，否則一定會引起他人之不快，但是目光接觸仍是必須的，第一眼看見對方時，應該直視一會兒，表示：我看見你了！如果再加上微笑與熱誠，則對方一定感覺極佳。但是一直盯著對方看，目光始終不轉移就會令人不自在了，這也是為什麼在英國的電梯中，所有搭電梯的人只要一進入電梯就會各自尋找一個目標，以讓自己的目光可以投射其上，不論是禁菸標示也好，載重限制也罷，反正就是避免與搭乘同一電梯者目光不得不交會的尷尬。

313

以下是一些與人相處時不好的目光接觸方式：

1. 目光游移：會給人一種到處尋找目標的感覺。在警探電影中，那些偵探或警探在公共場所目光如探照燈般四處尋找目的物，這對偵探來說或許是對的，但是在社交場合就會給人毫無誠意、虛應故事的感覺。有些人在互相介紹的過程中，或是與人握手時，也會目光游移，儘管仍在握手當中，也不顧對方之感受。

2. 看著他處：與人交談時如果目光一直看著不相干的地方，這也是不禮貌的，雖說一直看著對方不禮貌，但是一直他視，不看對方也是不妥的，這會給對方一種不受重視的感覺，會讓對方覺得你一直想要儘快結束交談而離去。

3. 斜眼看人：這也是極不禮貌的目光接觸方式，有一句俗語：「這種人我連正眼都懶得瞧」，也就是輕視對方之意，所以如果有人以斜眼方式看著你，你心中會做何感想？因此斜眼看人會給人粗魯、無禮、沒有教養的感覺，應該絕對避免。

4. 不敢直視：也就是與人談話時，雖然態度恭謙但是目光始終不敢與對方正面接觸，一直在看自己的鼻尖、下巴或是其他地方，這些都會給人一種膽怯、懦弱之感，似乎對自己毫無信心。如果這種情形發生在商場上，則對個人之人際關係會有不利的影響。當然如果是一對剛認識的男女朋友，女生在與男生談話時有如此情形是會讓人諒解的。

5. 目光疲憊呆滯：看起來似乎一夜未眠，精神狀態極差，或是大病初癒，要不然就是剛剛加入失戀陣線聯盟，這會給他人一種虛弱、可憐的感覺，如果有這種情形則應立即改善，此時極不適宜參加任何社交場合。

6. 太過熱情：目光炯炯有神，與人談話時熱情奔放，這種目光

在一般場合是OK的，但是如果是在與女士談話時，就可能給人侵略性太強或有追求對方之暗示。在商業場合這種目光也會給人咄咄逼人之感，如果是面對客戶，可能會給對方太過強勢、難以溝通之感覺，反而影響了人際關係之開拓。

眼睛是靈魂之窗，也是人與人交往時表達自己內心感覺的一個重要指標，當然可能因為每個國家、地區之風俗習慣而有所不同，但是其基本原則總是相差不大，因此在社交時適當的眼神，配以合宜的手勢、語氣、身體語言等，對於留給他人良好之印象是會有相當大的助益的。

十二、忘記對方姓名時

有時當你向他人介紹朋友，可能會有突然忘記對方姓名之尷尬，此時你已不能回頭，也無法掩飾，那麼最好的方法就是自我調侃一下，如：「唉！我最近怎麼老是腦筋不清不楚，不過如果兩位不介意的話，能否自我認識一下？」

十三、自我介紹時

若無適當的人當橋樑向他人介紹自己時，亦不妨自行將自己介紹給他人認識。但要記得的是，不要打斷他人的談話，在介紹時也須愉悅地把自己的姓名以及與主人的關係向他人介紹清楚。

十四、第一印象注注是最重要的

以介紹為橋樑，與他人建構起友誼之鏈，從而豐富雙方的人生，擴大一己之視野，但在介紹之初務必在他人心中留下深刻及良好之印象，以為日後再度相逢埋下良好契機，因此介紹場合之禮儀

確實不可輕忽。

 第二節　稱呼之禮儀

稱呼他人為一門極為重要的學問，若稱呼不當，則很容易讓他人產生立即的反感，甚至嫉恨在心，久久無法釋懷。

一、認識者之稱呼

對於自己已經認識的人多以Mr.、Ms.或Mrs.等加在姓氏之前稱呼，如Mr. Chang、Ms. Tseng、Mrs. Huang等，千萬不可以名代姓，例如美國國父喬治‧華盛頓，人們一定稱之為華盛頓總統、華盛頓先生，因為這是他的姓，如果稱他為喬治先生，保證震驚全場，因為只有以前的黑奴才會如此稱呼主人的，此點國人常常弄不清楚，所以也讓別人驚異連連。

二、重要人士之稱呼

對於重要人物最好加上他的頭銜，如校長、大使、參議員、教授等，以示尊重。當然也如前述是以頭銜之後加上其人之全名或姓氏稱呼之，千萬別接上名字。

一般而言，有三種人在名片上和頭銜上是終身適用的，這三種人是：大使（Ambassador）、博士（Doctor）以及公侯伯子男等皇室貴族身分。在稱呼他們時一定要加頭銜，否則表示十分不敬，甚至視為蓄意羞辱，所以務必謹慎小心。

至於其他有頭銜之人，如校長、將軍、議員、董事長、總經理、醫生等，甚至是稍微有點社會地位者也儘量以頭銜加姓氏尊稱

之，一般人總是希望被尊重的——尤其是略有身分地位的人。

三、不認識者之稱呼

可以Mr.、Madam、Ms.稱呼之，有不少國人一見外國人就稱爲Sir，這是不對的，只有對看起來明顯十分年長者，或是雖不知其姓名但顯然是十分重要的人士方才適用。當然，面對正在執行公務的官員、警員等，也可以Sir稱呼以表示尊敬。而相對於女士則一律以Madam或是Ms.稱呼之，不論她是否已婚。

對於年輕男孩可以稱之爲Young man，年輕女孩則稱爲Young lady，小孩子可以暱稱爲Kid(s)，而比較禮貌的稱呼爲Master，在此Master並非主人之意，有點類似國語的「小王子」之類的俏皮稱呼。

小檔案

錯把「尊稱」當「自稱」，怎可自稱是「小姐」？

多年以前，我國有一位女性部長前往新竹科學園區與科技廠商座談，席間廠商代表發言相當踴躍，提出各種問題希望政府能幫忙解決。

女性部長聽完之後面帶微笑，充滿熱誠的對聽眾說：大家的問題部長都聽到了，各位放心，部長一定會盡力幫大家解決……。

一般人似乎並未注意，但是部長自稱是部長，這可是件奇聞，因為錯把「尊稱」當「自稱」，怎可自稱是「部長」？

稱呼自己叫做自稱，一般多用謙稱；稱呼別人則應該用

317

尊稱。頭銜則是稱呼別人必須注意的禮貌。但是自稱時萬萬不可使用尊稱，否則就會鬧笑話了，以上所述即是一例。

另外有一次友邦元首來訪，有一位地方級民意代表因為粗魯無禮而使該元首受窘，事後竟然當眾對著媒體辯稱：「本席」其實是出於好意……云云。一位地方民意代表竟在議會以外自稱「本席」，這實在是極大的笑話。

日常生活中此類笑話卻處處可聞：

如在辦公室裡電話會談中，常常可以聽見「你好，我是××公司的李小姐……」或是「我是××公司的張先生，我要找×××……」，更有甚者「Hello，我是王經理，請你幫我找……」等相當錯誤的自我稱呼。

正確的稱呼應是：「××，我是王建國（或可用英文名字），請你幫我找……」對方聞言應會回答：「王經理你好，我馬上會……」。或是「我是××公司的張小鈴，我要找×××……」對方聞言應會回答：「張小姐，妳好，我會……」。

以上才是比較妥當的自稱方式。

所以以後不可再以「先生」、「小姐」、「經理」、「總經理」等自稱了。

一般而言只有一種情形例外，那就是軍中，因為軍中屬於階級嚴格劃分之特定團體，所有人員一律以職稱自稱以及稱呼其他人，因此並無謙稱及尊稱之問題。

第三節　電話之禮儀

一、電話之重要性

　　電話是人類有史以來使用最頻繁的通訊設備，不但聯絡了人類的情感，促進彼此的交流，也是目前社會上不可或缺的生活必需品。雖然電話已發明了多年，普及率又是如此之高，但是仍然有不少人不太懂得電話的基本禮貌，所以也可以這麼說，只要聽聽電話的交談內容，即可以判斷一個人的教養水準以及社會化的程度。各大企業、公司，尤其是服務業，電話更可以說是公司的生命線，因為有相當多的客戶都是以接電話者的態度來判斷這家公司值得信賴的程度。

二、電話鈴響

　　接電話時不要讓電話鈴響太久，有些公司硬性規定，電話鈴聲超過三聲以上未接就屬失職，將遭嚴厲訓斥。

三、首先報上自己的姓名

　　拿起電話後，首先報上自己的部門或是姓名，以便電話的另一端知道此時是誰在聽電話。如果電話是直接接到，則要先報上公司名稱，讓對方知道電話打對了，若經由總機轉至部門則沒有必要再報一次公司名稱，否則對方可能會一陣疑惑，此時報上部門名稱或自己的姓名即可。

　　在電話中自己稱呼自己時，千萬不可以將自己的頭銜加上，

如董事長、總經理，甚至是先生、小姐等，因為這些頭銜都是社會上的尊稱。但是在國內卻經常可以聽見，例如：「你好！我是李小姐，我想要找×××先生聽電話……」或是「喂，我是張董事長，請幫我轉×××……」。

一般人多見怪不怪，積非成是，稍微有點sense的人可能為之驚訝不已，別說是董事長、總經理、立委、議員，其實先生、小姐亦屬尊稱，不宜自稱。

正確的說法應是：「我是陳建國，請幫我轉×××。」接電話的人若是認識來電者則自然應以尊稱稱呼，如：「陳校長您好，請稍後……」。

不相信的話請問你何時聽見馬英九總統說過：「各位同胞大家好，我是馬總統……」或台北市長郝龍斌說：「大家好，我是郝市長……」。

四、電話的聲音

講電話的聲音應適中，愉快中帶有極願意與對方交談的意思，任何人都希望電話的彼端傳過來愉快、親切的聲音，若聽到的是心不甘情不願、音調低沉、公事性的回答，心情一定不會好。

五、注意基本禮貌

多用「請」、「謝謝」、「麻煩你」等字眼，語句也多用祈使句，少用命令句。語氣最好儘量婉轉，一方面顯示你的個人水準，一方面讓聽的人樂意為你服務。國內有不少公司，電話接得亂七八糟，常常可以聽見員工滿腔不耐地回答來電：「你哪裡啊？他不在，你待會再打吧！」連一句：「請問哪裡找？要不要留話？」都不會說，讓打電話的人一聽就後悔打了這通電話，更別說是下次再

打了。

六、插播電話

若正在通話中又有另一通插播電話（或手機、SKYPE響了）時，應先請第一通談話者暫時等待，然後告知第二通來電者現在正與人通話中，可否待會談完之後再覆電給他，然後再繼續與有優先權的第一通電話交談。

當然若是後來的電話非常重要，或是你不太想和前一通的人繼續交談，則可以相反的順序為之，並不失禮。

七、代為留下訊息

若對方找的人目前不在場，則可以代為留下訊息，以便其人返回時可以回電。訊息務必留清楚，對方姓名、電話號碼、目的以及來電時間等，最好都記載清楚。一般來說，在對方來電二十四小時內必須回電方才妥當，因為不回覆來電等於是讓對方罰站等待與你交談一般，非常不禮貌。

八、打錯電話時

不必生氣，不可口不擇言，有時可能不是對方的錯。只需告知 "Sorry, Wrong Number！" 即可。而打電話來的人若心中懷疑，也可以先詢問對方是否是自己撥通的電話號碼，若不對，則應道歉然後掛斷，不可以粗魯地反問對方：「喂！你們那裡的電話號碼幾號？」

九、性騷擾電話

不要驚慌、不要生氣，否則對方會更興奮，只要斷然地掛斷即

可。若對方仍一直打進來，你可以：拔掉電話插頭或冷峻地告知對方你已加裝了來電顯示器，若再打來則將報警處理。

十、長話短說

儘量精簡內容，以達到簡明扼要之程度，無論在家中或是辦公室，一直占著電話線總是不妥當的，若眞的有那麼多的事要談，爲什麼不約出來見面一敘？

十一、有人到訪

電話交談中，若有人來訪，則當然以造訪者爲優先，你可以告訴對方目前正有客人，不方便與對方久談，待客人離開後再行覆電即可，但可別忘記回電。

十二、避免干擾他人

打電話時請注意個人作息之習慣，避免干擾他人生活，國際電話也必須注意時差問題，最好選擇一個雙方都適合的時間較佳，否則可以傳眞或E-mail代替之。

十三、行動電話

行動電話是一種非常實用的通話工具，但在使用時請注意身處之場合，如在公共場所，像是地下鐵、巴士等地時，可能由於人聲嘈雜或是收訊不良，不自覺地就會愈說愈大聲，以致旁邊的乘客耳朵都遭受無妄之災，可憐的他們不得不強迫自己聽一個不相干的人談他的公事、私事、無聊事！所以若是眞的收聽不清楚時，可告知對方你待會兒再回電，別一直大聲嚷嚷：「喂？喂？你聽得到我

嗎？……」

十四、禁用手執聽筒

開車時禁用手執聽筒通話（可用耳機式），在許多國家已變成法律了，違者將受重罰，若是臨時接到電話又無耳機時，也請先靠路邊暫停以便通話，不要一面談話一面開車，如此不但危險，而且因為你會不自覺地放慢車速，以致影響其他車輛的行車速度及安全。

小　檔　案

現代電話是如何發明的

台灣的電訊事業非常發達，我們可以在自己家裡或是公司打電話給國內甚至是海外的親友，無遠弗屆，相當的方便，可是在現代電話發明之前，事情可不是這樣子的。

西元1889年，也就是一百多年前，在美國印地安納州有一位斯特羅傑的殯儀館老闆，經常和當地電話局的小姐發生爭吵，因為他非常不喜歡這位小姐說話的態度，多次爭吵以後，他慢慢發現自己的業務居然也愈來愈差了。他明察暗訪，終於查出原來是電話局的小姐在暗中搞鬼，訂戶打給他的電話全部轉到其他殯儀館去了。

斯特羅傑非常憤怒但又無計可施，本想前往電話局好好教訓這位小姐，可是左思右想後，決定乾脆著手發明自動轉接電話，也就是最佳的報復：你要我生意差，我就砸了妳的飯碗！

不眠不休苦心研究試驗了三年後，他終於成功了，按鈕

式電話面世了，從此以後人們不論地區或是長途電話都可以直接打往各地，無需再經人工耗時費力的轉接，當然斯特羅傑在這項專利方面的獲益絕對是遠遠超過他原來經營的事業！

第四節　演講會之禮儀

知識傳遞頻繁的今日，儘管有電視、電台、網路等多種方式來傳達以及報導訊息，但還是有不少人依然喜愛那種臨場感和親身參與的樂趣。有些演講會是被工作的機構派遣前去，有些則是依個人的需要、興趣等自己前往的，但同樣的，有些演講會的禮儀是不可不知的。

一、準時抵達

如果演講場地是第一次前去，則必須提早到達，以便找到正確場地和自己的座位。想一想，在大夥都坐定傾聽演講者演說之際，突然有遲到者冒失闖入，這不但會影響到其他的聽眾，同時一定也會影響台上的主講者。所以有些正式的演講會都會有守門的工作人員，一待演講已開始則立刻暫時關閉入場處，遲到者只能在場外聆聽由擴音機傳出的現場實況，而且一直要等到中場休息時方得入場。

若真的遲到而仍然可以入場時，最好暫時坐在後排無人處，以免找座位擠來擠去造成他人的不便，待中場時再坐回自己的座位或找尋更佳的座位。

進場後請立即關閉行動電話等聯絡工具，或至少改為振動式呼

叫，以免震驚四座，怨聲四起。

二、不要吝嗇掌聲

對台上的主講者來說，受到台下聽眾的鼓勵與認同是十分重要的，再有經驗的演講者，面對一群漠然的聽眾時，也是很難一直維持高昂興致的。在如此情形下，精彩動人的演講自是不太容易出現，所以，適時運用你的雙掌以求台上的人渾身解數吧！

三、不要中途離席

中途盡可能不要離席，不論是要上洗手間，或回一通重要的來電，或另外約會的時間到了必須離開。如此會令台上的人心情受影響，以為自己講得不夠好，所以有人要走？台下的人同樣也會被干擾。所以，真的可能會有上述情形發生時，也請於演講的中場休息時間離開，否則就在進場時選擇最後面的座位，以期傷害減至最低。

四、如何提問題

若是屬於會中可由聽眾自由提問之演講，問題務必與當天演講之主題相關，並請儘量簡明、扼要，不可藉機炫耀自己之學問知識而冗長發言。請記住，台上的人才是主角，前來聽演講的人是為了他，而不是為了你。如果自認言語表達沒有把握，可以用發言條的方式請演講者回答。

五、保持安靜

演講進行或他人發問時請保持安靜，不要台上台下講成一片，如果真的不竊竊私語會很痛苦時，也請儘量小聲，以不影響到前後

左右鄰座為原則。

六、禁飲、禁食

所有會場幾乎都全面實施禁飲、禁食，請不要做一個大家都討厭的人。如果被人當面禁止上述的行為，你會不會尷尬呢？另外，國際上十分重視著作權，最好先問清楚是否可以自由拍照、錄影、錄音，可否使用閃光燈等。

七、服裝

參加演講會的服裝一般以整潔為原則，在這種場合穿著最好不要太過炫耀、招搖，女士之香水及首飾也請節制，若喧賓奪主而變成眾人的焦點並不合適。

小　檔　案

Hear！Hear！

Hear表示聽到，但是連續兩個Hear時，就表示很贊同他人的說法：Hear！Hear！表示你說得很對！說得好！這句話在有人演說或是發表個人意見時經常可以聽見圍觀的人群會發出此表附和之語。

例如：

May：I think we should go drink something before the game starts.

Peter：Hear！Hear！

這種用法起源於十八世紀之英國議會，原句是 "Hear

him！Hear him！"（聽他說啊！聽他說啊！）表示極為贊同某人之意。今日仍有不少人使用，但是也常可以用在諷刺性（ironically）的讚美，如說 "Hear！Hear！" 時亦可消遣式的表示「真會辦啊！真會扯啊！」

第五節 談話內容之禮儀

一、話題

初次見面或是不十分熟識的朋友經介紹而認識時，少不得在寒暄過後繼續進行一些話題，在這種場合談話的內容就必須加以注意，儘量避免一些只有少數人士有興趣的話題，以免其他人只能無奈地聽下去，索然無味地等待聚會的結束。

二、避談的話題

避談政治、宗教等可能人人立場不同的話題，有些人雖基於禮貌並不會當場與你爭論，但在心中一定十分不舒服，可能你無意中得罪了人而不自知，這自然也失去了社交的意義。

三、風趣幽默的談吐

風趣幽默的談吐一向為眾人所歡迎，但注意不要一直是one-man show，讓其他人也有發言和參與的機會，說笑話時也儘量避免宗教、政治性的笑話，若有女士在場，也應避免有顏色的笑話，否

則會讓人覺得你太輕浮。

四、避免詢問太私人的問題

避免詢問他人年齡、薪資、疾病、殘缺、婚姻、家庭等問題，以及穿著、飾物等之價格，此點與國內女性頗為不同。當此話題一出，眾人都會感到坐立難安。儘管可以對他人的打扮加以讚美，但應適可而止不可太誇張，免得對方以為你在暗諷。請記住：讚美也是一種學問。

不可談及他人之年齡，尤其是女士，這點大概大家都已知道了，但是請注意，女人也不可以問其他女人的年齡。

五、避免小圈圈

切勿形成小圈圈，社交的目的就是讓大家彼此認識、彼此熟悉，若是你只和自己熟識的人交談，不但無法達到交誼的目的，也會令人討厭。若不幸有這種情形發生時，不妨藉著去加酒、上洗手間等方式脫離小團體，再伺機和其他人士交談。

六、不可竊竊私語

這是一種不禮貌的舉動，會讓他人有被批評的不好感覺，若真的有私事要交談時，可以找個人較少之處或角落私下交談即可。

七、國際語言

有不同的國際人士在場時，應一律使用英語，因為在場的所有人都有聽與說的權利，不可將之排除在外，否則極為失禮。若真的需要用本國語言交談時，也務必請其他在場人員見諒再行之。

八、有人公開發言

當主人或賓客發言時，所有人都必須立即安靜下來，以示尊重，待發言完畢後才可再繼續彼此未完的話題。千萬不要如國內喜宴一般，台上的人大聲嚷嚷，台下的人各說各話，似乎各不相干，這種情形在國外是絕對看不見的。

九、談話內容

一般以天氣、各地的風俗民情以及有趣的事情爲佳，例如，在飲酒時，你可以談談我國的酒類以及飲酒文化與西洋有何異同，或是各國的節日等，讓眾人皆有參與及表達的機會，同時也可增長彼此的見聞。

小檔案

委婉用語

在社交中為了避免談話時太直接或是為了避免尷尬，常常會用修飾方式來表達此一效果，這就是委婉用語。委婉語的好處是聽到的人知道說者要表達的意思，而說者也可以用比較文雅的代替詞表達意思又不會予人粗俗之感。

中文有不少委婉詞，如提及一些與死亡、罹病、女性生理、性等方面多會以代替語為之。英文之委婉語叫做Euphemism，這個字是源自希臘語，eu是好的意思，phemism是言語之意，整個字的意思就是「好的言語」之意。

受過良好教育的人，尤其是女性，有一些字是絕不可以

說出口的，一旦出口肯定震驚四座，他人對其之觀感一定也會大打折扣，所以一般都是十分謹慎小心的，以下是一些常用的委婉語。

1. 廁所：很少人用W.C.這兩個字了，一般多用bathroom（浴室）、restroom（休息室）、toilette（洗手間）、ladies room（女士間）等來代替，更文雅的說法是「補補妝」。

2. 粗話：一般女士是不可說任何粗話的，但是為了表達不滿、憤怒、不屑等情緒是可以用一些無傷大雅的委婉語來表達的，如Damn it可以說成Darn it，正如中文裡說「他媽的」不文雅，但是可以說成「他母親的」或是「問候他母親」。

   "Shit!"常在電視中聽見，也是一粗話，但是可以說成"Shoot!"就比較不會太難聽了。

   "Fuck!"這個字更可怕，所以就有人說"Fork"來代替。

   "Son of Bitch!"一般將之縮寫成"S.O.B."代替。

3. 上帝：信仰基督教或是天主教的國家是准許隨便稱"God!"或是"Jesus!"的如果有人在口語中不斷地提及上述兩字當成口頭語時必定惹人厭惡，如說"Oh, my God!"或是"Oh, Jesus Christ!"都是不妥的，如果一定要說就說成"my gosh"或"my goodness"來代替吧！

4. 女性：乳房應為breast，但是僅用中性chest來表示。內衣褲underwear有時以unmentionable（不可提及）來代替，

生理期則用friend（朋友）或auntie（阿姨）來代替。

5.死亡：一般用with God回到上帝身邊pass away離去了，no longer with us（不再與我們同在）等代替。

6.桃色新聞：事關個人之名節一般僅用affair或是最多用love affair表達即可。

7.臭味：一般僅用「smell」（有味道），表示發出臭味，但是smell也同時可以表達香味之意，端視說話者表情而定。

8.懷孕：可以用one is on the way（有一個人正在前來的路上），expecting（令人期待的）等表示，這是正常合法的懷孕，但是如果是未婚懷孕等就必須用an accident（意外）或是in trouble（有麻煩）來代替了。

第六節　女士優先

談到國際禮儀，就一定會聯想到「女士優先」這句話。在今天的世界上，除了少數地方外，在一般比較正式一點的場合，這句話可以說是放諸四海皆準的，無論是飲食、交通、娛樂，都無需明顯標示著上述話語而人人皆奉行不渝，這種情形常令國內女性在國外時會有「受寵若驚」的欣喜。

一、行走時

在馬路上行走時，男士須走在靠近車輛之側，而讓女士走在近牆壁或商店之內側，這一點是源自古老時代，當馬路還是真的

「馬」路時，每當天雨必定滿地泥濘，過往馬匹車輛奔馳而過，常會濺起污水及污泥，男士則剛好以身護花，充當女士之擋箭牌。現代雖然這種道路已很罕見，但男士走在外側的習慣則已經根深蒂固傳了下來。

二、進入餐廳時

女士應走在前面，即依序是：餐廳領位人員→女士們→男士們。待侍者替女士們安頓好座位後，男士們才可以坐下；若無侍者替女士服務時，男士應先走到女士的座位旁，替她（們）拉出椅子，擺開餐巾後，方才走回自己的座位再坐定。

如果席間有女士欲離席，此時在其身旁之男士也應立即起身為其拉開椅子，讓她方便離去，然後自己再坐下來。而女士返回時，同樣程序就應再重複一次，這一點我們東方人看起來好像很麻煩，似乎沒有必要，但在正式場合若這位理當伸手服務的男士端坐不動的話，一定被其他在場人士視為粗魯無禮、沒有教養。

三、進入轎車時

男士應先行打開最近的一扇車門，待女士坐定後，關上車門，繞過車後，再自己開門坐進轎車內。下車時也是男士先開門下車，繞過車身，替女士開門，待女士完全離開車後，再關車門，然後一起離去。

四、進入電梯時

男士也須先行替女士擋住電梯門，女士進入後，自己才進入並按下欲去的樓層。抵達該樓層時，也須先用手擋住電梯門，待女士完全走出後方才跟上。此點不僅適用女士們，一般對待客戶、長輩

或重要人士均如是。

五、上下樓梯或是電扶梯時

上樓時男士應走在女士後面，以防萬一女士跌倒時可以攙扶之；下樓時則相反，應由男士領前，其道理與上樓梯相同。

六、進入旋轉門時

若門仍在旋轉，則女士優先走入，若是處於靜止狀態，則男士先入門內以便為女士轉動旋轉門。

七、在公共場所時

如巴士、輪船、火車上，一般來說男士不必讓座給女士。

我們常說：讓座老弱婦孺是美德。但國外情形大不相同，他們是以權利與義務之觀念為出發，既然已花了錢買了票，則自己的權利與他人是一樣的，沒有讓座的義務。一般比較有可能看到的情形是讓位給孕婦、懷抱嬰兒之婦人、殘障人士以及真的十分老弱的人。

從來沒看見有人讓座給小孩子的，在他們的心中是不可能有買票的讓位給沒有買票這種道理的！

八、自助餐會時

主人多會宣布：各位來賓，請自取佳餚，OK！Ladies first！這時男士須等在原位，待女士取完首輪後，男士再依序取用。

以上所言不過犖犖大者，必須用心體會方能運用自如，尤其要注意的是在為他人（特別是女士）服務時，不但時機要恰到好處，而且神情舉止也須愉悅，好像是在訴說：能有此一服務之機會，實

333

在是無比之光榮。如果無法揣測捉摸，回憶一下幼童時在學校為老師服務之光榮心態就對了！

為何女性比較愛哭

世人皆知女性較容易哭泣，大事也哭，小事也哭，情緒不佳時哭，高興時也哭，甚至兩個剛吵完架的女人會各自分開哭。女性為什麼如此易於掉淚呢？

科學做了一個試驗，其中一組人去聞剛剛切開的洋蔥三分鐘，然後收集他們新鮮的淚水；另外一組人則觀賞悲劇電影兩小時，一樣收集了他們的悲情淚水。

研究分析兩組人馬的淚水後竟然發現其淚水的化學元素大不相同；受洋蔥刺激而產生的淚水其中的催乳激素含量還遠低於悲劇電影產生的淚水。而所謂的催乳激素就是在人類血液中用來刺激乳腺分泌人乳的要素，而女性在血液中的催乳激素含量是遠遠超過男性的。

研究又發現，哭泣可以排除體內因精神緊張而累積的毒素，所以哭過以後會有舒適的感覺，女生經常哭也可使體內更加乾淨，或許這也是女性較長壽的原因之一吧！

下一次想哭時就哭吧！管他別人笑不笑你，至少對你的身體是有好處的！

第七節　我愛陌生人

也許是不同文化的差異吧，在與陌生人相遇時，個人之不同反應會自然地反映在不同的文化區域裡。在我們生活的社會中，如果是公共場所，不論是空間很大的電梯，或是寧靜的散步小徑，或許只是海灘上清晨黃昏的偶遇，只要是在夠近的距離，雙方也均意識到：我已看到你了！此時如何對一位有可能從此不會再見到的陌生人表達人與人之間的善意與關懷呢？

一、不用矜持，放下自我

當你看見對方的那一瞬間，點頭、微笑，可能的話再加上一句「嗨！」，或是視時間而定的「早安！」、「午安！」等，讓他感受你的和善與禮貌，自然而然也還以相當的問候，然後擦肩而過，不是滿好的感覺嗎？

二、自動門

身後有人要進入自動門內時，請為他擋一下門讓他方便通過，區區舉手之勞，但受者心中將十分愉悅，一聲謝謝也足以回饋你一點心意。

三、超級市場

在超級市場或購物中心排隊付帳時，若身後之人手上僅有少數物品，而你卻是採購滿車時，不妨禮讓其先行結帳，保證讓對方感激不已，「先來者先服務」是可以改變的原則，可以視當時之情形

而調整。其他如殘障人士、孕婦等不適宜久立者，也請儘量禮讓他們優先結帳。

四、等候計程車時

若有人手上拿滿了大包小包的東西不方便開車門時，不妨替這位購物者打開車門以利其進入。沒有規定非如此做不可，但「仁民愛物」不就是如此嗎？

五、下雨天時

將雨傘與陌生人分享，共同走過一個路口、一段街道，將是對方一段美好的回憶。

六、電梯門

有人在電梯門即將關上時才匆匆趕到，而只有站在近門的你才知情時，請為他擋一下電梯門，讓這位可能急著上下樓的人，不必再浪費無謂的等待時間，讓他心中溫暖一下。

七、在飛機、輪船等公共場所時

如果有人似乎對你手中看的免費書報很有興趣的話，不用等他開口，在你看完後主動詢問這位陌生人想不想看，大可不必一定要歸還原處，讓他再跑一趟去拿。

雖然只是萍水相逢，相識一剎那，但人與人之間自然關懷就是由此而生。有所謂「勿以善小而不為」，只要是我們有能力幫助他人時，就儘量放手去做吧！這種機會處處皆是，譬如說有人要打公共電話時，剛好就沒有銅板，如果你在旁邊，而又有足夠的銅板時，你會怎麼做呢？有人不小心遺忘了東西在桌上就離去、有人掉

落了物品在地上而不自知時，你是目擊者，你又會怎麼做呢？沒錯，就是那樣，讓你的美德發揮吧！

有一年冬天大雪紛飛時，筆者正在印度北部的喀什米爾旅行，手凍腳僵相當痛苦，突見有一當地老者緩緩趨身前來，由身穿的斗篷中取出一只暖手的小火爐與我一同取暖，面露驚訝的我心中充滿了感激，老人的面貌我早已模糊，但這件事情我永難忘記。

第八節　拜訪之禮儀

拜訪可分為私人拜訪與公務（商務）拜訪兩種，雖說因為公私有別，拜訪的對象與會談的內容在程度上有所不同，但是有一些共通的原則是通用的。

一、拜訪的時機

一般來說，新的鄰居遷入後，附近鄰居會設法前往拜訪參觀，而主人也該視適當時機回訪才是，此外，如即將遠行或是出國相當一段時日後再返國，理應拜訪親友，其他如探病、慰問、祝賀等均是社交中常見之拜訪理由。至於商務或公務拜訪自然又有其不同之目的。

二、拜訪的時間

除了有特別的原因，拜訪之時間最好避開星期假日、國定假日及太早或太晚、用餐時間、午休時間等。所以原則上應以上午九時至十一時；下午二時至四時較為恰當，當然午餐約會是可以與拜訪合而為一的。探病拜訪則必須視醫院規定和病人本人身體狀況而

定。至於拜訪時間的長短，一般以三十分鐘至六十分鐘爲宜，太短失之爲應付，太長則又恐打擾對方，當然如果有重要事情商談則無限制。

三、抵達的時間

禮貌上應準時抵達或是稍微晚五至十分鐘，如果抵達的時間太早，主人身邊可能仍有客人或是其他要務必須處理，客人提早出現勢必迫使主人放下手邊工作來陪客人，如此也將影響其正常工作之程序。

抵達稍晚一點點是可行的，但是不能遲到太久，除非有臨時又無法抗拒之原因，如果眞的會遲到則必須先以電話向主人說明原因請求諒解，並且告知將可能晚到若干時間方才合禮。當然見面時必須再一次誠懇致歉方才合宜。

四、打招呼

客人抵達後也許在與主人見面時會先與其他人員見面，此時亦必須注意個人之禮貌，不論首先接待者是總機、門房、保全人員或是秘書人員，必須主動告知自己之身分、姓名，請其代爲轉告欲會面者自己已經抵達，如果對方不十分清楚也不應有不悅之表情，要知道並不是所有人都知道你與主人約會之事。接待人員負責接待、邀坐、奉茶時亦應禮貌致謝，不可以其身分較低而不屑表態。

五、等候

如果主人正有要事待辦，有可能會稍事耽擱方才見客，此時來客在等待時也必須注意：

1. 不可隨意翻動他人物品，如果有裝飾品或擺飾足以吸引你的興趣時，可以趨前欣賞，但是不宜動手翻看，如果是報章雜誌或是書刊等自然無妨。

2. 坐、立必須有樣，俗語說：「坐如鐘、立如松、行如風」，就是教人坐有坐樣，站有站樣，拜訪時切忌癱坐他人沙發上，或是翹著二郎腿，或是不停抖動大腿。當然也不可以不停地踱步，走來走去一副煩躁不安狀。

3. 不宜向人借電話、借文具紙，但是可以借用洗手間先行整理服裝儀容，梳裝一番以便等會兒會談。

4. 主人前來若邀請至另一房間會談時，原先之奉茶不宜由客人繼續攜至新地點飲用，應由主人或是其他人協助端至新地點或是換上新的飲料。

5. 談話內容：一般拜訪都會有其目的，否則就叫「串門子」了。談話時除了開始之必要寒暄外，應該適時切入主題，充分溝通意見，或是詳細說明來意，以便主人能儘快掌握來意，不宜一直繞著圈子說明，甚至會面結束仍不知其來意均屬不妥。談話時之用字遣詞也應注意，不可言詞粗鄙讓人反感，口頭禪儘量少用，粗話也不可出口，如果有女性在場時則須更加注意，一個有教養的人絕對不會在女性面前說粗話，或是講一些有顏色的笑話、有性暗示之事。

6. 告辭：約定會面時間即將到時，或是該談之事已經談完，該表達之事已完整表達時，主人似已無繼續談下去之意願時，善於察顏觀色者應主動提出告辭之請求，因為來者是客，主人一般不會主動提出會面結束之要求，反而多會客套地要求來客多留一會兒。但是為客之道就是應知何時告辭，讓主人體會你的善解人意。

7. 主人不在時：有時拜訪主人臨時有急事外出，或是未曾約定

只是順道拜訪時主人剛巧不在，此時可以請他人轉交名片或是留在門縫上，唯一需注意是依慣例須將名片之左上角向內摺一些表示親自拜訪之意。這一點國人似乎不太瞭解，不知好好一張名片何以摺了一個角？

Bye-Bye的由來

在人與人談話結束或是聚會完成互相道別時一般多會用Bye-Bye來表示道別，很多人都會說這一句話可是卻不知其涵義。

事實上，Bye這個字是來自Good Bye，而Good Bye則來自God Bye，而God Bye即God be with you之意！也就是「願上帝與你同在！」，在分別時互相祝福對方不是很自然而有助友誼的嗎？

至於另一句較為正式的So long！則可能源自以色列之Shalom，以色列有一首非常有名的民謠就叫Shalom，是在親友道別時唱的：Shalom my friend, shalom my friend, shalom, shalom，所以So long的意思有直到下次再見之意，這與其他歐陸道別語，如法文Au revoir!義意上也是相同的。

至於其他的道別語則各有來由，如與即將出遠門的人道別時多用Have a nice trip!這應來自法文Bon Voyage！是祝福他人有一趟愉快的族程，正如中文的「一路順風」之意，當然現代人很少坐船旅遊，一般多搭乘飛機，所以又轉變成Have a nice flight！

在日常生活中我們常會用 "Have a nice day!"、"Have

fun!"、"Happy weekend!"這些道別語與宗教並無關係，完全是美式較重個人情感的表達方式。

 ## 第九節　敬禮與答禮

在正式場合中，我們多有機會使用敬禮與答禮的機會，如果敬禮與答禮的方式與姿勢不正確的話，將會失去了表達敬意之情，除此也會遭人議論或是貽笑大方。敬禮與答禮一般可分爲軍式敬答禮以及一般敬答禮，現分述於後。

一、軍式敬禮

(一)舉手禮

這是最常見的一種行禮方式，只要是受過軍事訓練者一定都知道如何行禮。凡是著軍服者。或是警察人員等其他穿著正式制服者，均以此爲敬答禮之基本禮節、各國敬禮方式稍有不同，如我國是採用美式敬禮方式，手掌與帽簷平行，其他如英式舉手禮則是探掌心朝外方式敬答禮，此外我國規定敬禮者必須待受禮者答禮後，敬禮之動作方才結束，而歐美諸國則較寬鬆，其敬禮者行禮完畢後可以不待答禮即自行恢復敬禮前之動作。

(二)舉槍禮

軍人手持步槍時一般都不可行舉手禮而改行舉槍禮。舉槍禮原則上採雙手在步槍之適當部位而將步槍垂直舉在胸前，眼睛注視受

舉手禮之由來

現代軍人，穿著軍服時最常見之軍禮即是舉手禮了，世界各國其方式雖稍有不同，但是基本上多大同小異。可是很多人一定不知道舉手禮其實是跟男女之避諱有關。

多年以前在英國的一次授勳典禮上，整列的英國海軍服裝整齊神情肅穆地正等待英國女王之蒞臨與授勳。授勳時女王必須親自為有功人員配戴勳章於胸前，如果是國王的話就沒有任何不便，可是女王本身是女性，在授勳時兩人相距甚近，目光直視總是不妥。

典禮官左思右想，最後想出一條代替之法，就是在女王走到被授勳者面前時，該員必須以右手遮住自己的雙眼以免目光與女王接觸，典禮結束後海軍發現效果良好，於是規定只要是階級較低之官兵遇見高階者一律必須行此種舉手禮以示敬意，只是手掌的位置與方向調整成目前英軍正式之敬禮，即手掌朝外與面部平行，中指指尖輕輕接觸右眼梢旁。

海軍規定了沒多久，由於頗能表現出軍人重視階級之軍中倫理特色，於是陸軍也跟著採用了。由於當時英國之國力空前強大，海陸軍遍及全球，世界上其他國家不久之後也多紛紛起而效尤，這也就是今天我們見到舉手禮之由來了。

禮者方式行之，但也如注目禮般，原則上是目迎不目送，也就是受禮者經過面前即停止注目。

　　另外執槍時也有執槍敬禮方式，有些國家規定爲執槍肅立，左手採扶胸禮，有些則僅採立正姿勢即可。至於配帶手槍者則行舉手禮；配衝鋒槍及M16步槍者採右手執槍，左手採扶胸禮。

(三)撇刀禮

　　撇刀禮亦稱吻刀禮，在部隊集結受校閱或是分列式通過閱兵台前時，配指揮刀之部隊長一般均會採撇刀禮，據傳撇刀禮源自以前騎兵之敬禮，由於騎兵隊在受校時均騎在馬匹上，敬禮時採抽出軍刀，先做吻刀動作，再將刀向右下方揮下表達敬禮之意，待受禮者答禮後才收刀採抱刀狀站立或是採執刀狀，刀尖向上繼續前進。

　　由於以前撇刀禮用的是開過刀鋒的軍刀，相當具有危險性，不少軍人因爲練習刀禮不小心而受傷甚至削去右耳者亦曾發生，後來軍隊才普遍採用現在軍品店到處可以買得到的安全指揮刀。

(四)倒旗禮

　　此一禮與撇刀禮使用之場合類似，多在接受校閱時或是閱兵時，當然目前在運動會上以及大型慶典上也可見一些機關團體配有代表自己的團旗，其禮與軍旗之倒旗禮相同。

　　倒旗時旗手也是行注目禮，待受禮者即將到達時將旗杆倒下約四十五度左右，代表該團體向受禮者致敬，待受禮者離去後再收旗恢復原來的動作。

　　筆者曾經於服役時被選拔成爲憲兵司令部掌旗官，參加國慶大典之閱兵，僅僅一個簡單的倒旗動作，每天由早到晚不知反反覆覆地練了多少遍，其目的就是在旗子倒下時不可以使其搭疊於旗杆上，而必須使其在一瞬間就完全展開。如果旗子面積小則較爲容易，但若是大面積的旗子則必須使用旋轉旗杆的技巧而使旗在倒下

343

的剎那完全展開。經過了三個月的練習已可百分之百控制旗面了。閱兵的那一天，雖然天空飄雨，但是我仍然順利的在那一秒鐘使憲兵旗完全展開，表達了對元首之敬意，如今憶起此事仍倍感光榮。

倒旗禮必須注意的是：國旗永遠不向任何人敬禮，所以永遠也不會見到國旗敬禮之情形。

二、一般敬禮

工商社會中人與人來往頻繁，向人敬禮與答禮之機會可謂是經常有之，現將常見之敬答禮分述於後。

(一)注目禮

這是最簡單與常見之禮，使用之時機為升旗時向國旗或團旗行注目禮。重要人物進入會場時，如總統或國王等，司儀多會請與會者起立鼓掌並行注目禮。其他於法院之法庭內於法官進場時也會要求所有人起立，待法官就座後各人才復坐。

其他大型會議於主席入場時，或是公司會議於董事長入席時，各人均宜採用起立注目之方式表達敬意才為得體。

小檔案

軍禮與文禮之混淆

有一次筆者應邀前往某一地方法院參觀，當法官進場時由一著制服之法警發號施令，令所有在場者起立，然後轉身向身著法官服的法官行舉手禮，禮畢後再令在場者坐下，但是沒有想到法官於法警向其敬禮時居然也以舉手禮來答禮，我在驚訝之餘也不免感嘆國人對軍禮與文禮混淆之一般了。

事後我乃利用機會，委婉的告訴該法官，法官本文職，似不宜以舉手之軍禮來答禮，但她疑惑地問道：「那為何該法警就可以用舉手禮敬禮呢？」我才又向其解釋，法警與軍人同，只要身著制服，一律可以行軍禮，她才連連稱謝表示受教。但又思及不知該如何答禮，我則告之，一般人以點頭答禮就已足夠了。

(二)點頭禮

這是一種非常簡單的敬答禮方式，其適用時機如在街上遇見友人時，不想與其寒暄則用點頭方式表示即可，或是與友人同行者並不相識，則也可以點頭表示即可。

此外，集會時重要人物進場，群眾起立敬禮時，其人也多會以點頭答禮之。當然在一般場所向重要人物打招呼時，或是男士向女士致意時，其人多也會以點頭示意即可。

(三)鞠躬禮

在歐美國家鮮見，在日本則常見，在我國則以前常見，現在少見。

歐美人鞠躬，除非受禮者是國王、皇后等皇室要員，一般只是立正並稍微向前傾斜約十五度左右，隨即恢復正常，可見之場合為向總統呈國書，或是覲見首相等地位極高者才用此一敬禮方式。當然在正式舞會之場合，當男士向女士邀舞時也常見此一禮節。

日本人則可以說是全世界最會鞠躬的民族了，見面要鞠躬，分手要鞠躬，而且還是互相鞠躬，一鞠好幾個，而且是互相比賽似的看誰的腰彎得低，據說日本人之鞠躬也分為對長輩、平輩、晚輩等有所不同，原則是對方輩分愈高、地位高，則腰彎得愈低，至於面

對客戶時當然採最高規格的鞠躬了。

我國以前也流行鞠躬，學生遇見老師，晚輩遇見長輩，低階文職遇上高階者，多要鞠躬表示敬意，否則即為失禮。但是不知從何時起，突然大家都不鞠躬了，現在只有在某些場合，如喪禮、紀念會集會等才有向某人鞠躬等情形發生，不過我國鞠躬的角度較歐美等國家大，但又不及日本，可以說是中庸之道吧！

另外，國外即使行鞠躬禮也不過鞠一次而以，從來沒有人鞠三鞠躬的。據說曾經有過外國代表團來台參觀中正紀念堂時在司儀指令下一鞠躬就轉身走人的尷尬場面，當司儀唱聲再鞠躬時現場只有儀隊及司儀本人了。

(四)脫帽禮

在我國除了軍警人員外，一般百姓較少有戴帽子的習慣，所以對帽子的相關禮儀也就所知有限了。但是在歐美等國家，帽子被視為服裝的一部分，故其禮儀也較多，如帽子種類繁多，在不同的場合也有不同的服裝以及帽子來搭配，否則一定會遭人議論，視其為無禮。

一般而言，如果有戴帽子，在下列場合一定要脫帽，如在教堂、劇院內、餐廳內、一般室內。但是在公共場所之室內如百貨公司、商店內、車站、機場等可戴帽無妨。

另外，在下列情形必須脫帽表達敬意：

1.被人介紹他人互相認識時。
2.升旗時或集會唱國歌時。
3.路上遇見送葬隊伍時。
4.與輩分或階級較高之人談話時。
5.與女士見面及談話時。

有一點很重要的就是女性永遠無需脫帽，無論在室內或戶外，其原因似不可考，可能是帽子爲女性服裝之一部分，不停地戴帽脫帽似乎不太雅觀吧！

(五)舉帽禮

這種禮國人也十分陌生，此禮爲脫帽禮之變體，其敬禮之程度較脫帽禮爲輕，其使用時機爲：

1.有人向你致謝時可以點帽或舉帽答禮。
2.向人致歉時，可配"Excuse me!"一起用。
3.簡短談話結束欲離去時，可以此向對方致意。
4.在路上偶遇友人偕伴但是並不認識時，可以此略爲向對方致意。

舉帽禮之方式爲略爲將帽子舉離頭部隨即復帽即可。更簡單的代替方式就是用點帽禮了。點帽禮之方式是用右手食指指尖輕觸帽簷即可，其動作與舉手禮十分相似。

(六)扶胸禮

又稱扶手禮，這是西方世界文人之最敬禮，受用於校閱部隊，向國旗致敬、喪禮、向忠烈祠陣亡將士致敬等，代表個人最高之敬意。

其方式爲右手脫帽，將帽頂朝外然後貼於左胸心臟附近，禮成後方才復帽，如果沒有戴帽時，可以手掌代替之，將右手掌置於左胸部分即可。

至於女性由於不用脫帽，所以在重要場合可以扶手禮表敬意，但是由於女性胸部不宜以手掌置其上，可能予人不當聯想，因此女性行扶手禮時可以將手掌位置略微放低一些。

347

(七)合十禮

在印度教及佛教地區，百姓多會以雙手合十之敬禮方式來表達人與人之間的交流，施合十禮時必須雙手合掌於身體正前方，指尖朝上，原則上合十禮對平輩是將雙手置於胸前；對晚輩則可稍低；於長輩或是僧侶等則必須與頭部同高以示敬意，行禮時雙眼必須注視對方，並說出問候語如"Namaste！"才是。

第十節　國旗的禮儀

我們從小被教育愛護國旗，因為國旗代表國家，應獲得所有國民一致之敬愛與尊重，只要有國旗出現的場合，應表現出莊重與自制。以下是一些與國旗有關之事情：

1. 升降旗：在國內外遇見升降旗時必須適度加以尊重，無論是本國或是外國國旗。在比較近的距離或是在大型集會、慶典有升降旗儀式時，一般須起立、肅靜，對國旗行注目禮，軍警人員可行軍禮。如有配樂或是樂隊演奏國歌時，也不妨跟著唱國歌。唱國歌時不可擅自變調、過快過慢均為不妥。

2. 國旗應保持乾淨、完整、顏色鮮艷、表面平整，否則應立即更換或整理。繩索也應固定牢靠，以免鬆脫變成降半旗。

3. 降半旗：遇有國殤、重大災難或是友邦之不幸事件時，多會有降半旗表舉世同哀之意。此時應先將國旗升至旗杆頂端，然後再徐徐下降約旗杆之三分之一高處，然後固定住。降旗時也是一樣先升至旗杆頂端再開始降旗，萬不可只升至三分之二處就停止升旗或是降旗時由三分之二處逕自降旗。

4. 愛護國旗人人有責，雖然我們無需像日本軍國主義或是納粹

狂熱分子一樣將國旗給神話了，但是尊重、愛護國旗則是每一公民之基本責任，所以如果遇有國旗掉落、破損、棄置時，均應主動處理或是通知相關人員處理。

5. 升降旗時如演奏國歌或是國旗歌，則應配合升旗之速度，如果音樂太長則升旗速度應放慢，最好是國旗升至杆頂時也演奏完畢，但是如果兩國國旗同時升旗而其中一國之配樂實在太短時，則可以權宜的再度演奏一次國歌或國旗歌以配合升旗之速度。

6. 國旗之位置：國旗為國家最高榮譽之代表旗，所以其位置一律在最重要之位置，如與公司旗、團體旗、部隊旗、校旗同時懸掛時，一律在正中間且略高於其他旗幟。至於與其他國旗共同懸掛時，地主國一律掛在右首，這是因為依國際慣例，右為尊（這一點與我國自古以來以左為尊之習慣剛巧相反），例如華僑在國外慶祝國慶日時一律在戶外右手邊掛當地國旗，左手邊才掛我國國旗，這也是國際上尊重地主國之表現方式。但是如果有外國元首來訪，地主國可以將右位讓出給來訪國之國旗以示尊重、禮遇，當然，在禮賓車頭上也可以如此懸旗的。

7. 國際會議：國際會議如是地主國主辦，自然國旗可以居於其他諸國之首位，而其餘參與國則依英文字母排列之順序依序排列即可。這一點無論是亞運、奧運，我們在電視實況轉播開幕或閉幕式中代表入場均可看見。但是有一種情形是國際活動只是借地主國之場地舉辦時，地主國也必須列入，如同其他國家一般依照字母順序決定國旗懸掛之位置以及進場順序了。

第十一節　個人基本空間

　　說到「個人空間」（personal space），國人似乎不太容易體會，而在歐美等國則是一不明文表示之禮儀，也是對他人之活動空間的尊重。尤其在英、德以及中北歐等諸國家地區，這種人與人相處之互相尊重更是十分明顯。

　　所謂個人空間就是當人與人相處時必須保持的最近距離，也就是說當兩人在談話或是非刻意相聚一處時必須保持的最小距離，如果有一方打破了此一無形的牆，則另一方會開始不安、不自在，甚至緊張，待對方保持適當距離時，一切又恢復正常了。

　　曾經有專家以此為題對歐洲國家做過調查，發現了一些有趣的現象，也就是氣候愈冷的國家，如英國、芬蘭、德國等，所希望的個人空間權愈高，反之，如法國、西班牙、義大利等則是相對的距離短了很多，其中又以義大利約五十公分為最近，這一點當我們在義大利旅行時即可發現，義大利人在聊天時彼此的確是靠得相當近。

　　至於要求個人空間權最大的則是英國，這除了與英國寒冷的天氣、冷淡的人際關係有關連外，英人從小被教育極度重視他人隱私應有相當影響，與陌生人相遇時英人多不會主動開口攀談，即便開口也只是禮貌性之寒暄，簡短且常點到為止。因為他們深怕打擾到對方之思考與享受寧靜的權利。另外，由英國人的排隊方式也可以看出端倪，無論購物或使用公共設施，英人一向自動排隊，但是他們是十分鬆散的排隊，與一些共產國家的人民排隊時前胸貼後臀之排隊方式大異其趣，可是雖說是鬆散，但是每一個人都十分清楚誰是下一個，如果服務人員不清楚或是弄錯時，其他人一定會指出誰

才是應該排到的下一個。

　　但是仍然令人驚訝的是，英國人的基本個人空間竟然需要一百五十公分，是義大利人的三倍之多。

　　至於世界其他國家的部分，美洲以加拿大最高，美國次之，中南美等國家則由於民族性的關係與南歐國家十分相似。亞洲國家以日本為最高，韓國次之，東南亞國家則與南歐及中美洲國家類似。而我國國民則屬於中度個人空間要求者，似乎也符合國人之民族性。

第十二節　親吻之禮儀

　　吻禮據說起源於羅馬帝國時代，當時社會流行飲酒，丈夫出外返家時，會先聞一下妻子之口，看看其是否有偷喝家中之酒。久而久之就變成丈夫返家時，妻子會以吻來歡迎，因此而成了吻禮。

　　在中東、南歐等國家目前仍盛吻禮，不過只是吻臉頰，有吻單頰，也有吻雙頰，也有吻完雙頰再面對面空吻的，不但女性互吻，男士間也行吻頰禮，男士與女士間也一樣互相行吻禮。

　　吻時互相擁抱，多以右頰互貼，口中發出吻之聲音（也有不發出聲音的），同時可以雙手輕拍對方之背部表示熱誠。一般而言，如果是一男一女時，如果女方未先作表示，則不可冒然以吻禮強將於女性，否則顯得唐突。

　　至於吻手禮現在相當少見，據悉是源自古代宮廷中，在相遇及聚會告別時以吻手禮親吻貴婦以示禮貌，不過多在室內發生。一般都是由貴婦先說："You may kiss my hand."，對方才會趨前以手握女士之手再以唇輕吻手背，如蜻蜓點水一般，切忌留下口水於其手背。

強吻也算國際禮儀？

多年前報載有一名男士在便利商店購物時，竟然趁四下無人時強行擁吻女店員兩分鐘之久，女店員一怒告到法院，沒想到最後法官竟然判決：吻禮是「國際禮儀」之一種，因此該男子於此並不違法。

消息一出立刻引起熱烈討論，舉國撻伐，不少人認為，既然如此判決就可以在任何地方想吻誰就吻誰了嗎？如果該法官之妻子、女兒等也被其他陌生男子如此「國際禮儀」一番，不知他心中作何感想？

事實上該事件完全與國際禮儀無關，因為：

1. 吻禮指的是吻頰、吻手之類短暫且禮貌性的吻，而不是擁抱兩分鐘，口對口的法式熱吻。
2. 吻禮應由女性主動表示，男性方才可以被動配合以免失禮。
3. 雙方並不認識，且未經他人介紹，因此場合、情形均不符合吻禮之基本要求。

希望下次法官在判決類似案件時，萬不可閉門造車，自以為是，否則此類笑話將層出不窮。

第十章

書信、卡片、電子通訊篇

- 書信之禮儀
- 卡片之禮儀
- 送禮之禮儀
- 行動電話、傳眞及電子郵件
- 常用法文縮寫
- 送花的禮儀

第一節　書信之禮儀

現代世界裡，人與人之間溝通、聯絡的方式有許多不同的選擇，電話、傳真機、E-mail都是十分方便而且有效率的，但是最具傳統的古老聯絡方式卻一直沒有失傳，而且在某些方面來說，書信之功能是無可取代的。

任何人接到一封高雅大方的來信時，一定會迫不及待地打開它，如果信紙也和信封同一色調，並且一樣高雅大方，豈不是一件賞心悅目的事嗎？如果信的字裡行間表達出寄信者的誠懇告白與眞心祝福，更會是一件溫馨的珍貴禮物，讓人心情自然爲之溫暖好幾天，甚至在很久以後的某一天，當你偶爾重新展信閱讀時，會更加的有感覺、有意思呢！

此外，在正式交際與商業的來往當中，書信更扮演了一個正式與不可或缺的角色，畢竟口語的告知與傳眞都只是輔助性的方式，因爲接收訊息的人會有被忽視的感覺。

以下是書信來往時必須注意的事項，至於書信的內容與寫作方式則不在本章討論的範圍，應當去參考英文寫作書信大全之類的參考書籍。

一、高雅大方的信封、信紙

選擇高雅大方的信封、信紙，並能與自己名片的色調相搭配則更佳。一般來說，紙質、印刷、式樣都必須加以考慮，至於顏色方面則多以淺灰、米黃、淺藍爲主。有些比較講究的人或公司喜歡燙上名字的縮寫，有些則喜歡滾上花邊，端視各人之喜好而定，畢竟，信函可以代表一個人的特色。

二、信紙的紙質與顏色

信紙的紙質與顏色必須與信封一致，絕不能用一張灰色的信封裡面夾了一張米黃色的信紙吧？其實正如服裝一般，書信之配件也以整套搭配較合宜大方，感覺上也較有品味。

三、封口

我們經常會犯一個錯誤，就是在信件投郵前會把封口用膠水完全封死，這是不對的，因為如此一來拆信刀將無法發揮拆信的功能了。所以必須在信封的一端或是兩端留下足夠的空間以利拆信，否則收信者還得再去找一把剪刀才可以如願。如果你真的找不到封口膠水，那就直接把信封的摺頁摺進信封內代替吧！

四、姓名與地址

收件人與寄件人的姓名、地址、公司全名、部門等都必須書寫清楚，一方面讓轉交者可順利交給收信者，而收信者在收到信時立刻就會知道是誰寄來的，如果地址錯誤或收信人無法收信時，郵差也可據此退回原信。

五、稱呼

信封上的稱呼僅以先生、小姐、女士等，尊稱一般是不寫在信封上面而是寫在信紙上的，因為信封是經由無關的第三者（郵差）送達，他可不必知道你是董事長還是大教授，但是如果信函由專人送達（如卡片等），則可直書尊稱無妨。

六、開頭稱呼

私人信件可以直稱Dear Jack等，然後在第二行再開始書寫內容。

正式信函則必須以對方之全銜稱之，如：Dear Dr. Michael Chang，其後一般並無任何標點符號，然後也是一樣由第二行開始陳述內容（請參考「各種信函範例」）。

各種信函範例

(一)恭喜信函（Congratulation Letter）

Global Trotter Club.

1 August 2007

Mr. C. L. Chu,

General Manager,

No.20, Chang-Chun Road,

Taipei City.

Dear Mr. Chu,

　　I would like to congratulate your club on being honored by the Taipei Travel Association as one of the best three travel clubs in Taiwan.

　　For years, both tourists in-bound and out-bound here have showered praises upon the cordial services of your club. It is indeed gratifying to learn that these have been appropriately rewarded.

Once again, on behalf of all the staff of our company, I extend to you our congratulations.

> Yours sincerely,
> C. L. Chen

(二)感謝信函（**Thank-you Letter**）

> Global Trotter Club.

> 1 August 2007

Mr. C. L. Chu,

General Manager,

No.20, Chang-Chun Road,

Taipei City.

Dear Mr. Chu,

I wish to thank your club for your enthusiastic support of the Taipei Travel Fair 2007 Association.

As you have probably learned from the media, the Fair has proved to be a great success in that people from different countries participated in the various activities. The carnival, in particular, brought much delight to the people as they could learn lots of travel information and acknowledgement.

Again, on behalf of the Taipei Travel Fair 2007 Association, I would like to express our warm thanks to you. I also hope that in further, you will continue to support functions organized by our Association .

Yours sincerely,

T. L. Chang

Secretary of the Taipei Travel Fair 2007 Association

(三)邀請信函（**Invitation Letter**）

Global Trotter Club.

1 August 2007

Mr. C. L. Chu,

General Manager,

No.20, Chang-Chun Road,

Taipei City.

Dear Mr. Chu,

You are cordially invited to a banquet to be held at 7:00 p.m. on 10 September 2007 in our restaurant celebrating our 10th anniversary.

Thanks to the support of our dear friends from every corner of the world over these years, we have been able to make a name, both locally and abroad. As this year also marks the 10th anniversary of our restaurant, so, we are going to hold a banquet on 10 September 2007 to celebrate this memorable year.

Of course, we would like to share our joys with our dear friends whose presence will indeed grace our banquet. Highlights of the evening include entertainments by famous rock-and-roll band of Taipei City and a lucky draw.

We look forward to seeing you.

Yours sincerely,

M. L. Lee

General Manager of Happy Hours Restaurant

(四)邀請卡（**Invitation Card**）

The General Manager, M. L. Lee, and Staff

of

Happy Hours Restaurant

Requests

the Pleasure of Your Company

at the 10th Anniversary Banquet

at 7:00 p.m. on 10 September 2007

in their restaurant

RSVP（regrets only）

Miss Mary Lee

Tel: 02-27121771

七、親自簽名

在信結尾時必須親自簽名，表示重視。只有促銷信、廣告函等才是用印刷的名字。

簽名可以簽自己的全名，或只簽名字，姓用大寫縮寫字母代替即可，如Michael Chang可以簽成 Michael C.。

八、筆及墨水

書寫用的筆及墨水也須注意。

墨水以黑色、深藍色為主,可別用一些奇奇怪怪的顏色顯得不太莊重。筆也以書寫流暢、墨流均勻為佳,當然字跡可以有自己的個性,但以可以辨識為原則,如果沒有把握的話,信用打字的方式也是蠻好的,整齊、乾淨,只是最後的簽名還是必須本人親簽。

九、簽名之重要

簽名不但是個人個性的表達,同時也代表一個人的認同、認可,所以最好練就一個漂亮的簽名,但是一個就夠了。在西方國家簽名就代表印鑑,不論是支票、文件、合約等,都是用簽名的方式產生效力。即使重要到國書、和談、條約等,也都是由雙方代表簽名即生效。

我國自古以來均是以印鑑為認證方式,所以國人不太瞭解簽名的重要性,所以常有護照、簽證等簽名會假他人之手為之而常產生許多糾紛與困擾,甚至有人認為,簽名嘛,今天簽成如此,明天簽成那般,同一個人卻有多種不同版本的簽名,如果把這種觀念帶到國外去,不但造成他人的困擾,而且可能會延禍上身而不明其因。

所以只要是簽名,一定要謹慎小心。任何事弄不清楚之前千萬不要簽名,切記!簽名,不只是簽一個名字而已。

簽名（Signature & Autograph）

Signature，簽名、署名，常帶有事務性味道，具有正式之意義，正如我國之用印，多簽在護照、簽證、信用卡、證書等上，具有一定的法定效力。不會簽字者可以按指紋代替。

一般多會說："Sign here please." 或是 "I need your signature here please."

Autograph，則是名人的signature，如偶像歌手、明星、運動員、政治人物等主要指把自己的名字簽給別人作為紀念，如簽在照片上或是書上等，並無法定效力。例如：我寫了封信給布希總統，他送我一張簽名的全家福照。

Peter：I wrote to President Bush and he sent me an autographed picture of his family.

（我寫了封信給布希總統，他送我一張簽名的全家福照。）

Mary：Really? Keep it in a safe place. Maybe it will sell for thousands of dollars a hundred years later.

（真的？好好保存，一百年後它將能賣個幾千美金。）

十、隨附名片

信封內常有隨附之名片，名片應只是放進信封內，正面朝上即可。最好不要用迴紋針固定在信紙上，以免卡片上留下壓痕不太好

看。至於在國內經常看到把自己名片用訂書針訂在信紙上的做法，更是一大笑話。

十一、寫信的時機

舉凡求職、抱怨、致歉、祝賀、詢問、致謝、商談、邀請等，無一不可用寫信來表達。當然，私人之間的問候、敘舊、抒情、婚喪事件等也均可入信，其代表之情意可能會讓受信者的感覺更深刻、更難忘懷。現僅舉下列諸項討論之：

(一)恭賀信

在獲知對方之喜事時，應立即表達祝賀之意，祝賀之事情須言明，如升遷、得獎、取得執照等，讓對方知道你與他一樣的歡欣，同享喜悅，並表示眾人皆知：他的殊榮是如何得之不易與實至名歸等。

另外如在英文祝賀用語方面也儘量以複數為誠意之表達，如Congratulations、Thanks、Pleasures等均是同一道理，否則收信者心中會十分困惑與不快。

(二)安慰及弔唁信

當他人發生不幸的事，如車禍、重病、喪事等，也應藉此表達個人的關懷與鼓勵，以讓對方瞭解你亦有同悲之心，藉以提供他人精神上的慰藉。

如果是發生了喪事，不論事情過了多久，去信慰問是永不嫌遲的，表示逝者將會永留心中，正如逝者在家屬心中一般，並與其家人一起追念他在世時之歡樂時光。

(三)致謝信

收到某人的禮物、接到某人的邀請等，均必須以致謝信函表達

謝意。

　　信中應言明對方餽贈的禮物是如何受到你的喜愛，眞是一件非常棒的禮物等，以免送禮者可能早已忘了他送你的是什麼禮物了。

　　受邀參加聚會者則可言明聚會是如何成功，讓你認識了許多好朋友，宴會的菜餚、飲料是多麼可口等，記住只要避免言之無物即可。

(四)邀請函

　　公司行號週年慶、產品得獎、認證成功、節慶同賀、婚禮、畢業典禮、彌月之喜都可以廣發邀請函。

　　信函上全用第三人稱以示正式，如某某先生、夫人，邀請某某先生、夫人等，信上必須清楚註明聚會的起訖時間、地點、服裝、是否回覆（RSVP）等。

　　有不少國人會忽略RSVP這一項，這不但不禮貌而且會造成主人無法算準客人人數的困擾，如果你很不巧剛好成爲第十三人時，那就更尷尬了。

十二、投郵

　　郵票應貼足金額，以免收件人收到欠資郵件，未拆信即已產生不好的印象，讓你的美意大打折扣，不可不愼。

　　郵票黏貼的位置也以西式信封貼於寄件人左下方爲妥，正式信件不要用太過花俏奇異的郵票，以免突兀，郵票也不可以斜貼、倒貼，甚至貼到信封的背面去。如果知道對方有集郵的嗜好，則可以寄一些特別的郵票給他，以顯示你細心的一面。

鋼筆的由來

　　瓦特曼先生興高采烈的用雙手遞給他的客戶一枝自來水筆，以讓客戶在巨額的保單上簽字，不料正要簽字時墨水突然大量湧出，以致污染了文件。就在瓦特曼先生匆忙返回公司換一份新的合約時，另一家的保險經紀人趁虛而入搶走了這筆生意，他深感沮喪之餘，從此立志發明一種方便又能控制的自來水筆。

　　他拆開了許多筆，研究控制墨水流量的方式，最後終於利用液體毛細作用，以一條硬橡膠來連結筆尖與墨水槽，中間鑽了一條細小的通道以便墨水流出，由於通道狹窄所以只有當筆尖在紙上寫字受到壓力時墨水才會由槽內緩緩流出。但是筆雖好用，可是每次加墨水時都要用滴眼藥水的方式慢慢把墨水滴入槽中，十分不便。後來他又發明以有彈性的橡膠墨水槽使問題得以解決。

　　現代筆的起源甚早，由希臘、埃及人使用的蘆葦筆，到羅馬人使用的羽毛筆，一直到瓦特曼先生發明的鋼筆為止，已有好幾千年的歷史，但是事實上直到鋼筆發明後，人類才得以有效的控制書寫的工具。下一次當你去法國巴黎旅行時，不妨在文具店購買一枝鋼筆作為紀念，不過一定要指名瓦特曼（Waterman）牌子的，因為這才是世界上第一枝鋼筆發明者的牌子。

第二節　卡片之禮儀

走進書店內，我們可以看見展示著各式各樣琳琅滿目的卡片，不但印刷精美、賞心悅目，而且創意十足，可以說是足夠應付各種場合之用且非常方便。以下是我們常會用到的卡片以及使用它們的注意事項：

一、謝卡

每當友人幫了你一些小忙、送你禮物，或是請你參加剛舉辦的宴會，讓你有一種念頭想要表達謝意的時候，謝卡就可以派上用場，其用途可以說是極為廣泛。使用謝卡時首先必須要即時，以免隔了太久再致謝反而讓人覺得很奇怪；其次要說明你為何感謝收件人；最後再次表達個人誠摯的謝意並期待日後再相聚等。用詞以誠懇、簡短為原則，不宜長篇大論，除了卡片上印好的文句外，也可以再加上自己認為更得體的詞句以示真心感激，最後再親筆簽名後付郵。

二、致歉卡

與致歉函之用意相同，但是比較沒那麼正式，有時不小心說錯了話，或做錯了一些不太應該的事時，致歉卡就可以發揮功能了，收件人看見卡片多半會前嫌盡釋，甚至友誼更加穩固呢！

三、生日卡

西洋人非常重視自己的生日，也希望自己的親朋好友能記住並

為自己慶祝。

壽星在慶生時會收到許多禮物，有些是自己期待的，有些是屬捉弄人的，常會讓人啼笑皆非。而在生日時展讀親朋好友的生日卡，則又是另一件溫馨愉悅的事了。

一般寄生日卡必須在收件人生日之前一週至數天前寄達，當然，如果經常見面者可以和禮物一起親自交到壽星的手中，要知道主角在拆禮物時與讀生日卡時，是一樣洋溢著興奮和幸福的，如果你無法兩樣東西都送，至少寄張卡片表達你的心意。

四、慰問卡

用途也是滿多的，例如探病、親友去世、寵物死亡、失戀、工作不順利、心情低落時，都可以這種方式給予他人極大的精神安慰，且可以在不用和人見面或通話的情況下，表達自己誠懇的關懷，小小的一張卡片說不定可以讓不幸的朋友重新振作起來，正是你展現友誼的最佳時機。

五、聖誕卡

可以說是大家最熟稔的卡片了，如果一個人在聖誕節時沒有收到任何聖誕卡的話，就證明他的人際關係是如何可憐了！

寄卡時一般多以家庭為單位，公司行號則以最高主管為代表，如果人數不太多的話，則可以所有人一起簽名表示眾人的祝福。

至於卡片則由於年年都要寄，所以不妨別出心裁，讓收件人為之驚喜，祝福的話語也以俏皮有趣為佳，此時正是表現個人創意的大好機會，但是必須注意的是，寄給女性或是長輩的卡片不可以太隨便，例如有性暗示者就不太妥當了。

聖誕卡由於數量太大，所以在國外郵寄時必須儘早寄，最好提

早在十二月初時即寄出去，否則聖誕節已過去了一、兩個禮拜才寄達，就失去意義了。

聖誕卡趣談

每當十二月來臨時，我們多會收到一些印製精美、五花八門的聖誕卡片，卡片代表了關懷也代表了情意，可以說是一種令人感到溫馨的禮物。而聖誕節雖已有一千多年的歷史，聖誕卡卻只有短短的一百多年的歷史，這是很多人不知道的。

西元1843年，英國有一位叫亨利的年輕人，他的工作是在一家雕刻店當學徒。由於平日工作十分忙碌，所以雖然聖誕節即將來臨卻撥不出時間來寫信祝福諸親友。有一天，他忽然靈機一動，他想如果請一位畫家畫一張歡度聖誕節的圖案，再將畫製版來印刷，不是十分有趣又方便嗎？

那是一張闔家團圓共度聖誕的溫馨畫面，他立刻印了一千張，其中一百張分寄各親友，其餘九百張以每張一先令出售，結果大受歡迎，所有卡片一下子就銷售一空，人們欣喜地互相傳閱這種前所未見的問候方式，從此以後，聖誕卡正式面世了。

目前世界上每年寄出聖誕卡最多的是美國，每年要寄二十億張以上，平均每個家庭最少寄六十張。全美所有的郵局從十一月起，就要日夜加班來處理這些堆積如山的卡片。

全世界最大的卡片是西元1924年美國總統柯立芝所收藏的那張，寬度可達八十公分長；至於最小的聖誕卡則是用半

顆白米所繪成，那是西元1929年一家鋼筆公司送給溫莎公爵
的禮物，沒錯，就是那一位「不愛江山愛美人」的英國國王！

第三節　送禮之禮儀

　　有人說：「送禮是一門學問」，的確，送的禮物太輕、太重都
不好，送的禮物重複或收禮者並不需要則又失之浪費。有些禮物選
得不好或質地欠佳，則讓人懷疑你的品味以及誠意，所以有時光是
在選擇送何種禮物上，就必須左思右想、仔細考慮，以免犯了以上
的錯誤，讓自己的一番心意反而得到了反效果，那才真是得不償失
呢！

　　送禮的時機也是必須注意的，一般來說，送禮的目的不同則所
送的禮物就大不相同，以下是適合送禮的各種情況：

一、婚禮的禮物

　　婚姻乃人生大事，所以無論中外都非常重視，就算新人及雙方
家庭經濟不是十分富裕，也必須想盡辦法，甚至於借貸，以便風風
光光地完成終身大事。

　　國人多以金錢當作賀禮，簡單、實用，又可為新人立即提供一
筆資金，所以無論是去度蜜月或是付房屋頭期款均十分好用。但在
西方國家就不太一樣了，絕大部分的人均是贈送禮品的。

(一)送禮物

　　他們多會在結婚典禮之前，以專人（購買禮物的商店均會有遞

送服務）或是用郵寄的方式，把禮物寄到新人的手中，而新人也會在婚禮的當天把所有的禮物放置在一起，然後由新娘當著眾人的面逐一拆封示眾，除了讓大家欣賞彼此所贈之禮物外，也讀唸隨附之祝賀卡片，溫馨有趣、賓主同樂。但是如果有人送的是一張支票的話，則一般都不會與其他禮物放在一起，而是直接交到新人手中，而新娘在宣布禮物時只會說是支票一張，至於金額，原則上是不當眾宣布的。

(二)禮品重複時

為了避免禮物用不著時，或是避免有人送了重複的禮物，有些新人會列出一張他們所需物品的清單，由親朋好友自己認捐，若有人仍然重複時，則以那位賓客住家之遠近來判定，住得遠的親友比較不方便，更換不易，所以住在附近的那一位將被委婉告知：可否更換禮物？另外也可以年齡來區分，畢竟長輩是有優先權的，年輕人就多跑一趟囉！

(三)禮物的內容

多以居家有關的用品為主，如烤箱、果汁機、寢具、浴室用品等，當然也有以支票或是禮券等代替的。在美國新娘子的女性密友會為她先舉辦一場Bridal Shower，在懷孕後生產前再舉行一場Baby Shower，均為小型聚會，除了互相傳授一些女性之間的秘密外，每人均會攜帶一件相關的禮物，如與新娘子有關的睡衣、鑲嵌寶石的鏡子等，以及嬰兒衣服、嬰兒用品等，以對即將為人婦、為人母之暱友做最誠懇衷心的祝福。

(四)謝卡致謝

新人在收到禮物後應立即以謝卡致謝，基於禮貌，就算親友送的禮物他們不是太用得上，也會在卡片上言明所送之禮物正是他們

所迫切需要的，萬分感謝之類，至於遠地寄來禮物的人也會在一個月內收到新人的謝卡。

二、聖誕節的禮物

西洋聖誕節之慶祝觀念早已根深蒂固，什麼節都可以不過，但是生日和聖誕節則是不可免俗的。聖誕節是一個感恩與團圓的日子，全家人都應該共處一室，感謝上帝讓一年又平安過去了，家人互祝健康快樂之外，也會互相交換禮物，這是絕對不可或缺的，所以在聖誕節的聚會上就必須事先瞭解清楚總共會有多少人數，以免產生有人無法交換禮物的窘境。

(一)聖誕禮物

聖誕禮物之選擇為一件大事，因為每年都有聖誕節，每年也都得交換禮物（就連夫婦之間亦同，還記得美國作家歐亨利短篇小說《聖誕禮物》的感人故事嗎？），所以早在節日來臨以前，大家都會挖空心思地去尋找禮物，以期盼給對方一個意外的驚喜。

(二)禮物種類

可以說是琳琅滿目種類繁多，但是大都脫離不了文具、圍巾、運動用品、裝飾品、書籍等實用又討好的物品，但是儘管如此小心翼翼，仍然常有弄巧成拙的事發生。有一部電影裡就曾描述當一位母親打開禮物發現是一支漂亮的鍋鏟時，當場就哭了起來，她覺得一年辛苦地在廚房中操勞，沒想到聖誕禮物居然仍與廚房脫不了關係，弄得她的家人手足無措、尷尬不已。

三、其他應注意事項

(一)聚會的禮物

不論是何種聚會，帶一盒糖果、巧克力或是一束鮮花等，都是不錯的小禮物，近年來帶酒赴會也愈來愈流行，所以不妨攜帶一瓶中等價位的葡萄酒前往，當然你帶的酒不一定會派上用場，主人原則上都會準備足夠的食物及飲料。還有些人，尤其是女性，喜歡帶食物前往，食物也是不錯的選擇，但是如果與其他的菜餚無法搭配的話怎麼辦呢？所以若沒有十足的把握，最好事先打個電話問一下比較保險。

(二)慰問之禮物

前往探視病中之友人，多以鮮花相贈，希望藉著花的芳香與令人喜悅的色彩，讓沮喪的病人心情能變得好一些。但是要先瞭解醫院或病房是否有禁止的規定，有時某些可能引起過敏的鮮花是不准攜入的，如此，則不妨送一些水果。若是鮮花、水果已經太多了，那就送他一本很棒的書，藉以消遣無聊的日子，也是很不錯的禮物，當然一張措辭幽默的卡片或是誠心祝福的短箋，其意義是絕對不輸給任何一種禮物的。

(三)禮物之退還

禮物既然可以收，當然也可以退。接受禮物等於接受他人之祝福，而當祝福的原因消失時，如婚禮取消等，禮物自然應該退還給贈與者。

可以退還之禮物以金錢和沒有專屬性的禮物為原則，如果說收到的是一條已經繡了受贈者姓名縮寫的大浴巾，就無法退還了。男女朋友互贈之項鍊、手錶、戒指等，一樣會在分手時還給對方，表

示雙方感情已經難再續，頗有「還君明珠」的味道。

(四)小禮物

為了聊表謝意，或只是增進友誼、表達初次見面的友善等，均不妨以小禮物為之。所謂小禮物，望文生義，禮物體積一般都不怎麼大，價格也不太高，如我國的小宮燈、國劇臉譜小模型等都受到外國朋友極大的歡迎。精美的鑰匙圈、名片匣、書籤、墨水筆等小巧精緻的小禮物也頗受喜愛，隨身帶一些保證妙用無窮。遇到相處融洽的旅友、民宿的主人、邀你聚會的朋友等，均可以惠而不費地讓對方感受到你的謝意與感激。

小禮物不一定必須用金錢購買，筆者認識的一位自助旅遊玩家，就是在一小塊、一小塊宣紙上書寫《唐詩三百首》之詩句來餽贈海外異國友人，在贈送時還可當面解釋詩的涵義，一方面加深他人的印象，一方面提高自己的格調，一舉數得，何樂不為？想想看，是否有什麼其他新的創意呢？

第四節　行動電話、傳眞及電子郵件

一、行動電話

由於話機費用以及通話費大幅降低，行動電話近幾年可以說是異軍突起，其功能也隨相關科技之進步而更加擴充。多家廠商競爭的結果，造成了街頭巷尾幾乎是人手一支，隨時打、隨處打，每一個公共場所都可見到群眾呆立傻笑、互相通話的景象。以下是使用行動電話時的注意事項：

(一)密閉空間

在電梯內、車廂中、餐廳內，由於聲音容易擴散至在場的每一個角落，所以除非必要，儘量不要主動打電話出去與人談笑閒聊，否則其他人的耳朵可就要倒楣了，不得不被迫聽你個人的私事與評論。如果是他人打進來時，也應長話短說，必須儘量壓低音量，讓干擾減至最低，其他人心中一定會肯定你的禮貌。

(二)收訊不良時

在都會中常會有收訊之死角，導致收訊不良或是通訊中斷，若遇此情形可以先行切斷，待會兒再繼續連絡。不可大聲呼叫：「喂！喂！我聽不清楚，喂喂？」如此粗魯的通話方式足以令其他人對你的基本教養產生懷疑。

(三)上課中、演講會、音樂會、電影院等場合

在上述這些場合，於坐定後先立即暫時關機，或者改為振動式來電通知。若有來電時，應迅速離開現場，再開始與對方通話，一切動作以不影響在場之台上、台下所有人員為原則。

(四)語音信箱

若去電時對方不能接電話或是收不到訊息時，電話會自動轉至語音信箱內，禮貌上此時應儘量留下訊息，否則會讓對方猜個半天，到底是誰來電？會不會有什麼事情呢？這種心情就好像一名沐浴中的人聽到客廳電話鈴聲響，匆匆從浴室中衝出，電話鈴聲卻剛好停止了是同樣的，我們宜將心比心體會之。留言時以簡單扼要為原則，姓名、電話號碼、來電時間均不可遺漏。其中最容易被人遺漏的就是時間，如此當對方欲回電話也不知你已來電多久，所以如果是比較重要的電話，務必留下時間。

(五)國際漫遊

在國外旅遊時常可見日本女孩人手一支行動電話,待其國內親友去電時,可以隨時對話,又可以炫耀自己正身在巴黎、倫敦、威尼斯。風光歸風光,但是可別忘記不少國際漫遊是得雙方付費的,也就是打電話與接電話的人雙方都必須支付國際電話費,所以若有事情需要通知時,應儘量長話短說,真的說不完整時,可以用電話卡打回國內,其費用會節省許多。每一家通訊公司的規定不一,最好在出國之前先詢問清楚會比較妥當。

二、傳真

若傳真機是辦公室的公共財產,私人事情最好不要使用,因為傳真紙、電費、碳粉、機器耗損等均是附加成本;沒有任何公司會喜歡員工使用傳真機辦私人事情的。

(一)無法保密

任何剛好經過傳真機旁邊的人都可以輕易窺得傳真紙上的內容,所以可以說是完全無法保密,因此若有任何較私密之事,最好別用傳真傳達,除非你想讓事件變成「公開的秘密」。

(二)頁數

正式之傳真必須有首頁,其上註明傳送者與接收者雙方之公司名稱、人員姓名、日期、總頁數等,如此接收者可以一目瞭然。如果不是非常正式者,也必須以3-1、3-2、3-3等方式,讓接收者一看就知道傳真總共有三頁,如果其中某一張不清楚或是未收到時,則可以請對方再次傳來,省了雙方不少比對的時間。

(三)信件

傳真信件時必須用寫信的禮貌為之，如稱呼、簽字、敬語等均不可缺少，尤其是信尾簽字常被忽略，這是不太禮貌的，因為簽字才代表這封信件是發信者知道且同意才發出去的，否則任何人都可以輕易冒名擅發信件了。

(四)信紙顏色

最好使用白色或是淺色傳真紙，有些人喜歡用深色信紙或是信紙上有黑色或深色之寬條紋等。如此在傳真時不但會耗去更多的掃瞄時間，浪費更多的金錢，也勢必占用雙方的傳真機更久的使用時間，就算傳真費是你個人付的，但是時間可是大家的。

三、電子郵件

還記得電影《電子情書》嗎？每當男女主角打開電子信箱時，螢幕上閃耀著you've got mail時那種興奮的表情嗎？沒錯！在電子郵件（E-mail）日益簡化、普及的今天，我們有愈來愈多的機會發收E-mail，但是有些問題也相繼產生。

1. 送信前務必用掃毒程式掃毒，以免不小心把毒信寄給親友，對方是不太容易原諒你的，要是沒有把握時，不妨用貼文的方式代替附加檔案。有許多公司早已規定來路不明含附加檔之信一律刪除；超過某一容量也一律擋下，就是為避免病毒肆虐或是占用太多網路頻寬。

2. 來歷不明的信件必須謹慎處理，若不確定則最好刪除以防萬一，因為就算先用掃毒程式掃瞄也不見得掃得出來，畢竟病毒是日新月異，而且包裝精細，掃毒程式不見得跟得上它們的腳步。

3. 轉寄不確定的信給他人時也宜小心過濾，否則一片善意卻換來厭恨。

4. 寄來的垃圾信是不道德的，儘量不要閱讀，也不要向其消費，以免落得為虎作倀。

5. 多址同步傳遞（以同一封信傳給不同的朋友時），請依密件副本方式傳遞之，如此接信的人只會看見信的內容，而不會知道其他收件人是誰，他們的電子信箱又是什麼代號等，有心人是十分容易複製副件收信人加以利用的。

6. 寄件時務必註明主旨，以便讓收信者一看就知道來信的要旨。

7. 雖然是電子郵件，但是寫信的內容與格式應與平常信一樣，稱呼、敬語不可少，簽名則僅以打字代替即可。由於不是電報，所以也不宜使用簡略字節省時間，如用4代替For；以u代替you，以n代替and等，這些習慣是以前使用電報時由於其計費是用字數計算，字數愈少費用愈低，才被發明出來省時省錢的方法，現在則無此需要，否則收信者會覺得對方是一個奇怪的人，省來省去，所為何來呢？

第五節　常用法文縮寫

在社交文書上，經常使用法文之縮寫來表達某些特定之意義，正如我們中國使用鑒、祈、謹以及其他祝賀、致哀、感謝等之正式用詞一般，至於為何多使用法文縮寫而不使用英文呢？這是因為法文本身之特性，即一個字絕大多數只有一個涵義，非常明確、清晰，所以以前在國際上之正式合約、公約、條約、公報等正式文書多會以法文書寫而放棄英文。當然由於英文現在已是國際語文，也

有人使用英文表達這些特定之意義，但是不用縮寫而是用完整句子表達。

法文縮寫一般用於名片上，原則上以鉛筆、小寫字母爲之，以下是一些常見之縮寫及其意涵。

1. 敬賀（p.f.=pour felicitation）：有人結婚、生子、畢業、升遷或是其他可賀可喜之事均得適用，書寫時一律寫在名片上左下角空白處。

2. 感謝（p.r.=pour remercier）：收到別人禮物或是別人邀請聚會以及其他致謝之時機均適用。

3. 祈覆（R.S.V.P.=Respondez s'il vous plait）：這個縮寫最爲常見，一般見於請帖上，如果看見這四個字，那就一定得回覆，因爲主人正據覆函以統計參加之人數以準備飲食等物品。如果上面僅寫英文Regret only時，則表示受邀者只有在不能出席的情形下才需要通知主人，否則主人一律視爲會出席。

4. 介紹（p.p.=pour presenter）：如果你介紹某人去拜訪另一人時，他可持你給他之名片上書p.p.，代表是你介紹他前去拜訪的，我們中國人也有此一禮數，但是只附名片而不在其上寫p.p.，而多是在名片後面書寫一些簡單之介紹詞來說明情形。

5. 弔唁（p.c.=pour condolence）：如寄名片表示對對方發生之不幸事故表達深沉哀痛時可用之。

6. 辭行（p.p.c.=pour prendre conge）：一般官員使用較多，當然長住國外者也或多或少會收到類似的辭行名片的。

以上均爲法文縮寫之常用者，當然，隨著英文日益普及化及國際化，也有愈來愈多的人以英文來表達相同的意思，只是英文多用短語，很少用縮寫，這是因爲英文的縮寫字太多了，如果用縮寫，對方可能要猜個老半天還猜不出到底代表什麼意思。

7.名片摺角：拜訪主人卻適逢其有事外出，或是未曾約定只是順道拜訪時主人剛巧不在，此時可以留摺角名片請他人轉交或是留在門縫上，但是依慣例須將名片之左上角向內摺一些表示親自拜訪之意，這一點許多人似乎不太瞭解。

第六節　送花的禮儀

「世間因為有花使我們的生活更美更好」。鮮花是生活中最佳的潤滑劑，而送花也是近年來更為流行的交際，送親人、送朋友、送客戶……；探病送、生日送、節日送、開幕送……，幾乎是無所不可送。送花已經成為現代生活中的一種禮儀，懂得在適當時機送上適宜的花，才能無往不利。

英語諺語中有："Say it with flowers!"，意思就是說表達語意時以優美之辭藻為之，以達到聞者大悅之目的。後來"Say it with flowers!"又漸漸演變成「花之語」一詞了，所謂花語也就是用花來表達涵義，以花來代表個人之情意。

花語源自西元714年的瑞典國王查理十二世，他根據民間傳說和花形花色等特性賦予各種花卉不同的意義。由於這種用花來表達心意的方式生動有趣，以後就廣為流傳乃至世界各地。不過由於各地風俗民情不同，再加上花卉種類日新月異，造成部分花語的混淆不清，像玫瑰花幾乎每一個品種都有各自的花語。下面我們介紹一些常見情形下適合送的花，但僅供參考。

1.婚禮：適合送顏色鮮豔而芳香者佳，可增進浪漫氣氛，表示甜蜜。主要是玫瑰花，顏色以紅色為主，亦可搭配粉紅、白色、黃色等，使得色彩更加繽紛。

2.生日：適合送色澤淡雅而富清香者為宜，表示溫暖、清新，
如玫瑰、雛菊、蘭花等，表示永遠祝福。

3.喬遷：適合送端莊穩重的花，如劍蘭、玫瑰、盆栽、盆景，
表示隆重之意。

4.探訪病人：送劍蘭、玫瑰、蘭花均宜，避免送白、藍、黃色
或香味過濃的花。

5.喪禮：適合用白玫瑰、白花或素花均可，象徵惋惜懷念之
情。

　　贈花是一門藝術，因為送花的目的是以花為禮，聯繫情感，增
進友誼。因此什麼時候送什麼花，什麼場合選什麼花，都需要根據
具體情況，因時因地因物件而精心設計。否則因考慮不周而鬧出誤
解，反而失去饋贈禮儀花卉的目的。

第十一章

社會新鮮人

- 應徵須知
- 面試禮儀
- 基本禮儀
- 公司會議
- 手勢與身體語言
- 辦公室戀情

第一節　應徵須知

　　不論是剛剛才離開校園的社會新鮮人，還是轉換跑道的上班族，我們一生當中有相當多的機會去應徵新的工作，當然還有機會當主管或是老闆親自去尋找公司的千里馬，因此有許多應徵方面的禮儀就不能忽視了。

　　如果是小型公司徵人，若不是請人介紹，就是在報紙上徵人廣告欄登一登就了事了，然後就靜待應徵者上門再從中挑選適合之人才加以錄用，若無合適之人就再次刊登廣告一直到找到合適之人為止。

　　然而國內外大型公司的徵才方式可就複雜仔細得多了，務必從可能的人當中找出最適合該職務之人選，也因此從廣告文稿之撰寫、廣告媒體之選擇、廣告方式之決定、應徵場地之安排、應徵方式之敲定、篩選人才之原則，筆試、口試、錄取通知，在職訓練等每一項都馬虎不得，所以每次一有徵人活動，不但人資部門（Human Resources）忙得人仰馬翻，相關部門也是忙得不亦樂乎。

　　一般大企業徵才大都依下列方式進行：

1.刊登徵才廣告（Advertise the Jobs）。
2.開始接受應徵函（Receive Applications）。
3.將應徵者分門別類（Sorting the Applications）。
4.篩選較適合者（Select the Candidates）。
5.調查應徵者資料（Take up References），如學經歷、推薦信等。
6.面試（Interview）。
7.篩選出適任者（Select Appointee）。

8.通知錄取者報到（Inform Candidates）。

坊間教導上班族如何應徵成功的書籍比比皆是，在此不再贅言。不過有一些原則是不能不注意的：

一、應徵函

1.應力求簡潔扼要，要知道每次企業徵才廣告一刊出，一定會有成千上萬的應徵函如雪片般飛來（現在許多改用E-mail了），人資部門要在極短的時間篩選合適之人，如何吸引人資部門的目光就是重點了。

2.採用傳統之格式較受歡迎（至少較不令人生厭），應徵函並非創意比賽，不可弄得花花綠綠的。

3.字跡力求工整，若是以電腦打字也應注意不可有錯別字，簽名部分必須親自簽，千萬別學鬼畫符亂簽一通，字跡工整的應徵函最少會有基本分數。

4.墨水應以黑或是黑藍色為佳，千萬別用淺藍色或是其他顏色。鋼筆書寫最為正式，原子筆次之。

5.所有欄位務必儘量填滿，空欄位太多會讓人有敷衍或是隱瞞之嫌。如果有照片欄位，一定要貼上近照，當然是大頭照（證件照片）。筆者曾不止一次看見應徵函上貼的是女性的生活照。

6.信封務必用標準信封，公司名稱、地址、收件者務必清楚正確，應徵函之折疊也須注意，請整齊對折但不可折到照片。

二、接到通知後

在接到面試之通知後，如果是信件就罷了，若是E-mail通知，則最好立即回函致謝並表示會如期準時參加面試云云，一方面讓通

知者放心，另一方面可藉此展示自己之禮貌與感謝。至於最常採用的電話通知，則一定要清楚告知自己之意願，並詢問清楚應攜帶之相關證件，當然致謝並表示會如期準時參加面試自是不可少的。

三、做功課

之後可利用時間上網以瀏覽一下該公司背景及產品的相關介紹，增加對應徵公司的認知，如此在面試時可以與面試者有共同之話題。試想，如果面試時應試者面對一位對其公司之過去光榮事蹟以及未來願景均知之甚詳之陌生人會有什麼看法？

第二節　面試禮儀

一、服裝儀容

無論男性女性，應徵時之服裝必須力求整潔大方，雖不必刻意打扮，但是髮型、服裝（包括外套、上衣、褲、裙、鞋襪以及整體之搭配，如果沒有把握，寧可保守切勿新潮！）、姿態、精神狀態、面試時之態度等均是需要自我要求注意的。

二、準時赴約

眾人皆知準時赴約是最基本不過的禮儀了，尤其是面試。但是天有不測風雲，如果真的不幸即將遲到了，務必立即與通知者取得聯絡，告知實際情形並請求諒解，當然最重要的是懇請對方務必再給你一個機會，例如說面試時間往後延等。不過為了避免此種忌諱發生，提早二、三十分鐘出發吧！

三、等候時

可能是你獨自一人，也可能有其他競爭者和你尷尬的共處一室。此時不妨主動與他人禮貌性的閒話一番，一方面表達風度與善意，另一方面也可能與未來的同事提早建立良好之互動。

如果是獨自一人時，亦可利用時間瀏覽一下該公司的相關介紹，以便增加對公司的認知，表達你強烈就職的意願。

四、面試時

首先要注意介紹的禮貌，如何大大方方的給對方留下深刻的印象？所以必須注意的不外乎：坐姿、目光接觸（太頻繁則有咄咄逼人之感；太少則又失之心虛或是輕視）、措辭用字、表達能力、專業知識等。

常常讓人忽略的是：進出房間的門開關狀態、坐椅之位置。每一個人都喜歡他人能夠隨手將物品恢復為初始原狀。Last but not least，務必向主事者表達謝意，如果能夠以不同方式表達更佳，此時應知態度誠懇比禮貌謝辭更有效果。

五、證件

筆者曾經遇過應徵者之必備文件完全未隨身攜帶，結果自然可知。一般公司均會要求應徵者攜帶相關證件，如畢業證書、資格證書（專門技術如電腦相關、會計師、領隊執照等）、推薦函等。這裡不用說明各位一定知道證件指的是正本，從沒有人以影本給他人檢查的，除非他的正本有問題。

六、後續追蹤

面試完後,有規模的公司之人資部門人員均會先將比較合適的應徵者集合起來,然後經相關人員會商後決定通知哪些人再來與該部門主管再次面談,以確定應徵者是否就是right person, 並排出優先順序以便替補,因此後續追蹤是可以的。但是技巧要相當注意,可以感謝公司給予面試機會為由表達感激之意,並藉機強調自己的意願與適任性,雖然主事者心中明白此為「項莊舞劍」,但是至少也增加了他對你的印象。

第三節 基本禮儀

一、上班穿著

既然是出外工作,那麼服裝就是一項基本的要求了。當然可能由於公司屬性不同而會有不同穿著期許,例如網路業大紅大紫之際,美國矽谷之科技人標準服裝就是一件T恤外加一條牛仔褲(或是休閒褲),但是當網路一夕變天後,這些身著大學生服裝的過氣新貴也就不得不重新接受社會規範再度穿起西裝打起領帶了。所以乾淨的襯衫、領帶、長褲及皮鞋應該是最基本的要求了。女性則力求大方整潔,千萬勿暴露煽情,當然亦不可每天牛仔褲一條數十年如一日,穿著得體應該是最佳指導原則。

二、辦公室言語

眾人皆知說長論短是辦公室忌諱,但是除此之外私事過多、言

語曖昧、肢體語言誇張、言不及義等也是令人心中生厭的，其中又以打情罵俏、亂開黃腔爲其之最。任何一個有制度的公司都不會准許職員有上述這些不像樣的舉止。

三、同事間招呼

曾經有一個公司的總經理爲了員工彼此之間冷漠以對、鮮有互動而大傷腦筋，經過幾次會議討論後覺得「都是制度惹的禍」，由於公司屬行新的責任制，造成部門互推責任，互踢皮球，有些人拿著雞毛當令箭；有些又是一切「依法辦理」，產生了新的官僚。

其實，這並非是絕對之起因，同事間打招呼本是最自然不過的事了，大家都是爲公事，一切討論只是爲求最佳之結果而已。若有人對其他同事冷漠以對，如隱形人般視而不見，這是其個人家教及修養問題，公司或主管若再不要求就會造成此一現象。筆者當主管時也曾發生類似狀況，經我與對方主管溝通後舉辦了一場兩個部門的餐會，然後煞有其事的重新互相介紹早已相識的員工，大家強忍著笑仍然配合演出，從此以後再也沒有冷漠的情形了。

四、公司資源

有一種員工是最令老闆恨之入骨的，那就是浪費公司資源者。所謂浪費就是指能省不省，不該用卻用。如亂打私人長途（手機）電話、因私事擅用傳真機、copy時錯紙一疊。其他小如白板筆帽沒蓋好導致筆雖有墨水卻無法用、動作粗魯損壞一堆公司器材、電燈、冷氣該關不關造成無謂的浪費等。等到公司那天要裁員時，你猜老闆會先裁誰？所以最佳節省之道就是將心比心，在公司如在家中，小心使用，能省則省。

五、商務機密

以前的公司不知「商務機密」的意義，現在科技發達，公司的小事，都可能變成競爭對手悉心收集的蛛絲馬跡，藉以研判分析。因此幾乎所有公司都有極其嚴密的防範措施避免資料外洩。所以現代商務機密最可能外流之管道反而都是肇因於不小心，也因此在辦公以外絕對不談論公司之事，無論人事、技術、瓶頸、客戶、營業額等均應絕對避免。

六、公共設備

有不少公司位於商業區或科技園區，由於人數不是很多所以都是兩家或是數家公司共用洗手間、茶水間等設施。此時應顧慮公司以外他人之使用權，如洗手間使用後沖水，保持清潔；茶水間應保持乾淨，隨時清理，以免下一位使用者皺眉；禁菸場所如樓梯間、電梯旁等應勿吸菸等。注意公德心之發揮，敬人者人恆敬之。

第四節　公司會議

一、會前準備

可能是部門內部會議，也可能是跨部門會議，例如一項新產品即將Launch to the market時，一定會有好幾次的跨部門會議，業務部、企劃部、財務部、研發部、工程部、公關部等均少不了。因此會議籌辦者必須確實瞭解哪些部門的哪些人一定要出席或是列席，如果有人出差或是臨時有要事無法出席時應找何人替補。

其次，決定開會之日期及時間。再來就是會議之地點，有些公司有好幾個會議室，確定開會人數後再決定會議地點，太大或太小均應避免，方便性（對所有參加者）與不受打擾也須列入考慮。

再下來就是會議內容，也就是議程（agenda）了。議程是會議之精華所在，務必安排順暢妥當，而且必須合理。議程時間之分配也須妥善，如果沒有把握，不妨與各參與部門事先討論。

如果有安排午餐或是茶點，也必須在議程上明文列出。

二、開會通知

一切準備完成後，就是開會通知了。一般公司至少都會在七天之前通知所有與會者，如果大型或是十分重要的會更是會提早通知大家以便準備。在國外幾乎所有參加者都是有備而來，務必希望在有限的時間內充分完整地表達己見。當然，像許多台灣中小企業的老闆開會時是興之所致，自己閒閒沒事幹時臨時召集人馬開個會是很常見的。更有甚者還會將休假中之員工召回，然後開個員工聽訓似的無聊會議以便展示頭家之權威。

中外會議最大之不同是：外國會議之目的在「解決問題」，能夠十分鐘開完的會就不會拖到十一分鐘；國人會議則多在「宣達上令」，說明政策、方向等，時間一般都相當長，因此有人戲稱：本公司什麼都缺，就是不缺會議，從早開到晚，週一開到週五……。

三、再確定

發完開會通知後，相關部門多會在開會的前一、兩天再度和參與者確定，確定他們知道會議之時間地點及與會。

四、場地、器材檢查

會議前務必再檢查所有相關器材,尤其是會議室之前有其他人使用過後。仔細檢查空調、麥克風、投影機、白板筆、雷射筆、Note Book等,如果有問題可立即解決。此外,桌椅及地板之清潔亦須一併注意。

五、會議紀錄

會議前一定會指派專人擔任記錄,該人職司簡潔記錄會議中之各項發言與決議,並在會議結束後將會議紀錄提供給每人參考並簽名確認之,以為下一次會議之依據。

第五節　手勢與身體語言

語言是人類的重要溝通工具沒錯,但是除了語言以外,所謂的肢體語言在我們日常生活中也是無所不在的,它不但豐富了語言的內涵,也常常能加強人們傳達的意願,有時更能無聲勝有聲地巧妙表達訊息,並且留給對方更大的想像空間。

以歐洲為例,義大利人公認是最善於肢體語言表達的了,除了可歸功於羅馬文化乃源自希臘文明而希臘文明又與戲劇關係密切外,手勢與民族性、地域性也有著極其緊密的關係。

古希臘時代戲劇表演十分普及,可以說是居民生活中重要的一部分,每當夕陽西沉,夜幕降臨時,人群自然會往露天劇院聚集,沉醉於舞台上演員經由戲劇之形式傳達的各種有關歷史、文學、神諭等資訊,而由於當時劇院為露天式而觀眾又相當多,所以除了以

精巧的劇院設計以讓舞台上演員之聲音可以傳達至各角落外,也規定最多同時只准三名演員登台,而只准其中正在說話的演員用肢體語言加強表達,其餘台上演員只准站立原地不得移動也不得動作,這是爲了方便坐在遠處的觀衆能夠認出到底是誰在說話。

古希臘戲劇之內容早已融入居民的日常生活中,舞台上的話語(台詞)以及幫助表達的肢體語言都被大量引用,也自然成爲人們平日溝通時的表達方式了。因此由希臘文化至希臘殖民地文化,再至羅馬文化,而羅馬文明藉由帝國的影響力又擴及至歐洲以至中東、北非地區,但也由於各個民族不同的民族性,手勢之使用以及表達方式也就各不相同了。

例如遠在歐洲西北地區的英國百姓就很少使用手勢,雖然英語詞彙豐富,融入了大量的外來語,但是手勢之使用似乎仍侷限於舞台中以及英國國會當中,在這兩個地方手勢是表演及表達本身的一部分。

一般而言,以南歐地區的國家如義大利、西班牙、希臘等國之手勢運用頻繁而且誇張;中西歐國家如德國、英國、荷比盧等次之;而遠在北方的北歐諸國則又次之,因爲他們幾乎不會使用手勢來表達任何的訊息。

以下是一些常見之手勢:

1.豎大姆指,餘指握拳:大多數是表示自己說某句話或是某件事,也表示對對方之舉動感謝、感激他爲你所做之事,也表示準備妥當,例如籃球比賽時裁判會一手執球一手豎大姆指表示一切就緒,比賽可以進行了。這是源自飛機駕駛員在飛機升空待發時,由於引擎聲音巨大無法與地勤人員溝通,於是就用豎大姆指的方式表示:"I am ready!"(我已經準備好了!)另一個意義就是表達讚美或是尊敬,

對著他人做此手勢時表示：「你真行！幹得好！」

2.豎中指，餘指握拳：這已是一種世界性的污穢語言了，在希臘，此種手勢正如其他國家的豎中指手勢一般，所以若在希臘搭便車時，就必須換成另一種手勢了，以便駕駛停車後不是讓你搭便車，而是……，其代表的意思就是×××，有些更粗魯之人會再加上"Fuck you!"等三字經與手勢一起出現，在紅燈區等低俗的場所，常可見地痞無賴在爭執時互相以此手勢比來比去。

3.豎中指以及姆指、小指，餘兩指彎曲，表達時並略為左右搖晃，這是男性欲與女性求歡時的表示，一男一女私處一室時，若男方認為時機成熟即可用此一手勢向女方表達自己的心願。

4.豎大姆指，餘指握拳朝上，大姆指則朝向手體之右方，這也幾乎快要變成世界語了，其意為「搭便車」。有些更細心的搭便車者若再用左手執一張上書欲前往地名之紙卡，以方便好心人士不用開口就能知道搭車者的目的地。

5.食指捻面頰：若用食指指向自己的太陽穴捻動並以不屑眼光瞪向對方時，表達的意思就是："Are you crazy?"（你瘋了嗎？）這些手勢在歐洲的馬路上常可見到，例如說有行人在紅燈時闖越馬路，被迫緊急剎車的駕駛多會直覺以手勢表達，如此雖不用搖下車窗破口大罵，也可一樣辱罵對方。如果手指位置往下移至臉頰時，則代表了對女性的讚美，意思是：「妳很迷人！妳很有吸引力！」

6.食指刮下巴：以食指背刮下巴，有如刮鬍子一般，這是法國特有手勢，尤其是女性對不喜歡的追求者表示拒絕的表達，常可在咖啡廳見到法國美女一面微笑一面以手指刮下巴動作，非常迷人可愛，而追求者一見，也多會識趣的離開。這

個動作原始意思就是會令人厭煩的，因爲在法語中剃刀與厭煩同義，所以巧妙的以剃刀表達了自己不喜歡之意。

7. V字手勢：這也早已成了世界語了，源自於英國，因爲V字在英文中代表了勝利（victory），所以以V向人表達了勝利之歡欣意義，用此手勢時需以手指背向自己，但在希臘則必須小心，如果V字手勢把手指背向對方，則就表示污辱、輕視對方之意。

8. OK手勢：毫無疑的這也是世界語了，以英文字母O與K連結而成，表示沒問題，準備妥當一切就緒，也有我很好、沒事、謝謝你的關心之意。但是在法國南部地區，OK手勢則表示零之意，表示某件事情不值一提，表示自己的不贊成。在中東以及北洲地區，如此手勢則象徵了孔或洞，有明顯同性戀的意涵，如果在酒吧等公共場所，有人向你示此手勢，大概就是同志之間尋找伴侶的手勢了，千萬不要回以豎大姆指的手勢，也不要以爲他向你比OK，你也禮貌性的回以OK。

9. 聳肩：以美國人最流行，表示無能爲力、莫可奈何以及愛莫能助的意思，搭配者瞪大眼睛、雙手一攤之附加動作，更爲傳神。

10. 姆指捻鼻尖：表示嘲笑、不相信之意，原本是兒童用的手勢，但也有不少成人使用。

11. 右手小臂堅直朝上，大臂水平，同時握拳，另用左手手掌猛拍右手大臂肌肉上，此手勢與豎中指是一樣的，只是更誇張與更明顯。

12. 豎食指：這是一種吸引人注意之手勢，可以說是英文“Excuse me!”之意，所以在開會時，若有人舉手豎食指，即表示有意見要發表，這點與我國舉手手掌伸平朝向空中狀不一樣。在餐廳等公共場所召喚服務人員時，也可以使用此一手勢，

但是不要加上打手指響聲，如此相當不禮貌。

13. 吻五指指尖：表示某個人（通常是女人），或是某件事，或是某樣食物很棒，很可口，親吻指尖時並發出聲音，加上誇張的面部表情。

14. 飛吻：飛吻之來源十分古老，據說最早源自希臘，希臘人在向天神祈福時，通常先會攤開雙手雙臂，臉朝向天空向神祈禱，之後再用飛吻之手勢拋給天上諸神，以表示喜歡、敬愛之意。後來在十六世紀時傳到了西班牙宮廷，再傳至英、法、義大利等國。在今天義大利南部拿玻里之聖海倫節時，會有聖血之聖瓶遊行慶典，人山人海萬頭鑽動之際，距離聖血較遠處之信徒雖然無法伸手觸摸聖瓶，但也會以飛吻表達之。

15. 贊成：絕大多數的國家都是以點頭方式表示。但在印度、尼泊爾等國則以搖頭表示肯定，也就是一面搖頭，一面面露微笑表示贊成、肯定之意，有些人只是以斜著抬頭方式為之倒還算好，有些人則是一面頻聲"You are right!"但卻一面不斷地搖頭，常令對方摸不清楚其真正的心理，滿腹懷疑。由於搖得太厲害，所以有歐洲笑話戲稱印度人用扇子搧風時，也是用扇子放在臉孔前不動，而不斷搖動頭部來納涼。

16. 手指輕觸前額：這是源自脫帽向對方致敬之禮，以手觸右前額表示脫帽之準備動作，後來演變成即使沒有戴帽子也以此動作表示：「向你致敬！」之意。

17. 長角手勢：以食指、小指伸直，餘指握拳的方式，表示「戴綠帽子」，當人們聊天時若剛好有某人配偶有了外遇，人們則以此手勢暗中揶揄之，消遣之，表示你已長角了！有些惡作劇者甚至會把動物角掛在別人的門口以戲弄之。另外有人在爭吵時，不甘受辱之一方也可以用此雙角指向對方表達自

己的不滿與抗議，也有人把此手勢當作驅魔避邪之手印，例
如在黑夜荒野中經過墳場時，即可以此手勢求得心安，遇見
靈車經過時也可以此手勢自保，以免被鬼魂附身或是犯了煞
氣。

18.鈔票手勢：我國國人或是華僑以手勢表示「鈔票」、「錢」
時多會用拇指與食指圈成一個圈來表示，但是這在歐美等
國家則表示OK、「沒問題」。歐美等國家以手勢表示「鈔
票」、「錢」時多會用拇指與食指及中指互相摩擦兩三次來
表示之。

第六節　辦公室戀情

對於繁忙的現代上班族來說，工作幾乎占了生活一半以上的時
間，而在如此長的時間與密切的接觸下，異性工作夥伴日久生情的
狀況，也越來越普遍，這就是俗稱的「辦公室戀情」。

其實，辦公室戀情就如同在學時期之「班對」、「校對」一
樣，只不過是異性由於有機會接觸，自然而然發生的愛戀罷了。可
是辦公室戀情為何特別引起他人之議論與注目？為何一般公司企業
多不鼓勵此種事發生，甚至有些公司會明令禁止，這可能與戀情影
響所及絕對不止於兩人而已，感情好也就算了，至多不過讓一些周
邊的暗戀者失望，但是一但感情生變，極有可能連雙方之上司、部
屬和其他同事統統牽拖下去，不但造成辦公室氣氛詭譎，連帶影響
所及，公司之作業均可能受到影響。

據瞭解，超過一半的上班族認為辦公室戀情只能地下化秘密進
行，甚至有許多人認為，為了彼此好應該換工作，至少調部門。

辦公室是個嚴肅的場所，感情卻是很私人的，所以最好不要

與工作攪在一起。俗語說：「紙包不住火」，時間久了眾人不知也難。筆者曾眼見過幾次「辦公室戀情」，如膠似漆時眾人不過開開玩笑消遣一番，但是一有勃谿發生，大家心知肚明，難免影響情緒。此外，如果一方是使君有婦或是羅敷有夫，一但東窗事發保證公司雞犬不寧。

聽說有一家公司的老闆發生辦公室戀情，不幸的是他是已婚者，而他偏偏愛上自己的助理，最後居然與老闆娘（公司的業務經理）離婚。但是原任老闆娘自認是公司創始者之一，於是來個打死不退，仍然在公司任職，每天照樣與前夫開會，但是他倆從不說話，所有事情一律用紙條來回傳遞，三分鐘可以解決的事，往往得來回傳個十數次紙條，累壞了下面的職員，也變成其他同業的笑柄。果然，不到一年該公司就關門大吉了。

辦公室戀情一旦分手，兩人見面要麼成鬥雞眼，要麼就視對方為空氣，雙方都覺得尷尬。萬一兩人分開了，不但要面對彼此，還會讓人長期在背後議論，也是很多人的憂慮，所以戀情曝光時，最好請調不同部門。免得感情波折影響自己，也影響同事工作的情緒。

還有女性如果跟公司主管或老闆談情說愛，也常常會被同事在背後議論，不是說什麼攀龍附鳳，就是說少奮鬥十年云云，甚至還可能會有更難聽的話流傳。這種敏感尷尬的氣氛，往往會損害公司的專業形象，也影響同事的工作情緒。正因為如此，一些企業都不鼓勵這種戀情，至少同部門的同事不可以談戀愛，要談就先調部門再說。

不久前在網上曾有一篇流傳甚廣的文章，名為〈辦公室戀情的N大好處〉，如下所述：

1.情人的眼神常在，讓辦公室的生活不再乏味。

2.心中有所期待，為著那一頓共同享用的短暫午餐。

3.做事更出色，情人的眼神閃爍著鼓勵和為你驕傲的內涵。

4.遇小挫折，情人的眼神為你默默加油。

5.可以互相照顧。

6.少了激情多了平實，是一種很實在的感覺和幸福。

7.大大節省了戀愛成本，生活也有了很多便利。

　　但多數辦公室戀情都不會如此美好和順利。要發展辦公室戀情，會如「火中取栗」般危險與艱辛。通常辦公室戀情最大的阻力來自老闆和上司。過分親密的個人關係自然不利於正常業務、工作的開展，如工作中卿卿我我、該加班時卻雙雙開溜、沒緣沒故兩人一起請假等情形，自然會影響工作；一方的成敗得失，也會影響到另一方的情緒和狀態；更有甚者，比如一方辭職，另一個很可能也會馬上把老闆Fire，這些都是很多現代企業中所忌諱的事情，也因此有不少公司就明令或是暗示禁止同事戀情。

　　看完以上文章，聰明的你，應該明白該怎麼處理「辦公室戀情」了吧！

參考書目

1. *Letters of the Modern Man* (Amy M. Y. Li & Judy W. P. Kong, 1993).

2. *The Complete Idioms Guide to Etiqutte* (Mary Mitchelle with John Corr, 1996).

3. *Modern Manners：Etiqutte for the Very Rude People* (P. J. O'Rourke, 1988).

4. *Foreign Bodies：A Guide to European Mannerisms* (Peter Collett, 1993).

5. *Essentials Everyday Etiqutte* (Peggy Post, 1999).

6. *Believers And Beliefs：A Practical Guide to Religious Etiqutte for Business and Social Occasions* (Gavle Colquitt, 1997).

7. *Emily Post on Etiqutte：Answers to the Most Often Asked Questions about Etiqutte in Your Everyday Life at Home and on the Job* (Elizabeth L. Post, 1995).

8. *Guide to the New Manners for the 90's* (Letitia Baldrige, 1997).

國際禮儀

作　　者/朱立安
出 版 者/揚智文化事業股份有限公司
發 行 人/葉忠賢
總 編 輯/閻富萍
地　　址/新北市深坑區北深路三段 260 號 8 樓
電　　話/(02)2664-7780
傳　　真/(02)2664-7633
　E-mail / service@ycrc.com.tw
印　　刷/鼎易印刷事業股份有限公司
　ISBN / 978-957-818-893-8
初版一刷/2000 年 9 月
三版一刷/2008 年 11 月
三版四刷/2018 年 2 月
定　　價/新台幣 450 元

國家圖書館出版品預行編目資料

國際禮儀 = The etiquettes for everybody / 朱
立安著. -- 三版. -- 臺北縣深坑鄉：揚智文
化, 2008.11
　　面；　公分

ISBN 978-957-818-893-8（平裝）

　1.國際禮儀

530　　　　　　　　　　　　　　97019329